RITA BERTOLINI

ALLMEINDE
VORARLBERG
VON DER KRAFT DES GEMEINSAMEN TUNS

BREGENZ 2012

Für Stephan Marent und seine guten Ideen.

RITA BERTOLINI

ALLMEINDE
VORARLBERG

VON DER KRAFT DES GEMEINSAMEN TUNS

MIT BEITRÄGEN VON
RUDOLF BERCHTEL
HILDEGARD BREINER
SIMONE DRECHSEL
MICHAEL HAUSENBLAS
SILKE HELFRICH
IAIN MACDONALD
JACQUES PAYSAN
MEINRAD PICHLER
BERNHARD TSCHOFEN
UND EINEM FILM VON
FRANK MÄTZLER

BREGENZ 2012

Buch und Film entstanden nach einer Idee der Vorarlberger Raiffeisenbanken.

INHALT

Die Fußnoten zu den Beiträgen der einzelnen Autorinnen und Autoren befinden sich im Anschluss an den jeweiligen Text, alle anderen am Schluss des Buches.

Rita Bertolini
Frank Mätzler

ALLMEINDE VORARLBERG

VON DER KRAFT DES GEMEINSAMEN TUNS

Wir – Rita Bertolini als Herausgeberin und Autorin und Frank Mätzler als Verantwortlicher für den Film – haben über ein Jahr lang mehr als hundert Mitglieder von Genossenschaften und Allmeinden in Vorarlberg besucht und mit ihnen Interviews geführt. Daraus ist das Buch- und Filmprojekt „Allmeinde Vorarlberg. Von der Kraft des gemeinsamen Tuns" entstanden.

Genossenschaften? – das sind doch die, bei denen die Großmutter das Hennenfutter gekauft hat, wunderten wir uns über die Idee von Stephan Marent, ein Film- und Buchprojekt über Kooperativen in Vorarlberg zu gestalten. Was haben sich die Teilnehmer an der Vollversammlung der Vereinten Nationen nur dabei gedacht, 2012 zum „Internationalen Jahr der Genossenschaften" zu erklären? Und warum sind Genossenschaften überhaupt entstanden und haben heute ein derart verstaubtes Image?

Ein sperriges Thema, dachten wir. Dennoch waren unsere Neugier und unser Wissenshunger geweckt, und die führten uns zu einer genaueren Betrachtung, deren Ergebnis nun vorliegt. Wenn man sich auf die Materie einlässt, wird der Wert der Genossenschaften – oder genauer: der Wert der Hilfe zur Selbsthilfe – rasch klar. Genossenschaften entstanden ursprünglich aus bitterer Not – zur Zeit der Industrialisierung in der Mitte des 19. Jahrhunderts. Simone Drechsel schildert in ihrem Beitrag zu diesem Buch die Entwicklung von Idee und Praxis der genossenschaftlichen Selbsthilfe, auch hier in Vorarlberg. Dass sich dieses Modell über die Zeiten hinweg bewährt hat, erklärt ein profilierter Kenner der globalen genossenschaftlichen Szene – Iain Macdonald – eindrücklich in einem Interview, welches für den vorliegenden Dokumentarfilm im Februar 2012 im Arbeitszimmer von Robert Owen (1771–1858) in New Lanark geführt wurde. Im zeitweise größten Baumwollfabrik-Komplex Schottlands startete Robert Owen „das wichtigste Experiment in der Erzielung der Zufriedenheit des Menschen, das in der Welt je durchgeführt wurde", wie er es selbst formulierte. Der Unternehmer und Humanist Owen glaubte, der Charakter des Menschen werde von dessen Umgebung geformt. Er war überzeugt, dass die Ausbeutung der Arbeiter und insbesondere ihrer Kinder sie unzufrieden und wenig leistungsfähig mache. Darum wurden in seinen Fabriken weithin beachtete Sozial- und Wirtschaftsreformen eingeführt. Für die Glaubwürdigkeit von Owens Maßnahmen war gerade deren kommerzieller Erfolg ausschlaggebend – und der gab ihm Recht.

Pioniere in Vorarlberg

Die Idee des Genossenschaftswesens fasste auch in Vorarlberg Fuß. Einer ihrer ersten Verfechter war der Schoppernauer Bauer, Schriftsteller und Sozialreformer Franz Michael Felder. Um für die Kleinbauern einen höheren Milchpreis und einen besseren Vertrieb zu erzielen, versuchte er 1866, den „Käsgrafen" und Geldverleiher Gallus Moosbrugger zu einer Zusammenarbeit mit den Bauern in einer gemeinsamen Genossenschaft zu gewinnen. Moosbrugger ging darauf jedoch nicht ein. Dennoch gab es in Schoppernau und Au bereits 1868 acht Vereinssennereien. „In Felder und Moosbrugger treffen, an einem ganz kleinen geografischen Punkt, zwei ganz kräftige Persönlichkeiten mit ganz unterschiedlicher Interessenslage aufeinander. Das heißt, es fokussiert sich in diesem Konflikt, der hier in den 1860er Jahren stattgefunden hat, nahezu die Problematik des Jahrhunderts." – so der Historiker Meinrad Pichler in der Einführung zur historischen Nachstellung der Ereignisse in der Filmdokumentation.

Der Wolfurter Lehrer Wendelin Rädler (1835–1913) hatte von den Ideen Friedrich Wilhelm Raiffeisens gehört und rief in Vorarlberg die Bauern zur Selbsthilfe auf. Er war wie Raiffeisen ein Mensch, der die Verhältnisse verändern wollte. Zusammen mit seinem Weggefährten Johann Kohler rief er in kurzer Zeit rund hundert Genossenschaften ins Leben. Ab 1889 wurden vorarlbergweit Raiffeisenbanken und meist dazu auch Sennereien gegründet, die den Bauern einen sicheren Absatz und einen besseren als den üblichen Preis für ihre Produkte gewährleisteten.

Dass auch Genossenschaften von Krisen heimgesucht werden können, lehren uns Beispiele wie die Liquidation und anschließende Privatisierung der Alma-Genossenschaft oder der Konkurs von Konsum Österreich.

Dennoch inspiriert und bewegt aktives Handeln in Genossenschaften auch heute viele Menschen in Vorarlberg. Dem genossenschaftlichen Denken liegen Eigeninitiative und Selbstverantwortung bei gleichzeitiger Verfolgung gemeinschaftlicher Ziele zugrunde. Innerhalb der Gemeinschaft werden Regeln nach demokratischen Grundsätzen selbst formuliert. Gewinne gewerblicher Genossenschaften werden nicht als Kapitalrendite gesehen, sondern für die Förderung der Mitglieder eingesetzt. Das hat Ähnlichkeiten mit der historischen Allmende/Allmeinde (oder Allmein, wie sie in Vorarlberg genannt wird) – also jener gemeinsamen Weidefläche, die den Mitgliedern der „All-Gemeinde" zur Nutzung nach bestimmten Regeln offenstand und gelegentlich immer noch offensteht.

Neue Allmeinden

Doch die Allmeinde hat eine Renaissance erlebt – durch die gemeinsame Schaffung und Nutzung von Wissen, zumal im Internet. Die Commons, wie Allmende/Allmeinde im Englischen heißt, haben eine Erweiterung über die ursprüngliche Bedeutung hinaus erfahren. Sie stehen heute auch für die Wissensallmende und für die unzähligen Menschen, die im digitalen Zeitalter täglich zum „freien Wissen" beitragen. Silke Helfrich und Jacques Paysan nehmen dieses Thema in ihrem unkonventionellen Beitrag zu diesem Buch auf. Der Begriff Commons steht aber auch für jenes alltägliche Wissen, das in vielerlei Traditionen aufgehoben ist. Bernhard Tschofen sieht in seinen Reflexionen zur alpenländischen Küche das „kulinarische Gedächtnis" einer Region als ganz besondere – gemeinschaftliche – Ressource, die die Menschen nun neu nutzen.

Gemeinschaften mit und in der Natur sind für Hildegard Breiner die Ressourcen der Zukunft, für deren Erhalt es sich einzusetzen gilt – somit jene endlichen Güter, die wir alle gemeinschaftlich nutzen wollen. Wem also gehört die Natur, wem gehört der Wald, der Bach, der See? Gemeingüter sind, was niemandem allein gehört, doch wofür Menschen eine wie immer geregelte Verantwortung tragen müssen.

Die gemeinschaftliche Hege und Pflege, Bewirtschaftung und Nutzung wertvoller Gemeingüter stiftet auch in der heutigen Zeit: Zusammenhalt, Gemeinsinn, Verantwortlichkeit, Respekt. Gemeinsam ein Ziel zu verfolgen, sich gegenseitig stärker aufzustellen, gewinnt dann an Wert, wenn das Umfeld schwieriger wird. Deshalb nimmt heute auch die Bedeutung der Genossenschaften wieder zu, wie Johannes Ortner und Jürgen Kessler im Gespräch mit Michael Hausenblas feststellen. Der Geist der Genossenschaften ist ebensowenig wie jener der Allmeinde mit einem ungehemmten kapitalistischen Profitstreben des Einzelnen zu vereinbaren.

Eine besondere Form der heute genutzten Allmenden sind die Wanderwege. Die alpine Wegefreiheit hat sich aus der Allmendfreiheit des Mittelalters entwickelt. Sie sicherte vor allem die verkehrsmäßige Verknüpfung des Dorfes mit entlegenen Vorsäßen und Alpen, erklärt Rudolf Berchtel in seinem Beitrag, der in den Wanderteil des Buches einführt. Wie in einem Quergang beim Bergsteigen nicht senkrecht nach oben geklettert, sondern von links nach rechts traversiert wird, so führen auf diesen Wanderungen im Buch Querverbindungen zurück zu den einzelnen Themen: etwa zur Holzbringungs-Genossenschaft Ippachwald im Hofsteiggebiet, zur Alpe Sera, wo die Bio-Alp-Schweine der Bio Vorarlberg Genossenschaft gesömmert werden, oder ins Montafon zu den Jagdgenossen.

Dank

Nicht nur die Vereinten Nationen, vor allem die vielen Obmänner, Alp- und Allmeinmeister und die Genossenschaftsmitglieder, die wir durch ein intensives Arbeitsjahr hindurch interviewten, haben den Wert der Genossenschaften und der Allmeinden erkannt.

Es bedarf natürlich keiner Entstaubung des Themas: Denn Genossenschaften erweisen sich nach wie vor als aktuell. Vielmehr wurde unser Denken grundlegend entstaubt – dies vor allem, weil wir sahen, dass unsere Interviewpartner allesamt den genossenschaftlichen Gedanken leben. – Ihnen und allen anderen an diesem Projekt Beteiligten gilt unser Respekt und Dank. Dass gegenwärtig auch bei der Vorarlberger Raiffeisen-Banken-Gruppe eine stärkere Beschäftigung mit regionalen Themen und eine Renaissance des Genossenschaftsgedankens erkennbar ist, zeigt sich schon dadurch, dass sie uns mit der Produktion der Filmdokumentation beauftragt hat. Stellvertretend für die 23 genossenschaftlichen Raiffeisenbanken danken wir hier namentlich Wilfried Hopfner.

Unserer Assistentin Birgit Fitz sowie Christine Breuss danken wir für ihre umsichtige Mitarbeit.

Da sowohl im Dokumentarfilm als auch im Buch der Platz begrenzt ist, konnte nur eine kleine Auswahl der äußerst zahlreichen Genossenschaften und ihrer Mitglieder porträtiert werden. Im realen Leben jedoch gibt es keine Begrenzung: Genossenschaften sind bezüglich der Mitgliederzahlen nach oben hin offen. Dementsprechend groß ist unsere Hoffnung, dass sich immer mehr Menschen für den Erhalt regionaler Werte und Traditionen, den schonenden Umgang mit den Allmeingütern und eine notwendigerweise gemeinsame Zukunft zusammen tun.

Laut Wikipedia, der Enzyklopädie für freies Wissen, leitet sich das Wort Genosse vom althochdeutschen *ginoz* ab und bedeutet: jemand, der mit einem Anderen etwas genießt oder eine gemeinsame Nutznießung hat. Wir wünschen den Leserinnen und Lesern, jenen Genuss, den wir über ein Jahr hindurch empfanden, im vorliegenden Buch wiederzufinden.

Wilfried Hopfner

DIE RENAISSANCE DER GENOSSENSCHAFTEN

Wilfried Hopfner, geb. 1957 in Dornbirn, ist seit 1983 in der Vorarlberger Raiffeisengruppe tätig und Vorstandsvorsitzender der Raiffeisenlandesbank.

Es mag an der Einfachheit und Solidität des Konzeptes liegen, weshalb Genossenschaften seit den Frühtagen ihrer Existenz ihrem Auftrag gerecht werden. Sie haben, zuallererst, Not gelindert, aber auch im Laufe der Zeiten bewiesen, dass sie fruchtbare Organisationsformen sind. Ihr Förderauftrag ist es, der den eigentlichen Ankerpunkt darstellt und um den sich alles dreht: Gemeinwohl vor Eigennutz, Geld als redliches Mittel und Tauschwert, nicht als entfesselter Selbstzweck, der sich letztlich sowohl der gesellschaftlichen als auch der politischen Kontrolle entwindet.

Führt man sich, global betrachtet, die letzten Dekaden zu Gemüte, muss man betrübt feststellen, dass über lange Jahre vor allem bei den Banken die höchstmögliche Gewinnerzielung im Vordergrund stand. Gewinne sind für jedes Unternehmen unabdingbar, auch für genossenschaftlich organisierte Banken. Dass diese Gewinne vor allem bei Investmentbanken aber nicht nur aus dem typischen Bankgeschäft stammten, sondern auch aus spekulativen Geschäften resultierten und darüber hinaus sehr oft wenigen zugute kamen, dass also damit am Gemeinwohl vorbeigewirtschaftet wurde – das ist die Rechnung, die jetzt weltweit auf den öffentlichen Tischen liegt. Deswegen herrscht mittlerweile Einigkeit darüber, dass sich die Finanzwirtschaft in einem zu hohen Maße von der Realwirtschaft abgekoppelt hat und damit eine Schere aufgegangen ist. Das ist für mich ein Umstand, der nach ausgewogenen, aber klaren Regulativen verlangt, damit dieses Auseinanderklaffen eingebremst und reduziert wird: Regulative, die sicherstellen, dass Banken ihrer eigentlichen Aufgabe nachkommen, wie sie für uns regionale Banken schon immer eine Selbstverständlichkeit waren, nämlich Einlagen hereinzunehmen und über Kredite die Entwicklung der Wirtschaft und der Bevölkerung zu ermöglichen.

Umso schöner, zu erleben, dass die regionale Vernunft greift. Und umso wertvoller, festzustellen, wie beeindruckend sich dieses altmodische Prinzip Genossenschaft neuen Lebens- und Wirkungsraum erobert. Die sehr einfachen und überschaubaren Anfänge von Genossenschaften haben sich, wie die Gesellschaft, die Wirtschaft, die sozialen Errungenschaften und vieles andere mehr, weiterentwickelt und angepasst. Dennoch gibt es nach wie vor eine große Ähnlichkeit mit der Vielfalt der Allmeinde und den genossenschaftlich organisierten Gewerbebetrieben oder den genossenschaftlichen Verbünden der Anfangszeit. So gibt es bis heute Wollspinner, Dirndlmacher, Tischler, Schuster, Kübler und Schindeler. In dieser Ökonomie steht nicht die Rendite im Mittelpunkt, wie es Silke Helfrich und Jacques Paysan in ihrem Beitrag formulieren. Und doch sind sie da. Offensichtlich bleibt die Vielfalt der Handwerksberufe nur in einem ganz besonderen Umfeld erhalten. Waren es in der Gründungszeit Armut und soziale Ungerechtigkeiten, so beschäftigen heute neue Themen, etwa alternative Energie, Freiwilligenarbeit und aktives Vereinsleben oder ein sinnerfülltes Altwerden, die Menschen, die hier ihren Lebensraum haben.

Die Idee dieses Buch- und Filmprojekts war es, genau diese Vielfalt der Themen, aber auch die Eigenständigkeit der gewerblich und der naturräumlich gewachsenen Genossenschaften und ihrer äußerst zahlreichen Mitglieder zu verdeutlichen. Dabei ist es die typische Aufgabe der Genossenschaft, den Menschen Perspektiven aufzuzeigen und sie zu motivieren, sich in der Gemeinschaft selbst Aufgaben zu stellen. Das nun vorliegende Werk von Rita Bertolini und Frank Mätzler zeigt Historisches und Perspektiven für die Zukunft, es soll Anregungen für genossenschaftliches Handeln bieten, aber auch zur Rückbesinnung auf Genossenschaftswerte führen. Buch und Film machen in ihrer Lebendigkeit der Schilderung und des Geschilderten Mut. Mut und Zuversicht, die Herausforderungen kommender Zeiten miteinander zu bewältigen.

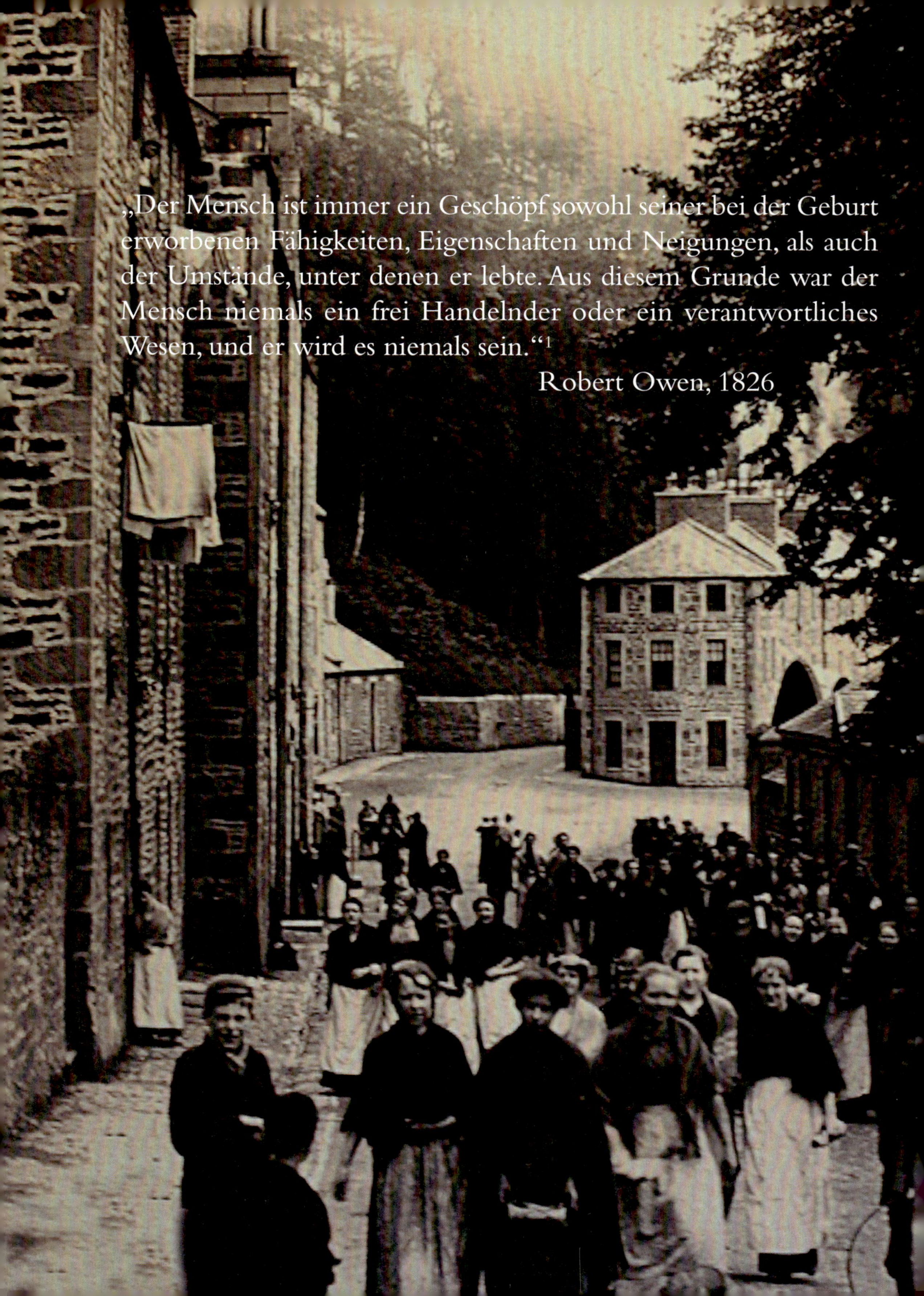

„Der Mensch ist immer ein Geschöpf sowohl seiner bei der Geburt erworbenen Fähigkeiten, Eigenschaften und Neigungen, als auch der Umstände, unter denen er lebte. Aus diesem Grunde war der Mensch niemals ein frei Handelnder oder ein verantwortliches Wesen, und er wird es niemals sein."[1]

Robert Owen, 1826

Robert Owen
New Lanark

Anfang und Aufbruch

Junge Fabrikarbeiter und Kinder in New Lanark, um 1890.

New Lanark
Schottland

Robert Owen (1771–1858) gilt als Begründer des Genossenschaftswesens.

Das wichtigste Experiment

Über 200 Jahre wurde im Industriedorf New Lanark Baumwolle gesponnen. In seiner Hochblüte entwickelte es sich zum größten Baumwollfabrik-Komplex Schottlands. Im ersten Viertel des 19. Jahrhunderts wurde die in den Fabriken arbeitende Dorfgemeinschaft von New Lanark unter Robert Owen (1771–1858) Nutznießerin eines Aufsehen erregenden Plans, den Owen selbst als „das wichtigste Experiment in der Erzielung der Zufriedenheit des Menschen, das in der Welt je durchgeführt wurde"[2], bezeichnete. Die Ziele waren klar: das Wohlbefinden der Arbeitskräfte und die Verbesserung ihrer Lebensbedingungen. Denn der Humanist Owen glaubte, dass der Charakter des Menschen von seiner Umgebung geformt werde. Er war überzeugt, dass die Ausbeutung der Arbeiter und insbesondere ihrer Kinder unzufriedene und wenig leistungsfähige Arbeitskräfte hervorbrachte. Die allgemein üblichen Arbeitszeiten in den Fabriken lagen damals bei 13 bis 14 Stunden. Robert Owen verkürzte sie in seinen Fabriken auf 10,5 Stunden. Für die Glaubwürdigkeit von Owens Reformen war gerade der kommerzielle Erfolg ausschlaggebend. Um die Leistungen der Arbeiter deutlich zu machen, führte er an jedem Arbeitsplatz einen schweigenden Monitor ein. Das war ein Stück Holz, das – durch Farben gekennzeichnet – dem Aufseher die Arbeitsleistung des Vortags sichtbar machte: Schwarz für schlecht, Blau für mittelmäßig, Gelb für gut und Weiß für ausgezeichnet. Owens fortschrittliche humanistische Prinzipien beeinflussten alle Teile des Dorflebens.
Er ließ gute Wohnungen bauen und richtete Kranken- und Altersversicherungen sowie eine Sparkasse ein. Der Dorfladen wurde vermutlich 1813 errichtet und von Owen mit Waren versorgt, die er im Großhandel erwarb und zum Selbstkostenpreis weitergab. Der Handel von Alkohol wurde auf dem Fabrikgelände eingeschränkt. Besonders viel bewirkte Owen für die Kinder. Er verbot Arbeit von Kindern unter zehn Jahren und schickte diese stattdessen in die Schule. So konnte er auf die zusätzliche Arbeitskraft der Mütter zählen. Die Grundsätze von Owens Bildungssystem beruhten auf der Anregung des Wissensdursts und nicht, wie zu jener Zeit üblich, auf Bestrafung oder Belohnung. Die von ihm eingeführten Sozial- und Wirtschaftsreformen galten zu seiner Zeit als radikal, sind aber heute weitgehend anerkannt.[3]

Robert Owens Haus, das er mit seiner Frau Caroline, der Tochter von David Dale, bewohnte.

Spinnerei in New Lanark, Februar 2012.

New Lanark

1785 wurde mit dem Bau der ersten Spinnerei in New Lanark begonnen, 1786 konnte sie in Betrieb genommen werden. Die Arbeit an einer zweiten Fabrik begann zwei Jahre später, danach wurden laufend weitere Fabriken errichtet. Alleininhaber ab 1786 war David Dale (1739–1806).

1793

waren 1157 Arbeitskräfte in der Spinnerei beschäftigt, davon 362 Erwachsene und 795 Mädchen und Knaben.

Am 30. September 1799

wurden David Dales Tochter Caroline und Robert Owen getraut. Am 1. Januar 1800 übernahm Robert Owen die Leitung von New Lanark. In den ersten Jahren begann er die Leute auszubilden, er verbesserte die dörfliche Struktur und die Maschinen und legte das Fundament für den künftigen Fortschritt.

Ab dem Neujahrstag 1814

begann Robert Owen seine Prinzipien umzusetzen. Das Wichtigste war das Wohlbefinden der Arbeiterinnen und Arbeiter. Die Arbeitszeit wurde auf 10,5 Stunden verkürzt, während in anderen Fabriken 13 bis 14 Stunden üblich waren. Er richtete Kranken- und Altersversicherungen ein und ließ bessere Wohnungen bauen. Im Dorfladen wurden die Güter des täglichen Bedarfs zu niedrigen, aber kostendeckenden Preisen angeboten. Owen verbot Kinderarbeit und reformierte das Bildungswesen.[4]

Der ehemalige Baumwollfabrik-Komplex in New Lanark wurde am 14. Dezember 2001 von der UNESCO als Weltkulturerbe anerkannt.

Pioniere

Grundlagen für heute

Überschwemmung 1888 in Lustenau.

Franz Michael Felder

KONSUM-VEREIN ODER PRODUKTIV-ASSOZIATION?

Franz Michael Felder trat – den ökonomischen Lehren des Führers der deutschen Sozialdemokraten, Ferdinand Lassalle, folgend – für den Aufbau leistungsstarker Produktionsgenossenschaften ein. Nur dadurch könne der Arbeitsertrag gerecht verteilt und der Verelendung der arbeitenden Menschen entgegengewirkt werden. Kleine Spar- und Konsumvereine, wie sie zu jener Zeit unter anderem Hermann Schulze-Delitzsch propagierte, seien für diesen Zweck völlig ungeeignet.
Denn, so Felder, sie würden nur die Arbeitskraft billiger machen, aber nicht die wirtschaftliche Position der einzelnen Arbeiter oder Kleinbauern verbessern.

Franz Michael Felder (1839–1869) war Schriftsteller, Bauer und Sozialreformer aus Schoppernau im Bregenzerwald.

Diese Frage ist schon häufig aufgestellt worden. Es ist wohl eine der brennendsten, und um sie ins gern vermiedene Deutsche zu übersetzen, heißt sie: Haben wir zu Schulze oder Lassalle zu stehen? Muß dem Arbeiter oder der Gesamtheit geholfen werden? Selbst die eigensinnigsten bourgeoisen Ökonomen haben zugestanden, dass Richard Cobden[1] durch Abschaffung des Kornzolls in England nicht den Arbeitern, sondern den reichen Fabrikanten ein Wohltäter war. (Brockhaus deutsche Revue 1865, Seite 546). Allerdings könnte in einem Sinn der kleine Konsum-Verein eine Vorschule für das Genossenschaftswesen sein, wie auch die Bemühungen Schulzes dem Riesenwerk Lassalles etwas vorarbeiteten. Aber dem Arbeiter muß als Arbeiter, nicht als Konsument, als welcher er kaum neben dem Kapital zum Vorteil kommt, geholfen werden. Der Mensch als arbeitendes Wesen kann nur noch als Maschine betrachtet werden, deren Unterhaltungskosten, dank der gebenedeiten freien Konkurrenz, seinen Lohn bestimmen. Dieses furchtbare Gesetz, von Ricardo zuerst aufgestellt, hat noch von keinem geleugnet werden können. Das nun muß anders werden, wenn die Konkurrenz unter den Arbeitern aufhört, darum erhob Lassalle die Fahne, darum aber können sich die öffentlichen, für den Geldsack geschriebenen Blätter nicht mit ihm einigen. „Dem Kapital", rufen sie „gehört der Profit fürs Risiko!" Wer aber wagt? Der Bauer, der Arbeiter. „Wenn die Herrn verlieren", sagt Lassalle in seinem unvergleichlichen „Bastiat Schulze", so klopfen sie ihren Ärger auf dem breiten Rücken der Arbeiter aus –"
Ich werde nächstens auch Schweitzers[2] unvergleichlich über Schulze stehende Schrift „Über das Risiko" zusenden, wo alles, was hierher gehört, viel besser gesagt ist, als ich es sagen könnte. Doch genug, damit Du mich nicht einen Pedanten tadelst und mir Prinzipienreiterei vorwirfst. Mit dem Kaffeehandel z. B. den Anfang machen wäre gut und schön, aber du lieber heiliger Christoffel! Wie würden da unsere Geldmächte auf und dagegen sein, die ihr Geld so gern in den Handel stecken, die so gern riskieren! Die Angesehensten in allen Dörfern würden aufstehen, woraus denn auch folgt, dass der Kaffeehandel noch unter zu vielen ist, um gefährlich für's Land zu werden. Der Käshandel aber wird gefährlich, denn entweder fällt der Händler und reißt viele mit, oder er bleibt stehen und bereichert sich durch das große Geschäft und mästet sich zu einer uns armen Bienen gefährlichen Hummel heran. Geh nach Schnepfau (u. a. O.) und frage! Und der Vorfahr des Gallus M. [Moosbrugger] war ein armer Mann. Was meinst Du, wenn er nur in einem Konsum-Verein billig gelebt und gespart hätte. Der Zweck meines Strebens ist, das Volk rührig, nicht es zum „sparenden" Philister zu machen. Lieber mit Hindernissen Jahre kämpfen und dann etwas Tüchtiges, Zeitgemäßes, als mit kleinen Vereinen, die dem meinen sicher von selbst folgen wie der Troß dem Fürstenwagen, die besten Kräfte im Lande zersplittern und entzweien. Die Vereine entstanden aus dem in der übervölkerten Welt nach Errichtung der Maschinen immer größer werdenden Bedürfnis nach Arbeit, um fortzukommen. Siehe Rechte der Arbeit. Nun wollten die Arbeiter sich zusammentun, um wie in England (Rochdale) [→ S. 150] ihre eigenen Unternehmer zu werden. Da stand Schulze auf und predigte vom

Franz Michael Felder, 1866

Sparen, vom im kleinen anfangen, von Konsum- und Vorschussvereinen. So wurde die Angst der deutschen Geldsäcke glücklich zerstreut. Dankbar dafür schenkten sie Herrn Schulze von Delitzsch 45.000 Taler, wofür der nun wirken muß. Drum sang der Social Demokrat:

Zu unsrem Heil, zu unsrem Nutzen
und Frommen
Ist Schulze Delitzsch auf die Welt
gekommen.
Für 45.000 Taler Sündengeld
Streut er der Proletarierwelt
Sand, Sand, Sand in die Augen
Sand in die Augen hinein

Doch seit Lassallen den Bastiat[3]
gebracht
Ist's aus mit ihm, und dem was
er gemacht.

Doch ich zitiere schon wieder, und dennoch wär's unmöglich, Dir kurz zu zeigen, welch ein ungeheurer Unterschied zwischen einem Käufer- und einem Verkäuferverein ist. Daher ziehe ich es vor, Dich aus den Schriften, die ich Dir nach und nach, von allen Parteigängern schicken will, Dein Urteil selbst bilden zu lassen. Nicht nur Axt und Säge, auch Brot und Kaffee, Hosen und Hemd sind nötig zu unserm tätigen Dasein. Gut, wäre also der Stickerin besser, sie bekäme billige Nadeln, Stücke etc., oder sie bekäme gute, lohnende Arbeit, durch die sie als Bregenzerwälderin sich nähren und einen ehrenvollen Platz (durch den Verein) in der Welt bekäme? Würden billigere Lebensmittel den Tätigkeitstrieb wecken? In meinem Verein wird alles nun aufleben, die Wirtschaft wird sich heben, denn es wird erwachen der Wunsch, etwas Tüchtiges in die Welt zu schicken. Ein Konsum-Verein kann und wird nur den Krämergeist wecken.

Hoffentlich zu einem kurzen Dasein. Denn die Tüchtigsten wehren sich gegen ihn, und er wird erliegen wie seine ersten Fahnenträger. Wär ich ein Theolog, dann sollte ich vor allem dem armen Mütterlein helfen. Ich aber möchte vor allem der Kraft unseres herrlichen Volkes einstweilen einen Zielpunkt aufstellen, möchte die Bahn aufbrechen helfen, die der Wäldler zu durchlaufen befähigt, berechtigt, bald genötigt und als Hausvater verpflichtet ist. Den Eifer, die Arbeitslust, die Freude am gemeinsamen Schaffen möchte ich wecken, nicht den Philistergeist, der einige Batzen zahlt und sich wohlfeile Waren bringen lässt, ohne selbst dabei etwas wagen, etwas tun zu können. Und spielend wird dann auch das andere in die Hand genommen werden. Ich glaube, einer tüchtigen Wäldergenossenschaft werde nur ein riesiges Holz-, Stickerei- oder Käsfuhrwerk den Weg öffnen. Jedenfalls möchte ich mit der Ausfuhr, doch am unliebsten mit dem höchst schädlichen Holzhandel beginnen. Wär's aus Holz verfertigte Arbeit, dann wär ich dabei. Zu meinen Statuten ist u.a. noch folgende Stelle gekommen: Das Betriebskapital besteht:
4) aus 1 Prozent des jährlichen Umsatzes usw., anderwärts wird dann bestimmt, dass später eintretende Mitglieder ihren Teil einzuzahlen oder zu verzinsen haben. Nun war das recht? Es wäre mir überhaupt lieb, bald Bemerkungen über die Bemerkungen zu hören. Die soziale Frage ist die wichtigste der Gegenwart, denn sie ist die Frage aller Fragen und Bismarck stünde nicht, wo er steht, wenn er sie nicht besser verstünde als die Mehrzahl seiner Gegner. Darum sagt Lassalle: Er ist unser Gegner immer, doch er ist ein ganzer Mann, drum den Hut ab, bevor wir auf ihn schießen.[4]

Anmerkungen:

1 Johann Baptist von Schweitzer (1833–1875) war sozialdemokratischer Agitator und der am längsten amtierende Präsident des Allgemeinen Deutschen Arbeitervereins (ADAV), der Vorläuferorganisation der SPD, in der Nachfolge von Ferdinand Lassalle. Die Parteizeitungen des Allgemeinen Deutschen Arbeitervereins waren *Der Social-Demokrat* und *Der Agitator.*

2 Der britische Unternehmer Richard Cobden (1804–1865) war eine führende Figur des Manchesterliberalismus. Seine Arbeit zielte auf die Verbesserung der Situation der Armen.

3 Mit *Bastiat* ist die Schrift Lassalles gegen Schulze Delitzsch gemeint (*Herr Bastiat-Schulze von Delitzsch, der ökonomische Julian, oder: Kapital und Arbeit,* Berlin 1864).

4 Franz Michael Felder: Konsum-Verein oder Produktiv-Assoziation? In: Walter Methlagl (Hg.): Franz Michael Felder: Vermischte Schriften. (Franz Michael Felder: Sämtliche Werke; Bd. 8). Bregenz 1979, S. 151–154. Die Abhandlung ist eine Beilage zum Brief von Franz Michael Felder an Josef Feuerstein vom 10.8.1866. In: Walter Methlagl (Hg.): Franz Michael Felder: Briefwechsel 1856-1869, Teil 1 (Franz Michael Felder: Sämtliche Werke; Bd. 10). Bregenz 1981, S. 216–220.

Franz Xaver Moosmann (1839-1891), der Autor des Textes auf der folgenden Doppelseite, war ein Bauer aus Schnepfau im Bregenzerwald und eine außergewöhnliche Persönlichkeit. Seine umfassende Bildung, die er sich durch autodidaktische Studien angeeignet hatte, und sein gesellschaftliches Engagement machten ihn zu einer der bemerkenswertesten Erscheinungen im Vorarlberg seiner Zeit. Durch seine volksbildnerischen Initiativen und durch seine politische Tätigkeit gelang es ihm, im Bregenzerwald bedeutende gesellschaftliche Reformen einzuleiten.
Der Schwager des 1869 früh verstorbenen Bregenzerwälder Dichters und Sozialreformers Franz Michael Felder, Kaspar Moosbrugger, schrieb am 6. Februar 1873 in einem Brief: „Dieser Bauer ist eine intressante Erscheinung u. ist das Schulwesen im Bregenzerwald besonders durch sein Wirken sehr gehoben worden, so daß […] die Wälder in diesem Punkt fast musterhaft dastehen. Er schrieb auch einen Leitfaden der Geschichte Vorarlbergs(,) der Aussicht hat, in den Schulen eingeführt zu werden. Seiner Zeit war er ein Gegner Felders, ist aber aus einem Saulus ein Paulus geworden."

Gemeinsinn und Egoismus.

Man klagt vielfach und wohl mit Recht, daß noch so arge Mißstände in unserm öffentlichen Leben sind, und daß Vorschläge und Unternehmungen zur Besserung derselben nicht glücken; daß in der Gemeindewirthschaft nützliche Reformen nicht durchdringen wollen, daß der Bregenzerwald als Ganzes nie zur gebührenden Achtung komme und sieht nicht ein, oder will nicht einsehen, daß es an uns selber fehlt, wenn es nicht besser geht, an Mangel an Gemeinsinn und am Vorherrschen einer krassen Selbstsucht bei den Einzelnen, bei Parzellen und Gemeinden.

In den Gemeinden schimpft jeder für sich in seinem Winkel über dies und jenes, wenn es aber gilt etwas anzustreben, da rechnet jeder zuvor, ob er dadurch profitire oder nicht und zu vereintem Streben kommt es fast nie. Der Einzelne, durch Geld oder Ansehen Mächtige hat in dieser Zersplitterung die schönste Gelegenheit zu herrschen und die einander Widerhaarigen für seine Zwecke zu benützen. Hintendrein schimpfen die Gebrauchten an allen Enden und Ecken und werden um kein Haar klüger, das ist einiger.

Um die Einigkeit und Gemeinsamkeit des Handelns der Gemeinden steht es kaum besser. Man betrachte nur die Dinge im Einzelnen.

1. Unser vielbeklagtes Straßenelend ist auf diese Weise so arg geworden und kömmt nie zur Besserung. Man erkennt es wohl an, daß es im Ganzen nicht nur für die Ehre sondern auch für das Interresse aller Gemeinden des Bregenzerwaldes vortheilhaft wäre, die Straßen durchgreifend zu verbessern und gehörig im Stande zu halten; man weiß, daß wenn der Wald nur eine einzige Gemeinde bildete, diese Angelegenheit längst besser stünde; man hätte zunächst wo es am nöthigsten wäre neugebaut und ausgebessert, nach bestimmtem sichern Plane, der sich über den ganzen Wald erstreckt hätte und man würde dabei gewiß besser stehen und billiger durchkommen, als bei der jetzigen egoistischen Straßenwirthschaft. Tüchtige, ihrer Aufgabe gewachsene Wegmacher würden die Instandhaltung der Straßen besorgen, statt der vielfach üblichen Gemeindearbeit, die immer am theuersten und am schlechtesten ist.

Aus diesem allem aber wird nichts werden, die Straßen werden wo möglich immer schlechter werden, so lange jede Gemeinde engherzig für ihren Bereich sorgt und von weiter nichts wissen will. Kömmt ein Vorschlag zum Vorscheine zu einer gemeinsamen Handlung, so rechnet jede Gemeinde zuerst im Detail nach, was sie etwa speziell dabei gewinne oder verliere, statt den gemeinsamen Zweck ins Auge zu fassen, die Verhandlungen zwischen den Gemeinden bekommen dadurch einen widerwärtigen Beigeschmack, die kleinliche Berechnung des eigenen Interesses macht jede gemeinsame Unternehmung scheitern, und entfremdet die Gemeinden einander noch viel mehr, als daß sie sie einander näher bringt. Es ist eine Seltenheit wenn nur 2 oder 3 zunächst stehende Gemeinden sich zu irgend etwas vollständig einigen wie z. B. Alberschwende, Egg und Andelsbuch, um das Radfelgengesetz zu Stande zu bringen und wo möglich noch ein Weggeld für ihre eigene Straße zu erhalten, welches letztere aber nicht gelang: keineswegs aber um ihre Straßenstrecke nun einmal über allen Tadel ledig herzustellen. Die innern Gemeinden (Mellau, Schnepfau, Au, Schoppernau, Damüls, Schröcken) wandten sich an den Landtag, daß er Verhandlungen zur Besserung der Straßenverhältnisse im innen Walde anbahne, der Landesausschuß ist beauftragt hiezu; wir zweifeln aber, ob auch nur zwischen diesen Gemeinden durch Verhandlungin die Einigkeit so weit hergestellt ist, daß sie mit gemeinsamen, bestimmten Vorschlägen auftreten könnten; im Gegentheile glauben wir, daß, wenn heute die Commission zur Verhandlung käme, sie ganz unvorbereitet wären, und es könnte eine Zerfahrenheit zur Schau kommen, wie bei der bekannten, famosen Eisenbahnverhandlung in Egg, deren Resultat ein Nichts wäre.

Man hat es im Bregenzerwalde trotz der seit so vielen Jahren wiederholten Klagen über die schlechten Straßen und die schweren Lasten und Kosten, welche durch eine gründliche Besserung den Gemeinden erwachsen, noch nicht einmal zu dem gemeinsamen, einmüthigen Schritte gebracht, sich um irgendwelche Unterstützung an den Staat zu wenden, der gewiß nirgends gibt, wo man nichts verlangt, aber schon an vielen Orten gegeben hat, wo es nicht nöthiger war als bei uns. Wenn wir nichts erhalten haben, so klagen wir ja nicht den Staat und die Regierung an, die uns ganz vernachlässige, sondern uns selber, die wir nicht einmal so weit einig sind, um etwas anzusuchen. Fürchten wir etwa, wenn wir etwas erhielten, wir könnten einander über die Verwendung und Vertheilung in die Haare gerathen, und die letzten Dinge würden ärger als die ersten? (Forts. folgt.)

Schnepfau

(Fortsetzung).

Ganz ähnlich verhielt es sich an andern Orten des Bregenzerwaldes und die Mutterkirchen und die Muttergemeinden vergaßen nie das Tüpflein am i an ihren erworbenen Rechten und Ansprüchen, wenn sie auch nur, wie in diesem Falle, durch Zuwachs und Erweiterung nach Außen erworben waren, sorgfältig zu wahren. Das Recht der Pergamentbriefe hatten sie freilich durchwegs für sich, einen etwas bittern Beigeschmack haben aber diese fast kleinlichen Verhandlungen doch, besonders dort, wo es sich darum handelte, die Gründung einer sehr nothwendigen, ständigen Seelsorge zu ermöglichen, zu erleichtern

Gemeinsinn und Egoismus.

II.

Man weiß, und muß es eingestehen, wie rath- und oft kopflos man dasteht, wenn eine Landeskalamität im Anzuge ist z. B. die periodisch wiederkehrenden Viehseuchen, die aber nie bei uns entstehen, und allemal eingeschleppt werden.

Es ist noch im frischesten Andenken, wie sehr der Egoismus, anderwärts Selbstsucht genannt, zum Schaden des Landes, und zwar zum unberechenbaren, die Oberhand gewann; und wie daran die besten Vorschläge zu einem gemeinsamen, energischen Handeln scheiterten. Viele der reichern Privaten dachten nur an ihr Vieh in der Schweiz, welches sie um jeden Preis heim haben wollten, und ganz unbedenklich mit dem ihrigen zu Hause mischten, mochte es verdächtig sein oder nicht; und wenn sie der Sache selber nicht trauten, eilten sie schnellmöglichst in ihre Sommergüter, Vorsäße und Alpen, immer als Hauptziel im Auge, daß sie ohne Schaden und Inkommodität durchkommen, unbekümmert um die Habe ihrer Mitmenschen und das Gemeinwohl. Wer wollte es ihnen verargen? Der Nachbar in derselben Lage hätte wahrscheinlich auch so gehandelt. Riß die Seuche in Gemeinschaften, Alpen und Vorsäße ein, so bekam man denselben Egoismus nur in erweiterter Form zu schauen, verspätete Anzeigen, unvorsichtige Berührungen mit den Nacharn, schlaffe Sorgfalt waren alltägliche Klagen; und vielleicht nicht grundlos beschuldigte man oft ganze Gemeinden und ihre Vorstände, bei welchen die Seuche eingerissen war, daß sie demselben Egoismus huldigten, die Seuchenpolizei mangelhaft handhabten, und gegen Nachbargemeinden nicht sehr brüderlich und gewissenhaft handelten.

Liegt dieser Egoismus auch in der Natur der Dinge, und der erfahrungsgemäßen Thatsache, daß jedem das Hemd näher liegt als der Rock: schön, edel, christlich und dem allgemeinen Wohle zuträglich ist er gewiß nicht; und es nahm sich aus wie Spott auf die Religion der Nächstenliebe, wenn dann solche, welche recht kommod durchschlüpften, sich der Contumaz entzogen, und ihre Nachbarn und auch ganze, noch unverseuchte Gemeinden in Gefahr oder wirklichen Schaden brachten, zur Sühne ein Dutzend Messen zahlten oder etwa eine Stiftung an eine Kirche machten. Da war Tetels Ablaßhandel zum Ausbau der Peterskirche immer noch erträglich, und selbst dann noch, wenn der Ablaß ausnahmsweise, wie manche sagen wollen, auch für ein paar künftige Sünden, nicht gerade die lieblosesten, ertheilt wurde. Nichts anderes als widerliche Heuchelei kam es heraus, wenn man die Augen verdrehte, und den Willen Gottes als Urheber der Seuche anklagte, dem man doch nicht entfliehen könne, und St. Martin und Wendelin Gelübde machte; dabei aber schon Pläne faßte, wie man es im schlimmen Falle zum Schaden seiner Nachbarn anstellen wolle. Die christliche Religion ist dabei, wie noch bei so vielen andern Anlässen eine bloße Form geworden, an die Stelle ihres Geistes und Wesens ist der nackte Egoismus getreten. Doch verargen wir es den Einzelnen nicht gar zu sehr, das Beispiel ist allgemein und verlockend, und war es etwa um den Gemeinsinn bei jenen besser bestellt, welche durch Stellung und Ansehen berufen waren, an die Spitze des Volkes zu treten, gemeinsame, durchgreifende Maßregeln auch für die Zukunft zu treffen?

Wie kühl wurde selbst der Vorschlag aufgenommen, speciell für den Bregenzerwald einen Seuchenfond zu bilden durch eine unmerkliche Abgabe von dem Vieh zur Zeit, da es noch ungefährdet und seuchenfrei ist, dann bei der nächsten Bedrohung des Einreißens der Seuche ein Comite aus unserer Mitte aufzustellen, und vereint mit der politischen Behörde mit äußerster Strenge und mit größter Oeffentlichkeit gegen die ersten Anfänge vorzugehen, mit vollständiger Entschädigung der schuldlosen von der Seuche zuerst Heimgesuchten, oder aus öffentlicher Rücksicht Contumazirten? Man läugnete es nicht, daß man auf diese Weise mit mehr Zuversicht eine Beschränkung und Abwehr der Seuche hoffen konnte, und gegen Ungehorsame mit äußerster Strenge und empfindlichsten Strafen einschreiten konnte: und doch — es blieb beim Vorschlage, entweder weil die Berufenen es nicht zu einem gemeinsamen Entschlusse bringen konnten, oder sie die Energie nicht in sich fühlten, es durchzusetzen und lieber gar nicht anfingen.

Es geht bei solchen Landeskalamitäten dann in Folge der Zersplitterung, des Mangels an Gemeinsinn und rechtzeitigen Schutzmaßregeln durch vereinte Kräfte, wie es einstens unsern Vätern erging, als vor 200 Jahren die Schweden in Schwaben waren und das Land bedrohten. Die Oberländer wollten den Unterländern nicht mehr helfen, die Gränze hüten und befestigen, und nur für sich sorgen, meinend, die Gefahr treffe zuerst nicht sie: und so geriethen die Festungswerke bei Bregenz in Verfall und wurden nur schwach bemannt und geschützt. Die Schweden nahmen sie mit leichtem Spiele, während sonst die Grenze sehr fest und für uneinnehmbar gehalten wurde, wenn sie gehörig im Stande und besetzt gewesen wäre, und aller Wahrscheinlichkeit nach auch nicht genommen worden wäre. Die Schweden machten unermeßliche Beute, überschwemmten das ganze Land, brandschatzten Oberländer und Unterländer, Dornbirner und Bregenzerwälder, und man zählte die Gulden dem Feinde in tausenden vor, die in hunderten einig und gemeinsam zum Schutze des Landes verwendet, dasselbe vor dem namenlosen Unglücke bewahrt hätten.

Franz Xaver Moosmann in: Bregenzerwälder-Blatt vom 1. Juli 1875 und 15. Juli 1875.

Simone Drechsel

SELBSTHILFE – VON DER IDEE ZUR PRAXIS

Von Hermann Schulze-Delitzsch über Friedrich Wilhelm Raiffeisen zu den ersten 50 Jahren des Raiffeisenverbandes Vorarlberg

Simone Drechsel, geb. 1979, Geschichtestudium an der Universität Wien, mit Schwerpunkt Kriminalitäts- und Sozialgeschichte der frühen Neuzeit. Derzeit als freischaffende Historikerin und Bibliothekarin, u. a. in der Vorarlberger Landesbibliothek und im Kloster Mehrerau, tätig.

In der Mitte des 19. Jahrhunderts nahmen in Deutschland zwei Männer, Hermann Schulze-Delitzsch und Friedrich Wilhelm Raiffeisen, ihren Kampf für das Genossenschaftswesen auf. Hermann Schulze-Delitzsch (1808–1883) setzte sich vor allem für die kleinen Handwerker ein, die mit der wachsenden Industrialisierung nicht mithalten konnten. Als Verfechter der Genossenschaftsidee war es ihm ein Anliegen, das Genossenschaftsgesetz in Preußen und im Norddeutschen Bund durchzubringen, um den Genossenschaften eine gesetzliche Basis zu schaffen. Mit seinem 1855 verfassten Werk: „Vorschuß- und Kreditvereine als Volksbanken[1]" schuf er Musterstatuten für die Volksbanken, die ein wichtiges Element in seinem System der Selbsthilfe darstellten.[2]

Als „Kämpfer" für die ländliche Bevölkerung machte sich Friedrich Wilhelm Raiffeisen (1818–1888) einen Namen. Er erkannte, dass die Menschen sich selber helfen müssen und sich nicht von Dritten helfen lassen dürfen. Aus diesem Grund wandelte er den 1854 gegründeten „Heddesdorfer Wohltätigkeitsverein" 1864 in eine Darlehenskasse um, die sich auf die Gewährung von Krediten an die lokale Bevölkerung konzentrierte. Zusammen mit seinem Werk von 1866 „Die Darlehnskassen-Vereine als Mittel zur Abhilfe der Noth der ländlichen Bevölkerung, sowie auch der städtischen Handwerker und Arbeiter[3]" wurde sie zum Vorbild vieler Genossenschaftsbanken.[4]

Da beide rasch viele Anhänger und auch Förderer fanden, erlebte das Genossenschaftswesen einen enormen Aufschwung. In Österreich jedoch begannen Gründungen der auf dem Prinzip der Selbsthilfe basierenden genossenschaftlichen Vereinigungen erst viel später, da hier die Idee auf keinen günstigen Nährboden fiel. Wo sich trotzdem einzelne Genossenschaften bilden konnten, war es ihr vorherrschendes Bestreben, ihre Mitglieder vor der totalen Verarmung zu bewahren.[5]

In Vorarlberg versuchte sich Franz Michael Felder[6] (1839–1869) sozial und politisch zu engagieren. Ihm war es ein Anliegen, die wirtschaftliche Lage der Kleinbauern im Bregenzerwald zu verbessern. Aus diesem Grund gründete er soziale Vereine und kämpfte gegen die erstarrten Denkweisen seiner Umgebung an. Für seine Anliegen legte er sich auch mit dem Klerus an, besonders mit dem Pfarrer Johann Georg Rüscher, oder brachte mit einigen seiner revolutionären Ideen fast die ganze Talschaft gegen sich auf. Besonders für die Milchbauern setzte sich Franz Michael Felder ein. Damals war es üblich, dass „Käsgrafen" wie Gallus Moosbrugger bereits am 25. November, dem Namenstag der heiligen Katharina, die Wintermilch im Vorhinein kauften und auch bezahlten. War es den Bauern dann, aus welchen Gründen auch immer, nicht möglich, die geforderte Menge an Milch zu liefern, mussten sie umsonst für die Käsegrafen arbeiten. Über diesen „Katharinentag" schrieb Franz Michael Felder in einem seiner frühen sozialkritischen Gedichte folgendes: ... welche Freude wird entstehen, wenn wir Gallus kommen sehen, wir mit ihm ins Gaden (Stube) gehen. Keinem wird er Trost versagen, der in schönen Maientagen seine Milch ihm zugetragen. Alle hat er aufgeschrieben, denen gute Werke blieben, für den Tag, den tränentrüben. Alle, die sein Buch erquicket, eilen froh und hochbeglücket, wo kein Dengel* sie erblicket."[7]

Um einen besseren Milchpreis und einen breiteren Vertrieb zu erreichen, versuchte Franz Michael Felder 1866, Gallus Moosbrugger zu einer Zusammenarbeit mit den Bauern in einer gemeinsamen Genossenschaft zu gewinnen. Dieser ging auf den Vorschlag Felders jedoch nicht ein, da er seine eigenen wirtschaftlichen Interessen wahren wollte. Trotz dieses Fehlschlages gründete Franz Michael Felder die Genossenschaft und agierte gegen Gallus Moosbrugger. Die beiden wurden – nicht nur in ökonomischer Hinsicht – zu Gegnern.[8]

Dieselben fortschrittlichen Ziele wie Franz Michael Felder im Hinterbregenzerwald hatte der aus Hirschbergsau (hinter Langen bei Bregenz) stammende und in Kennelbach und später in Wolfurt unterrichtende Lehrer Wendelin Rädler[9] (1835–1913) vor Augen, als er zusammen mit Johann Kohler (1839–1916) landauf, landab fuhr und zahlreiche Vorträge zur Raiffeisenschen Selbsthilfeidee hielt. Obwohl sie für die gleichen Ziele kämpften, unterschieden sich Franz Michael Felder und Wendelin Rädler in ihrer Weltanschauung. Dies ging so weit, dass Wendelin Rädler Felder als „im Solde der Freimaurer stehend" bezichtigte und dieser sich seinerseits in einem Brief an seinen Schwager Kaspar Moosbrugger über

Friedrich Wilhelm Raiffeisen (1818–1888)

Franz Hermann Schulze aus Delitzsch (1808–1883)

* Johann Dengel war ein Lechtaler Geldgeber, bei dem Franz Michael Felder Schulden hatte.

den „Lehrer von Kennelbach, der im lieben langen Sommer für ein Nudelgeschäft reist", beklagte. Die Entlohnung eines Lehrers war damals so karg bemessen, dass Wendelin Rädler während der Sommermonate unter anderem als Vertreter für Teigwaren arbeiten musste. Dabei hatte Wendelin Rädler mit ähnlichen Misserfolgen wie Franz Michael Felder zu kämpfen. Auch seine Erfolge hielten sich vorerst in Grenzen.[10] Eine Änderung trat erst ein, als Lustenau durch die Rheinüberschwemmung 1888 in große Not geriet und niemand bereit war, der verarmten Gemeinde Geld zu leihen. Die Idee der Selbsthilfe schien die Rettung zu sein. So wurde beschlossen, eine Spar- und Darlehenskasse zu gründen. Bereits am 3. Januar 1889 konnte der erste Spar- und Darlehenskassenverein[11] in Vorarlberg seine Arbeit aufnehmen.

Bis dahin hatte es in Vorarlberg kaum Banken gegeben, die sich des „kleinen Mannes" annahmen. Überhaupt gab es zu Beginn des 19. Jahrhunderts nur sehr wenige Banken. Neben dem Bankhaus der Familie Brettauer in Hohenems, welches als erstes Bankgeschäft um 1800 gegründet worden war, gab es noch jenes der Gebrüder Schwarz.

Im Jahr 1822 war die Sparkasse Bregenz in Vereinsform gegründet worden. Die Bregenzer standen der Sparkasse so skeptisch gegenüber, dass 1848 die Stadt die Sparkasse übernehmen musste und als Stadtsparkasse weiterführte, um das Vertrauen zu stärken. Sechs Jahre zuvor, 1842, war die Sparkasse Feldkirch unter anderem auf Betreiben Carl Ganahls ge-

Wendelin Rädler (1835–1913)

Johann Kohler (1839–1916)

gründet worden. Neben den seriösen Banken gab es auch private Kapitalgeber, wie Kaufleute, Großbauern und Fabrikanten.
Die Konkurrenz auf dem Vorarlberger Bankenmarkt wurde in der zweiten Hälfte des 19. Jahrhunderts immer größer. So wurde 1848 die Sparkasse in Hohenems und 1867 jene in Dornbirn gegründet. In der Gemeinde Egg entstand 1873 auf genossenschaftlicher Basis das erste Kreditinstitut, die heutige Sparkasse Egg. Weitere fünfzehn Jahre später wurde die Spar- und Vorschußcassa der Kollektivgenossenschaft Rankweil gegründet.[12] Als dritte Genossenschaftsbank in Vorarlberg wurde 1889 der Lustenauer Spar- und Darlehenskassenverein gegründet.
Innerhalb des nächsten Jahres entstanden die Spar- und Darlehenskassenvereine Wolfurt[13], Götzis, Höchst und Hard[14]. Danach kam es, trotz der Förderung durch das Land Vorarlberg, zu keinen weiteren Neugründungen. Eine Wende trat erst ein, als Wendelin Rädler 1892 von der Vorarlberger Landesregierung zum Kassenberater bestellt wurde. Insgesamt half er bei der Gründung von 80 Raiffeisenkassen mit und schuf ein dichtes Netz von Sennereigenossenschaften. Darüber hinaus gründete er die Großmolkerei Bregenz (die heute zur Vorarlberg Milch gehört).[15]
Um eine Ausgleichsstelle zwischen den einzelnen Spar- und Darlehenskassenvereinen zu schaffen, wurde am 29. April 1895 der „Verband der Spar- und Darlehenskassenvereine in Vorarlberg, mit Sitz in Lauterach"[16] mit Johann Kohler als dessen erstem Anwalt gegründet. Wendelin Rädler wurde der erste Buchhalter und Anwaltstellvertreter. Besorgte bisher der Verband seine Revisionen noch selbst, wurden diese auf Grund des Revisionsgesetzes von 1903 nun vom gesetzlich bestellten Revisor Wendelin Spieler übernommen.
Auf dem außerordentlichen Verbandstag am 19. Januar 1910 wurde beschlossen, in der Bahnhofstraße in Bregenz ein neues Genossenschaftshaus zu bauen und somit den Sitz des Verbandes nach Bregenz zu verlegen.
Nachdem Johann Kohler sein Amt als Verbandsanwalt 1911 zurückgelegt hatte, wurde der damalige Dornbirner Bürgermeister Engelbert Luger zu dessen Nachfolger gewählt. Wegen Platzmangels in der Bahnhofstraße wurde 1912 beschlossen, im Vorkloster ein neues Lagerhaus zu errichten.
Der Kriegsausbruch 1914 führte auch zu Veränderungen auf dem Bankensektor. Viele Funktionäre und Mitarbeiter sowohl des Verbandes als auch der Raiffeisenkassen wurden zum Kriegsdienst eingezogen. Obwohl der Verband, je länger der Krieg dauerte, Probleme hatte, Futter-und Düngemittel zu beschaffen, konnte die Landwirtschaft selbst einen wirtschaftlichen Aufschwung verzeichnen. Den Bauern gelang es, sich zu entschulden, da trotz der schlechten wirtschaftlichen Lage die Erlöse aus den landwirtschaftlichen Produkten stiegen. Dies führte zu einem Geldrückfluss an die Raiffeisenkassen, der eine unverhältnismäßige Steigerung der Einlagen und eine Verminderung des Darlehensstandes

bewirkte. Aus diesem Grund war der Verband 1916 in der Lage, die Joseph-Wegeler-Mühle[17] in Feldkirch samt Einrichtung und einem ihr zustehenden Elektrizitätsbezugsrecht von deren Erben zu erwerben.
Bereits 1914 war klar gewesen, dass die hohen Kriegskosten nicht annähernd durch die Staatseinnahmen gedeckt werden können. Um das benötigte Geld ohne Erhöhung von Steuern und Abgaben zu erhalten, wurden vom Staat Kriegsanleihen aufgelegt. Der Verband zeichnete an Stelle seiner Mitgliedsgenossenschaften Kriegsanleihen im Wert von über 6,7 Millionen Kronen. Auf den allgemein vermehrten Umlauf von Kriegsanleihepapieren reagierte der Verband, indem er 1917 ein Depotgeschäft für Wertpapiere schuf. Im selben Jahr war der Verband auch als Kraut- und Rübenvermittlungsstelle und als Kommissionär der Kriegs-Getreideverkehrsanstalt tätig.
Die Rolle als zentrale Warenvermittlungsstelle führte der Verband auch nach dem Krieg weiter. So war er in der Lage, die Preisbildung im Interesse der Bevölkerung oftmals günstig zu beeinflussen. Nach dem Ende des Krieges 1918 brach die österreichische Währung völlig zusammen. Ursachen für die folgende Hyperinflation waren unter anderem der Wegfall des alten Wirtschaftsgefüges der k. k. Monarchie, die Ressourcenknappheit, die zu Produktionsstopps führte und eine Regierung, die die Banknotenmenge enorm steigerte. Die Entwertung des Geldes schritt in einem unglaublichen Tempo voran. Waren zu Beginn des Jahres 1920 12 Milliarden Kronen im Umlauf, belief sich die Menge im August bereits auf über eine Billion.[18]
Zu dieser Zeit wurden zum Beispiel an die Raiffeisenkasse Hohenems Ansuchen um Darlehen gestellt, die sich zwischen 10 und 20 Millionen Kronen bewegten. Derartige Größenordnungen stellten keine Besonderheit dar, kostete doch ein Schwein 5 Millionen oder ein Ei 2000 Kronen. Das Zinsniveau für Spareinlagen betrug im Jahr 1923 12 % und jenes für Darlehen 15 %.[19] Die Inflation hatte zur Folge, dass zum Beispiel die Altacher Kasse 1922 keine Darlehen mehr vergeben konnte, da die Einlagen ausblieben.[20]
Erst durch die Aufnahme der Völkerbundanleihe und die Gründung der Österreichischen Nationalbank 1922 konnte die Inflation abgeflacht und die Wirtschaft stabilisiert werden. Mit dem Schillingrechnungsgesetz vom 20. Dezember 1924, welches mit 1. Januar 1925 in Kraft trat, begann eine Periode des stabilen Geldwertes. Der Verband und auch die einzelnen Kassen erholten sich langsam, die Mitgliederzahlen und der Geschäftsumfang stiegen an. Dem Verband war es möglich, 1924 das Devisengeschäft aufzunehmen, wobei der Einlagen- und Darlehensverkehr in Fremdwährungen erst vier Jahre später möglich wurde. Aus Gründen der wirtschaftlichen Rentabilität entschloss sich der Verband 1925 zum Neubau der Feldkircher Wegeler-Mühle. Der Neubau wurde auf einem bereits 1919 erworbenen Grundstück in Levis nach den Plänen des Architekten Willy Braun errichtet.[21]

Als 1926 der langjährige Verbandsanwalt Engelbert Luger verstarb, wurde Johann Anton Hillbrand zu seinem Nachfolger bestellt. Er trat sein Amt in schweren Zeiten an. Gerade die Landwirtschaft hatte mit vielen Krisen zu kämpfen, wie stockendem Viehabsatz, gedrückten Preisen und schwachen Ernten. Dies führte auch zu negativen Auswirkungen auf die Geldinstitute, da einerseits die Spareinlagen ausblieben und andererseits die Einlagenbehebungen unerwartete Forderungen darstellten. Der Verband gab in dieser Zeit das Geschäft mit landwirtschaftlichen Kleingeräten und Eisenwaren vollständig auf. Das Maschinengeschäft blieb jedoch weiterhin bestehen. In diesen unruhigen Zeiten wurde Ignaz Kohler als neuer Verbandsanwalt gewählt.

Die Spareinlagen gingen immer weiter zurück. Sowohl der Verband als auch die einzelnen Kassen standen vor einer harten Bewährungsprobe. 1933 musste der Schilling um 28 % abgewertet werden. Am 1. Juli des gleichen Jahres gab die Vorarlberger Landesregierung die Revision an den Verband zurück.

Der Anschluss an das Dritte Reich im Jahr 1938 brachte eine vollständige Umschichtung des Verbandes mit sich. Nachdem schon vorher das Revisionsrecht über die angeschlossenen Genossenschaften an den neugegründeten Alpenländischen Genossenschaftsverband abgetreten werden musste, erfolgte am 10. November 1938 die Neuwahl der gesamten Verwaltung. Viele Funktionäre und Mitglieder der Aufsichtsorgane wurden durch Parteimitglieder ersetzt.

In dieser schweren Zeit trat der Bregenzer Dr. Josef Drexel als Anwalt an die Spitze des Verbandes.

Da im Verlauf des Krieges der Großteil der Männer an die Front geschickt wurde, übernahmen immer mehr Frauen deren Tätigkeiten in den Kassen. Das Warengeschäft wurde mehr und mehr in die Kriegswirtschaft einbezogen. Bei der Vollversammlung vom 9. August 1944 wurde durch Mehrheitsbeschluss beschlossen, mit Wirkung ab 1. Juli 1944 die Geldabteilung von der Vorarlberger Genossenschaftszentrale abzutrennen und mit der Raiffeisen-Zentralkasse Tirol-Vorarlberg zu fusionieren. Die übrig gebliebene Warenabteilung erhielt den Namen „Landwirtschaftliche Hauptgenossenschaft Vorarlberg“. Als Folge erklärten alle Vorstände und Aufsichtsräte ihren Rücktritt. Der neue, durch die Versammlung gewählte Obmann war Oskar Alge. Nach Beendigung des Krieges wurde die zuvor durchgeführte Fusionierung rückgängig gemacht und der Verband wieder hergestellt, mit einer Geld- und einer Warenabteilung. Darüber hinaus erhielt der Verband das Revisionsrecht zurück, welches ihm durch die nationalsozialistische Gesetzgebung entzogen und an den Alpenländischen Revisionsverband übertragen worden war.

Zum 50. Gründungsjubiläum, im Jahr 1945, war der Verband somit in seiner ursprünglichen Form bzw. seinem Umfang wieder hergestellt. Durch umsichtiges Agieren und Verwalten gelang es dem Verband auch während der nächsten 65 Jahre, Krisen zu meistern und das in ihn gesetzte Vertrauen zu bewahren.

Anmerkungen:

1 Hermann Schulze-Delitzsch: Vorschuß-Vereine als Volks-Banken. Leizig 1855, o.P.

2 Vgl. Engelbert Kessler: Dr. Hermann Schulze-Delitzsch. Begründer und Anwalt der deutschen Genossenschaften. Wien 1883, o.P. Weitere Quelle: Andrea Karner: Schulze Delitzsch in Österreich und den Kronländern. In: Karner, Andrea/Hofinger, Hans/Weiß, Peter (Hg.): Aus Erinnerung wird Zukunft (Schulze-Delitzsch Schriftenreihe, Bd. 31). Wien 2009, S. 31–43.

3 Vgl. Friedrich W. Raiffeisen: Die Darlehnskassen-Vereine als Mittel zur Abhilfe der Noth der ländlichen Bevölkerung, sowie auch der städtischen Handwerker und Arbeiter: praktische Anleitung zur Bildung solcher Vereine, gestützt auf 16jährige Erfahrung. Neuwied am Rhein, 1866, o.P.

4 Vgl. F. W. Raiffeisen, 1818-1888. Bonn 1975, S. 11.

5 Vgl. Johann Brazda/Robert Schediwy/Tode Todev : Selbsthilfe oder politisierte Wirtschaft (Schulze-Delitzsch Schriftenreihe, Bd. 18). Wien 1997, S. 7.

6 Vgl. Lieselotte Hammerer: Analyse von Franz Michael Felders Autobiographie: Aus meinem Leben. Online auf: http://www.univie.ac.at/igl.geschichte/maennergeschichte/biographien/felder_01.htm [24.04.2012]. Weitere Quellen: Ulrike Längle: Felder, der „Maurer ohne Schurz". In: Vorarlberger Nachrichten, 8./9.1.2011, S. D8; Birgit Feierl-Giedenbacher: Er will nützen und nicht bloß schmeicheln. In: Vorarlberger Nachrichten, 2./3.10.2010, S. C12.

7 Vgl. Walter Methlagl: Der Traum des Bauern Franz Michael Felder. Bregenz 1984, S. 28-32.

8 Ebenda.

9 Vgl.: Wendelin Rädler 1835-1913. In: Raiffeisenbank Wolfurt (Hg.): Raiffeisenbank Wolfurt 1881-1981. Wolfurt 1981, S. 6-11. Weitere Quellen: Siegfried Heim: Wendelin Rädler. o.O. 1985; Siegfried Heim: Wendelin Rädler. In: Heimat Wolfurt. Zeitschrift des Heimatkundekreises. Heft 12, Mai 1993, S. 33-46.

10 Siegfried Heim: Wendelin Rädler. In: Heimat Wolfurt. Zeitschrift des Heimatkundekreises. Heft 12, Mai 1993, S. 38.

11 Vgl. 75 Jahre Raiffeisen in Lustenau. Lustenau 1963, o.P. Weitere Quellen: Die Raiffeisenkasse Lustenau. Spar- und Darlehnskasse, regionale Genossenschaft mit unbeschränkter Haftung. In: Feierabend, Jg. 12, 1930, S. 141-142; Raiffeisenbank Lustenau (Hg.): 100 Jahre Raiffeisenbank Lustenau: 1889 – 1989. o.O. 1989, o.P.

12 Vgl. Aron Tänzer: Die Geschichte der Juden in Hohenems und im übrigen Vorarlberg. Unveränderter Nachdruck. Bregenz 1971, 479–496.
Weitere Quellen:
Christoph Vallaster: Die Anfänge des Finanzplatzes Vorarlberg. In: Bodensee-Hefte. Heft 4, 1996, S. 32-34;
Karl Heinz Burmeister: Juden als Pioniere des Bankwesens in Vorarlberg. In: Rheticus-Gesellschaft (Hg.): Rheticus (Vierteljahresschrift der Rheticus-Gesellschaft. Jg. 16, Nr. 2). Feldkirch 1994, S. 147-153;
Banken im Dreiländereck: der Geldverkehr am Bodensee einst und jetzt. In: Bodensee-Hefte. Heft 4, 1969, S. 31-32, S. 53- 57.

13 Vgl. Raiffeisenbank Wolfurt (Hg.): Raiffeisenbank Wolfurt 1889–1981. Wolfurt 1981, S. 23.

14 Vgl. Alfons J. Kopf: 100 Jahre Raiffeisen in Hard. In: Marktgemeinde Hard (Hg.): z'Hard am See. Geschichte, Geschichten, Bilder. Hard 1990, S. 189.

15 Vgl. Raiffeisenbank Wolfurt (Hg.): Raiffeisenbank Wolfurt 1889–1981. Wolfurt 1981, S.9 f.

16 Im weiteren Text wird nur mehr das Kürzel „Verband" verwendet, da der Verband korrekterweise nach jeder Umbenennung anders genannt werden müsste. Sofern nicht anders angegeben, stammen die Informationen zum Verband aus den Originalprotokollen der Generalversammlungen von 1895 bis 1945. Die Raiffeisen-Zentralkasse, welche die Dokumente besitzt, ermöglichte mir die Einsicht in diese Protokolle.

17 Christoph Volaucnik: Die ehemalige Stadtmühle. In: Rheticus-Gesellschaft (Hg.): Aus alten Zeiten (Vierteljahresschrift der Rheticus-Gesellschaft, Bd. 2/3, Jg. 31). Feldkirch 2009, S. 183-186.
Weitere Quelle: Raiffeisenverband Vorarlberg, S. 21/22.

18 Erik Eybl: Von der Eule zum Euro. Klagenfurt 2005, S. 228–237.

19 Vgl. Raiffeisenbank Hohenems (Hg.): 100 Jahre Raiffeisenbank Hohenems. Hohenems 1994, o.P.

20 Vgl. Raiffeisenbank Altach (Hg.): 100 Jahre Raiffeisenbank Altach. Götzis 1993, o.P.

21 Vgl. Christoph Volaucnik: Die ehemalige Stadtmühle. In: Rheticus-Gesellschaft (Hg.): Aus alten Zeiten (Vierteljahresschrift der Rheticus-Gesellschaft, Bd. 2/3, Jg. 31). Feldkirch 2009, S. 186.

Iain Macdonald im Gespräch
mit Frank Mätzler.

DAS MODELL HAT DEN TEST DER ZEIT BESTANDEN

Iain Macdonald, geb. 1947, gehört zu den profiliertesten Kennern der globalen genossenschaftlichen Szene. In zahlreichen Publikationen und Vorträgen befasst er sich mit der Gegenwart und der Zukunft des Genossenschaftswesens.
Verantwortlicher Mitarbeiter des schottischen und des englischen Genossenschaftverbandes, ehemaliger Generaldirektor des Internationalen Genossenschaftsverbands (ICA), Genf.

Wir sitzen hier an einem geschichtsträchtigen Ort, dem Arbeitszimmer von Robert Owen. Wie modern sind seine Ideen heutzutage?

Iain Macdonald: Für viele ist Owen der wegbereitende Philosoph der Genossenschaftsbewegung. Und in vielerlei Hinsicht sind seine Ideen immer noch nicht verwirklicht. Er, ein Mann des 19. Jahrhunderts, war seiner Zeit weit voraus. Einige seiner Hauptforderungen waren freier Personenverkehr, freie Wahl und Selbstbestimmung. Das sind auch heute immer noch keine Selbstverständlichkeiten.

Kooperativen haben ja eine lange Geschichte. Wie erklärt es sich, dass sie jetzt wieder vermehrt im Zentrum des Interesses stehen?

Iain Macdonald: In den 1970/80ern, die von Reagan und Thatcher geprägt waren, herrschte die Ansicht vor, man müsse der Wirtschaft mehr Freiheiten angedeihen lassen. Das Zauberwort hieß Deregulierung, und das Resultat war eine komplett aus der Balance geratene Ökonomie.
Mehr noch, Geld, ursprünglich das Medium des Austausches und des Handels, wurde selbst zu einer Ware – die Anhäufung von Kapital als Selbstzweck, das Streben nach individuellem Wohlstand ohne Rücksicht auf die soziale Komponente. Das hatte natürlich Folgen. Die jüngsten Krisen, die ja jeder mitbekommen hat, mündeten nicht nur in einen massiven Verlust von Kapital, es wurden auch, in psychologischer Hinsicht, Begriffe wie ‚Wert' und ‚Zweck' beschädigt und kontaminiert. Wir von der Genossenschaftsbewegung sind es, die die Leute daran erinnern, dass es sehr wohl alternative Konzepte gibt, Konzepte, bei denen die Menschen mitbestimmen können, wenn es darum geht, wie ein Geschäft betrieben wird. Interessant ist es, wenn es um das Thema Vertrauen geht, dass einer kürzlich durchgeführten Umfrage zufolge in Großbritannien und Nordirland nur die Co-Operative Bank ein Vertrauensplus einfahren konnte. Das liegt an deren demokratischer Struktur und dem Umstand, dass die Mitglieder ein Mitspracherecht haben, wenn es darum geht, wie das Geld eingesetzt wird.

Was sagt der ehemalige Chef des Internationalen Genossenschaftsverbands zum Thema Globalisierung – Fluch oder Segen?

Iain Macdonald: Globalisierung ist ein Begriff, gegen den sich einige meiner Kollegen instinktiv wehren, aber was die Genossenschaftsbewegung anbelangt: Wir waren immer schon globalisiert.
In der zweiten Hälfte des 19. Jahrhunderts, das waren auch die Zeiten von Raiffeisen, verbreitete sich diese Idee über alle Kontinente.
Und wir sehen, wie weltweit Menschen zusammenkommen – auch das ist eine Form der Globalisierung. Was uns missfällt, ist, wenn bloß Kapital zusammenkommt statt Menschen.
Gewinn ist nichts Schlechtes, und an der genossenschaftlichen Idee ist auch

nichts Revolutionäres. Es kommt letztlich einfach darauf an, was mit den Gewinnen geschieht. Und da sind es vor allem Genossenschaften, denen eine starke soziale Verpflichtung innewohnt, diese Mittel für das Gemeinwohl einzusetzen.

Nochmals zurück zu Robert Owen: Welche seiner Visionen sollte Ihrer Ansicht nach am dringendsten umgesetzt werden?

Iain Macdonald: Oft wird in der westlichen Welt davon gesprochen, Demokratie in anderen Ländern einzuführen. Da sage ich immer: Wie wäre es, sie zuerst bei uns einzuführen? Ich meine die Demokratie in der Ökonomie. Bis jetzt sind Wirtschaft und Demokratie ja ziemliche Gegensätze. Wir in der Genossenschaftsbewegung sagen: Auch das Wirtschaftsleben sollte demokratisch sein, nicht nur das Regierungssystem eines Landes. Demokratie ist der wichtigste Wirkstoff, sowohl im Wirtschaftsleben als auch in der Politik. Diese Einseitigkeit des Demokratieverständnisses hat Owen schon vor 180 Jahren kritisiert.

In den Augen der Öffentlichkeit galten Genossenschaften ja lange als behäbig, unauffällig, sogar uninteressant. Haben die Krisen der vergangenen Jahre ein Umdenken herbeigeführt?

Iain Macdonald: Während meiner Zeit im Internationalen Genossenschaftsverband war es das Hauptanliegen, genossenschaftliches Wirtschaften ins richtige Licht zu rücken, damit wir von Regierungen, Meinungsbildnern und internationalen Organisationen ernst genommen werden. Dazu mussten wir zeigen, dass Genossenschaften bereits ein großer Teil der Weltökonomie sind. Sie sind nicht nur für Leute da, die harte Zeiten erleben, und auch nicht nur für die Armen in Afrika. Zu unserer eigenen Überraschung haben wir bei unseren Erhebungen festgestellt, dass allein die 300 Top-Genossenschaften Umsätze von jährlich 3000 Milliarden Dollar generieren. Und es sind nur die Top-300. Darüber hinaus sind Genossenschaften Arbeitgeber, die mehr als 100 Millionen Menschen, das ist weit mehr als das Personal aller multinationalen Konzerne zusammen, auf ihrer Gehaltsliste haben. Mit rund einer Milliarde Mitgliedern hat die Wirtschaftsform der Genossenschaft den größten Einzelanteil an der Weltwirtschaft. Umso ärgerlicher ist es, wenn die Politik von Wirtschaft redet, als funktioniere sie ausschließlich im Besitz privater Kapitalgeber, als müsste sie per se kapitalistisch ausgeformt sein. Wir können jedoch mit großen Unternehmen wie Raiffeisen, Rabobank, Crédit Agricole und vielen Beispielen weltweit beweisen, dass sie ebenso erfolgreich sind. Der große Unterschied ist: Sie werden demokratisch kontrolliert und sind genossenschaftlich organisiert. Und, wie schon erwähnt, sie haben das Vertrauen der Menschen. Es scheint, die Welt schreit nach einer Lösung für die gegenwärtigen ökonomischen Krisen. Unsere Zeit, eine Zeit, die das genossenschaftliche Prinzip wahrlich gut gebrauchen kann, ist wiedergekommen. Es freut mich zu sehen, dass dies auch in Österreich der Fall ist, so wie hier und in vielen Teilen der Welt.

Ihre Organisation ist als weltweiter Dachverband ja auch stark in der Zweiten und Dritten Welt engagiert, wie ist dort die Lage?

Iain Macdonald: In Afrika, auch teilweise in Osteuropa und im Nahen Osten, durchleben Genossenschaften mitunter schwere Zeiten. Auch wenn sich totalitäre Regime, oberflächlich betrachtet, als Unterstützer deklarieren mögen – sie wollen eigentlich nur die Kontrolle über das Geschehen. Dies steht in krassem Gegensatz zur genossenschaftlichen Idee der Selbstkontrolle und -verantwortung. Nehmen wir den Iran, nicht jedermanns Lieblingsland: Hier gibt es eine starke Genossenschaftsbewegung. Erst kürzlich ratifizierte das Parlament einen Gesetzentwurf, nach dem Genossenschaften einen Anteil von 25 % an der Gesamtwirtschaft anstreben sollen. Das ist eine klare Ansage gegen den staatlichen Sektor und auch gegen den privaten. In Afrika ist das schwieriger, weil da mitunter offene Feindschaft herrscht. Die etablierten Mächte fühlen sich schnell bedroht, wenn Leute die Dinge selbst in die Hand nehmen. Dennoch, afrikanische Kooperativen sind am Wachsen, speziell im Kreditsektor und im Agrarbereich. Erstaunlich ist auch die wichtige Rolle der Frauen, wenn es ums Genossenschaftliche geht – vielleicht eine Lektion für uns alle. Wenn man sich anschaut, wie der Westen Afrika all die Jahre behandelt hat – ich lasse die koloniale Vergangenheit Großbritanniens jetzt einmal beiseite, denn das ist zu beschämend –, dann sind wir doch ein gutes Stück weitergekommen. Kooperativen erlauben es, ein Unternehmen von der Basis aus zu etablieren statt von oben herab. Und sie erlauben es den Leuten, ihre Fähigkeiten und Energien für ihr eigenes Wohl einzusetzen. Für Investoren ist das völlig uninteressant, da es nur um die Rendite geht, die man aus einem Unternehmen herausholt.

Alles in allem also ein neuer Höhenflug?

Iain Macdonald: Auch im Kleinen, aber nicht nur dort, tut sich viel. Es gibt unzählige Beispiele: Nehmen wir Gasthäuser, die eine Betreiberkette zusperren will, weil die Rendite nicht stimmt. Vielerorts nahmen das die Kunden des Gasthauses, also die betroffene Nachbarschaft, in die Hand und stellten den Betrieb erfolgreich auf genossenschaftliche Beine. Doch es geht weiter. Denn die Gemeinden wurden, was staatliche Unterstützung anbelangt, über die Jahre hinweg ausgehungert und können daher immer weniger Dienste anbieten. Nicht zuletzt deswegen gibt es jetzt vermehrt sozialen Wohnbau auf genossenschaftlicher Basis, auch Kindergärten und sogar Schulen sind jetzt ein Thema. Da gibt es natürlich vorprogrammierte Konflikte, denn für die gegenwärtige Regierung mit ihrem Faible fürs Neoliberale sind das eher libertinäre Exerzitien – Leute, die Dinge tun ohne das gewohnte staatliche Regulativ. Wenn wir nach Italien schauen, dann sind die sozialen Kooperativen, wie sie dort heißen, sehr stark. Die betreiben so gut wie alles in diesem Bereich: Wohlfahrt, Bildung, Wohnen, Spitäler – es gibt nichts, was eine Genossenschaft nicht erfolgreich betreiben könnte.

Ihr Verhältnis zur Politik?

Iain Macdonald: Hier in Großbritannien werden Genossenschaften immer der Labour-Bewegung zugeordnet. Das ist soweit okay, und aus dieser Tradition stamme ich auch. Woran wir aber glauben, das ist die genossenschaftliche Form von Sozialismus, nicht die staatliche. In Österreich ist es, glaube ich, umgekehrt, da der mächtige Raiffeisen-Sektor eher den Konservativen zugeordnet wird. Für mich ist das ein Beweis, dass die genossenschaftliche Idee jenseits von Ideologien funktioniert. Robert Owen sah das übrigens genauso.

Zum Schluss ein Credo, eine Botschaft, eine Ermutigung?

Iain Macdonald: Gerne. Die genossenschaftliche Bewegung ist mehr als 200 Jahre alt. Niemand kann sagen, wo genau sie in Wirklichkeit begann, aber einer der Orte war hier, in New Lanark, in diesem Raum. In all diesen Zeiten blieb sie ihren Grundwerten treu. Wenn man mit diesen Prinzipien ein Unternehmen betreibt, kann dies ebenso erfolgreich sein wie die Geschäfte der Kapitalgesellschaften – auch ebenso groß. Darüberhinaus bleibt man von Vertrauensverlust verschont, und man erspart sich die Probleme, mit denen der Neoliberalismus mit seinem obskuren Fetisch Deregulierung seit längerem, womöglich aussichtslos, kämpft. Unser Modell hat sich über die Zeiten hinweg bewährt.

Ein Ort, an dem vieles begann: Iain Macdonald, der ehemalige Generaldirektor des Internationalen Genossenschaftsverbandes, am Schreibtisch des Unternehmers und Sozialreformers Robert Owen (1791–1858).

Dugda-Bora

Brücken nach Afrika – Hilfe zur Selbsthilfe

Bora Denbel Multi-Purpose, Farmers Cooperative Union

Gegründet 2005
Zweck: Hungerbekämpfung durch Lagerung und Vermarktung
Genossenschaftssitz: Meki, Äthiopien
Mitglieder: etwa 14.000
Projekt-Initiator: ECC-SDCOM – Ethiopian Catholic Church – Social Development Office of Meki,
Caritas Vorarlberg/Feldkirch, EWA – Entwicklungswerkstatt Austria
www.caritas-vorarlberg.at/auslandshilfe/aethiopien/dugda-bora-getreidebanken

Dugda-Bora
Bora Denbel Multi-Purpose
Farmers Cooperative Union
www.caritas-vorarlberg.at

Die Getreidebank

Wiederholte Nothilfe nach Hungerkatastrophen konnte die Armut der ländlichen Bevölkerung Äthiopiens nicht beseitigen. Es wurden nur Symptome bekämpft, denn das eigentliche Problem der Bauern war nicht so sehr der Mangel an Nahrungsmitteln, sondern vielmehr deren Lagerung und Vermarktung. Die Bauern mussten ihre Ernten sofort vermarkten, waren kurze Zeit später aber gezwungen, Lebensmittel zu überhöhten Preisen für den Eigenbedarf einzukaufen. Diese Kette galt es zu durchbrechen. Nach vielen Überlegungen seitens der lokalen Caritas in Äthiopien und des Auslandshilfe-Teams der Caritas Feldkirch wurde schließlich ein Projekt zum Aufbau von landwirtschaftlichen Genossenschaften (samt „Getreidebank", also Lagerhallen für landwirtschaftliche Produkte) gestartet. Damit können sich die Bauern zusammenschließen, um ihre Ernteerträge gemeinsam einzulagern und zu vermarkten.

Benötigt wurden zum einen Getreide-Lagerhallen, verbessertes Saatgut, Zugang zu Düngemitteln usw., zum anderen Schulungsmaßnahmen, Training und Ausbildung für die Bauern und Genossenschaftsfunktionäre. Die Bauern sollten nicht nur aktiv in die Genossenschaften eingebunden werden und in Versammlungen ihre Repräsentanten selbst wählen, sondern schon im Ablauf des Projektes wesentliche Schritte mitbestimmen. Damit wurden sie von Anfang an in gelebte politische und wirtschaftliche Prozesse eingebunden. Dies war ein wichtiger Schritt in Richtung Demokratisierung und Autonomie – denn es geht um ihre Arbeit, ihre Entwicklung und letztlich um ihre Existenz. Diese Prozesse lassen sich auch im gesellschaftlichen Leben und im politischen Bereich fortsetzen. So ist dieses Genossenschaftsmodell auf unterschiedlichen Ebenen erfolgreich. Dies, obwohl Genossenschaften in Äthiopien seit dem Ende der Monarchie im Jahr 1975 in keinem guten Ruf standen. Denn das darauffolgende kommunistische Regime unter Mengistu Haile Mariam hatte das Land zu einer sozialistischen Volksrepublik gemacht und in den ländlichen Gebieten flächendeckend Zwangskooperativen eingeführt. Dabei war geplant, die ganze Landbevölkerung in wenige Zentren umzusiedeln, die zwar schulische und medizinische Infrastruktur boten, innerhalb derer die Bauern aber von den Machthabern völlig kontrolliert werden konnten.
Seither hatten Genossenschaften in Äthiopien kein gutes Image. Trotz dieser Vorgeschichte blickt das von der Caritas Vorarlberg mitgetragene Getreidebank-Projekt auf sechs erfolgreiche Jahre zurück. Inzwischen hat die äthiopische Landbevölkerung das Projekt sehr positiv angenommen. Was bei der Genossenschaftsgründung gesät wurde, trägt heute buchstäblich Früchte.[5]

Gemeinsam gegen den Hunger

Die Diözese Meki liegt etwa 130 km von Addis Abeba entfernt. Ihre Fläche entspricht rund zwei Dritteln der Fläche Österreichs. Etwa drei Millionen Menschen leben dort in ländlichen Verhältnissen.

Die Arbeit der Caritas in Meki ist vielfältig, hat aber in erster Linie eines zum Ziel: die Menschen in ihrer eigenen Entwicklung zu unterstützen. Das Dugda-Bora-Genossenschaftsprojekt startete als genossenschaftlich organisiertes Projekt zur Selbsthilfe.

Die Bauern gaben der Genossenschaft den Namen Bora Denbel Multi-Purpose Farmers Cooperative Union.

Inzwischen umfassen die Genossenschaftsprojekte Ackerbau, Gemüsebau, Anbau von verbessertem Saatgut, Viehzucht, Bewässerung, Getreidebanken sowie Kleinbanken, die vor allem Frauen einen Zugang zu Krediten ermöglichen.

Betrieben werden die Genossenschaften von der Landbevölkerung in Meki, betreut werden sie durch die Caritas vor Ort.

Spenden, unter anderem an die Caritas Vorarlberg, sind die Grundlage, um Menschen in Äthiopien, Mosambik, Ecuador und Armenien eine Zukunft in ihrer Heimat zu ermöglichen.

Detail des Kunstwerks „Charakter“ von Marbod Fritsch, 2011. Folie auf Glas, 237x540 cm
Der Künstler hat Begriffe wie menschlich, regional, vertrauensvoll, miteinander, nachhaltig und innovativ in einer Art Lochkarte hervorgehoben.

Genossenschaften

Porträts
branchenbezogener Genossenschaften
und ihrer Mitglieder

Die registrierten Genossenschaften mit beschränkter Haftung (reg.Gen.m.b.H.) werden seit einer Gesetzesnovelle von 2005 als eingetragene Genossenschaften (eGen) bezeichnet. Sie unterliegen der Kontrolle durch den Revisionsverband.

GENOSSENSCHAFTEN

„DIE IDEE STEHT IM VORDERGRUND, NICHT DAS KAPITAL!“

Über den Begriff Genossenschaft, über den Kommunismus und was Harry Belafonte damit zu tun hat, unterhielten sich Johannes Ortner und Jürgen Kessler von der Raiffeisenlandesbank Vorarlberg. Zusammengefasst von Michael Hausenblas.

Michael Hausenblas, geb. 1969 in Bregenz. Seit 1999 ist er Mitarbeiter der Tageszeitung DER STANDARD, bei der er in erster Linie als Redakteur für das Magazin RONDO zuständig ist.

Meine Matura an der Handelsakademie Bregenz liegt über 20 Jahre zurück. Den Begriff Genossenschaft hörte ich in dieser Zeit im Vergleich zu Aktiengesellschaft nicht besonders oft. Wieso?

Ortner: Da sind Sie nicht allein. Ich habe Jus studiert, und selbst in diesem Studium kommt das Thema so gut wie nicht vor, obwohl die Genossenschaft weltweit die häufigste Rechtsform ist. Das ist auch der Grund, warum in dieser Richtung etwas getan werden muss. Wir wollen beginnen, mehr auf diese sehr interessante Gesellschaftsform aufmerksam zu machen.

Woran liegt es, dass man so wenig über den Begriff Genossenschaft hört?

Ortner: In den letzten Jahrzehnten haben andere Werte die Wirtschaft regiert. Es ging mehr ums Kapital und die Rendite. Das sind Werte, die in einer Welt, die sich an Wachstum orientiert, im Vordergrund stehen. Gemeinsam ein Ziel zu verfolgen, sich gegenseitig stärker aufzustellen, wird dann wieder wertvoller, wenn es im Umfeld nicht mehr so gut läuft. Immer wenn es Schwierigkeiten gab, stieg auch die Bedeutung der Genossenschaften. Und genau das beginnen wir auch jetzt zu spüren.

Kessler: Ein wichtiger Faktor in diesem Zusammenhang sind auch die rechtsberatenden Berufe, die im Bereich der Gründung von Unternehmen eine wichtige Rolle spielen. Was ich sagen will: Wenn heute ein Rechtsanwalt einem Unternehmer empfiehlt, eine Genossenschaft zu gründen, ist die Wahrscheinlichkeit sehr groß, dass er diesen Klienten verliert.

Warum setzen Sie sich für das Thema Genossenschaft mit solcher Vehemenz ein?

Ortner: Man muss auf jeden Fall ein Faible für die Sache haben. Bei mir ist dieses in den letzten zwei, drei Jahren sehr stark hervorgetreten. Eine Bank steht bezüglich dieses Themas in einem extremen Spannungsverhältnis, ist sie doch ein typisch kapitalistisches Unternehmen. Sie handelt mit Geld. Trotzdem Werte zu finden, wie sie in den Gründungsdokumenten einer Genossenschaft vorkommen, ist sehr reizvoll. Da ist zum Beispiel auch von Nächstenliebe und solchen Dingen die Rede. Dazu fällt mir dann natürlich auch die Occupy-Bewegung ein …

Auf diese würde ich gern später noch eingehen. Wie stellen Sie es nun konkret an, die Genossenschaft wieder zum Thema zu machen?

Kessler: Diesbezüglich gibt es vielerlei Aktivitäten. Auf der einen Seite wollen wir die Genossenschaft durch Bildungsmaßnahmen bekannter machen. Johannes Ortner und ich unterrichten zum Beispiel beide als Referenten auf der Fachhochschule zum Thema Genossenschaftsrecht. Ferner unterrichte ich am landwirtschaftlichen Fortbildungsinstitut zum selben Thema So etwas strahlt aus. Die Revisionsverbände in Österreich haben derzeit unter dem Titel „Co-operation!" ein großes Projekt laufen. In diesem Zusammenhang werden wir eine Gründungsmappe erstellen, die wir allen möglichen Interessierten zur Verfügung stellen. Es wird künftig auch eine eigene Website geben.

Ortner: Als marktverantwortlicher Vorstand ist es heute sehr interessant, mit dem Thema Genossenschaft auf Großunternehmen, Unternehmen oder andere Personen zuzugehen, von denen man in den vergangen Jahren geglaubt hätte, das interessiere sie überhaupt nicht. Plötzlich stehen die Türen offen, und man verschafft sich Gehör. Selbst als Bank, die sich mit genossenschaftlichen Werten identifiziert, kann man sich abheben. Es gibt heute einfach eine ganz andere Gesprächsbasis als noch vor einiger Zeit. Das ist wirklich erstaunlich.

Wir lesen: „Die Vollversammlung der UNO hat das Jahr 2012 zum internationalen Jahr der Genossenschaften erklärt, um den Beitrag der Genossenschaften hervorzuheben, den sie für soziale und wirtschaftliche Entwicklung leisten, besonders ihren Beitrag, Armut zu verringern, Beschäftigungsmöglichkeiten zu bieten und soziale Integration zu fördern." Wie schätzen Sie diesen Beitrag ein, gerade in Zeiten, in denen der Begriff Armut auch in einem reichen Land wie Österreich immer öfter zu hören ist?

Ortner: Die öffentlichen Haushalte stehen unter einem extremen Druck. Es gibt kaum mehr die Möglichkeit, „Wünsch Dir was" zu spielen. Im Gegenteil: Viele der anstehenden Herausforderungen werden über den Staatshaushalt oder die Länder- und Gemeindebudgets nicht mehr darstellbar sein – allein was die Themen Pflege, Bildung oder Grundstücksreserven betrifft. Ich spreche von einer Art „moderner Armut". Hier kann die Genossenschaft helfen, bei der sich Personen zusammenschließen und die Themen gemeinsam angehen. Ich denke, zu diesem Thema wird in den nächsten Jahren ein großer Schub kommen.

Was können Genossenschaften im Hinblick auf die europäische Schuldenkrise bewirken?

Ortner: Es geht auch hier um den Versuch, privates Kapital aufzubringen, aber eben auch um Eigeninitiative. Ehrenamt ist in diesem Zusammenhang auch so ein Thema, das in den Ballungszentren – im Gegensatz zum ländlichen Bereich – völlig verschwunden ist.

Das klingt aber alles auch sehr idealistisch. Hat es in Zeiten, in denen viele davon sprechen, der aggressive Kapitalismus fresse die Errungenschaften der Sozialdemokratie auf, die Genossenschaft nicht besonders schwer zu reüssieren? Es scheint doch, als wären die Menschen mehr denn je auf ihren eigenen Vorteil bedacht?

Ortner: Wir glauben, dass das Gegenteil eintritt. Denken Sie an den Wirtschaftsgipfel in Davos, wo die Frage gestellt wurde, ob der Kapitalismus noch zeitgemäß sei. Aus unserer Sicht ist die Antwort auf all das die Genossenschaft. Wir sind die Rechtsform, bei der nicht das Kapital, sondern die Idee im Vordergrund steht. Warum verzichten heute Leute auf Renditen und investieren lieber in ein nachhaltiges Produkt? Ich denke zum Beispiel an den Bereich der Photovoltaik. Ich spüre, dass die Bereitschaft da ist. Das entspricht durchaus dem Zeitgeist. Gier und Egoismus treten mehr in den Hintergrund. Wir müssen einfach enger zusammenrücken.

Kessler: Je stärker Globalisierung und Kapitalismus werden, desto mehr wird die Genossenschaft zur Alternative. Das hat uns die Geschichte gelehrt. Als im Zuge des Manchester-Liberalismus die Menschen verarmten, waren die ersten Genossenschaften die Antwort darauf. Als die abhängigen und hochverschuldeten Bauern im Bregenzerwald verarmten, wurden Genossenschaften gegründet. Die Landwirte haben ihr Schicksal selbst in die Hand genommen. Immer wenn solche Entwicklungen passieren, gibt es eine starke Solidarisierung. Genau dann ist der Boden perfekt für Genossenschaften aufbereitet, und die Menschen sind bereit, das Gemeinsame vor das Trennende zu stellen.

Wer oder was ist der größte Feind des Genossenschaftsgedankens?

Kessler: Neid und Streit.

Ortner: Der reine Kapitalismus, die reine Kapitalmaximierung.

Robert Owen (1771–1858) gilt als Begründer des Genossenschaftswesens. Was denken Sie, was würde er zur heutigen Weltwirtschaftslage sagen?

Ortner: Ich denke, er würde sich in seinem Gedankengut sehr bestätigt fühlen. Er würde dasselbe tun wie damals. Vielleicht nicht in hochentwickelten demokratischen Volkswirtschaften beziehungsweise sozialen Marktwirtschaften, aber es gibt ja noch viele andere Systeme. Denken Sie an China, das aus meiner Sicht ein rein kapitalistisches Land ist. Ich könnte mir vorstellen, dass die Genossenschaft in China in Bälde eine interessante Rolle spielen wird, auch wenn das von der Führung dort wahrscheinlich nicht gewünscht wird. Die Wurzeln sind im landwirtschaftlichen Bereich dennoch bestimmt schon vorhanden. Dort würde es einen Owen brauchen.

Und was würde Owen zum Status der Genossenschaften weltweit sagen?

Kessler: Als erstes würde er sich einmal über die Erfolgsgeschichte der Genossenschaften freuen. Es gibt weltweit mehr als eine Milliarde Genossenschaftsmitglieder in gut 100 Millionen Genossenschaften. Würde man die genossenschaftliche Produktion unter einen Hut bringen, entspräche das dem Bruttonationalprodukt der zehntgrößten Wirtschaftsmacht der Welt. Seine Ideen wurden also sehr erfolgreich umgesetzt.

Das wissen aber nur wenige Menschen.

Kessler: So ist es. Auch das was Dr. Ortner zuvor schon sagte, ist wenigen bekannt: Die Genossenschaft ist die häufigste Rechtsform der Welt.

Ortner: Es gibt eine noch beeindruckendere Zahl. Die Existenzgrundlage von drei Milliarden Menschen ist mehr oder weniger mit einer Genossenschaft in Verbindung zu bringen. Wenn ich zum Beispiel einen Kaffee trinke, ist die Wahrscheinlichkeit sehr hoch, dass irgendwo eine Genossenschaft dahinter steckt. Ich denke, unser ganzer Wohlstand würde ohne Genossenschaften nicht funktionieren.

Hat die Genossenschaft die Wirtschaftskrise also gebremst?

Kessler: Bestimmt waren die Genossenschaften in der Krise ein stabilisierender Faktor. Gerade die genossenschaftlichen Banken hatten weniger Probleme mit der Krise, auch wenn es in Österreich jetzt ein Gegenbeispiel gibt. Genossenschaften sind auch, was die Insolvenz-Statistik betrifft, die stabilsten Unternehmen. Die Gründe dafür liegen unter anderem in den Gründungsbestimmungen einer Genossenschaft. Auch die Revision ist hierbei ein stabilisierender Faktor. Und natürlich die Eigentümerstruktur. Die Eigentümer sind entweder Kunden oder Lieferanten.

Wie wichtig sind Genossenschaften in Österreich, im Vergleich zu anderen Nationen?

Kessler: In Österreich gibt es zwei Millionen Genossenschaftsmitglieder. 60.000 Arbeitsplätze werden durch Genossenschaften geschaffen. Es gibt genauso viele Genossenschaften wie Aktiengesellschaften.

Das Genossenschaftswesen in Österreich ist fest in der Hand des Raiffeisen-Sektors. Was bedeutet solch eine Konzentration für die Gesellschaftsform an sich?

Ortner: Die Frage lautet, ob dies wirklich eine Konzentration darstellt. Die Streuung ist sehr breit. Es bestimmt ja nicht ein Einzelner, wo es lang geht. Allein in Vorarlberg zählen wir 80.000 Mitglieder. Diesen gehört die Organisation im Land.

Kessler: Dadurch wird es auch für die Zentralstellen schwieriger, einheitlich etwas durchzubringen. Und dementsprechend bunt sind die Meinungen.

Welche Branchen eignen sich Ihrer Meinung nach besonders für die Form einer Genossenschaft? Welche weniger?

Kessler: Es eignen sich alle Branchen. Es geht allerdings um mehr als um Branchen. In diesem Bereich kommen auch soziale und kulturelle Zwecke hinzu. Die Genossenschaft ist mehr als nur Wirtschaft. Das gemeinsame Ziel ist entscheidender als die Branche.

Zurück zur Occupy-Bewegung. Wie stehen Sie zu diesen Protesten?

Ortner: Ich habe sehr viel Verständnis für diese Menschen. Die Frage führt auch zum Thema, wie eine Genossenschaft in der Finanzwelt einzuordnen ist. Auch dort sehe ich große Möglichkeiten. Die Occupy-Bewegung tritt deshalb auf den Plan, weil sie den reinen Finanzkapitalismus satt hat. Hinter diesem steckt keine Realwirtschaft. Und darin sehe ich zum Teil auch das Übel unserer Zeit. Das Wirtschaftswachstum in der Realwirtschaft ist in den letzten zehn Jahren um 20 Prozent angestiegen, wohingegen die Finanzwirtschaft 120 Prozent zulegte. Da sieht man recht deutlich, dass in der Finanzwirtschaft viel heiße Luft steckt, um es vorsichtig zu formulieren. Und diese heiße Luft führte natürlich auch zu der hohen Verschuldungsproblematik. Occupy will, dass die Banken der Realwirtschaft dienen. Das ist auch unser Weg.

Was fällt Ihnen zum Thema „Gemeinnützigkeit" und Genossenschaft ein?

Kessler: Viele Menschen glauben, dass Genossenschaften gemeinnützig und nicht gewinnorientiert sind. Das stimmt so nicht. Eine Genossenschaft hat ein anderes Ziel als eine Aktiengesellschaft. Eine Genossenschaft hat einen Förderauftrag, muss aber betriebswirtschaftlich genauso agieren, um diesen Förderauftrag erfüllen zu können. Wir brauchen auch als Genossenschaftsbank Gewinne, um unser Wachstum zu finanzieren, aber der Eigentümer ist der Kunde, der seine Vertreter wählt, die wiederum auch unsere Kunden sind. Dadurch scheint allerdings auch das Konfliktpotenzial größer. Ein Hauptaktionär hat es leichter.

Ortner: Es geht ums Demokratieprinzip. Wenn ein gemeinsames Ziel verfolgt wird, dann werden auch die entsprechenden Beschlüsse vernünftig gefasst. Das hat mit der Hauptversammlung einer AG nichts zu tun. Abgesehen davon gehört auch eine gute Streitkultur zum demokratischen Prinzip.

Sie sagten, Ihre Organisation gehört 80.000 Mitgliedern. In welcher Form erfüllen Sie als Bank Ihren Förderauftrag? Was erwarten sich die Eigentümer?

Ortner: Das ist nicht ganz leicht zu beantworten, weil wir uns als Bank allein durch bankrechtliche Vorschriften zum Teil weit aus dem Fenster lehnen müssen beziehungsweise uns durch diese Auflagen vom Genossenschaftsgedanken mitunter entfernen müssen. Man könnte auch sagen, wir mussten mehr Bank als Genossenschaft werden. Wir versuchen aber, unseren Förderauftrag mehr und mehr auszuweiten und auch mehr für die Regionen, für Gemeinden und für Vereine zu tun, zum Beispiel im Bereich des Sport- oder Kultur-Sponsorings und nicht zuletzt der finanziellen Nahversorgung. Es geht also nicht nur um eine günstigere Verzinsung.

Der amerikanische Sänger Harry Belafonte antwortete in einem Interview mit dem ZEIT-Magazin auf die Frage, ob er jemals nahe daran gewesen sei, Kommunist zu werden, „Welcher intelligente Mensch wäre das nicht?" Was fällt Ihnen dazu ein?

Ortner: Ich kann mit Belafontes Antwort gut leben. Von der Entstehungsgeschichte der Genossenschaft, also von Robert Owen, hin zu Marx und Engels ist der Weg kein weiter. Im Gedankengut des Arbeitertums finden sich natürlich auch die Wurzeln der Genossenschaft.

Noch einmal gefragt. Wie nahe waren Sie je am Kommunismus, auch wenn Sie deutlich jünger als Belafonte sind?

Ortner: Was aus dem Kommunismus wurde, entspricht bestimmt nicht meinem Gedankengut. Der entscheidende Unterschied zur Genossenschaft ist jegliches Fehlen von Freiwilligkeit.

Kessler: Davon bin ich extrem weit entfernt. Für mich ist die Genossenschaft die Gegenantwort auf den Kommunismus. Kommunismus bedeutet, dass der Staat alles plant und bestimmt. In einer Genossenschaft nehmen die Mitglieder ihre Geschicke selbst in die Hand. Natürlich aber sind beide Ideen eine Antwort auf den Kapitalismus.

Was fällt Ihnen zum Begriff „Genosse" ein?

Dr. Ortner: Da denke ich an eine rote Nelke im Knopfloch. Man erkennt anhand dieses Begriffes deutlich das Problem, das wir zu Beginn des Gesprächs erörtert haben. Es geht einfach darum, den Begriff zu entstauben. Ich beginne mehr und mehr und bewusst von der „Kooperative" zu sprechen. Ich denke, dieser Begriff bringt besser zum Ausdruck, um was es geht, nämlich um Zusammenarbeit.

Dr. Jürgen Kessler
Der promovierte Betriebswirt ist der Leiter des Revisionsverbandes der Raiffeisenlandesbank Vorarlberg, Geschäftsführer in den Vorarlberger Raiffeisen-Sicherungseinrichtungen und der Vorarlberger Raiffeisen Funktionärs eGen sowie Vorstandsmitglied des Österreichischen Raiffeisenverbandes und diverser Landes- und Bundesgremien. Zusätzlich zu seiner profunden Bank- und Wirtschaftsprüfungskompetenz verfügt er über Erfahrung im EDV-Projektmanagement sowie in der Steuerberatung. Neben seiner Tätigkeit als Vortragender in den Raiffeisen-Landes- und Bundes-Bildungsstätten ist er Dozent an der Fachhochschule Vorarlberg sowie Co-Autor in den BWG- und Genossenschaftsgesetzkommentaren von Prof. Dellinger. Neben der Sicherstellung einer funktionierenden Bankprüfung ist es sein erklärtes Ziel, das Genossenschaftswesen in Vorarlberg auszubauen, indem einerseits neue Genossenschaften gegründet werden und andererseits die ehrenamtlichen Funktionäre gestärkt werden.

Dr. Johannes Ortner
Der promovierte Jurist und Betriebswirt verantwortet im Vorstand der Raiffeisenlandesbank das Firmenkundengeschäft, die Raiffeisenbank in Bregenz und das umfangreiche Beteiligungsportfolio. Seine langjährige internationale Bankerfahrung hat er immer in einer Nahebeziehung zu Genossenschaftsbanken gesammelt. Neben einer Dozententätigkeit an der Fachhochschule Vorarlberg zum Thema Genossenschaft ist die Verbreitung der Genossenschaftsidee und ihrer vielen Anwendungsmöglichkeiten in der Vorarlberger Wirtschaft sein besonderes Anliegen.

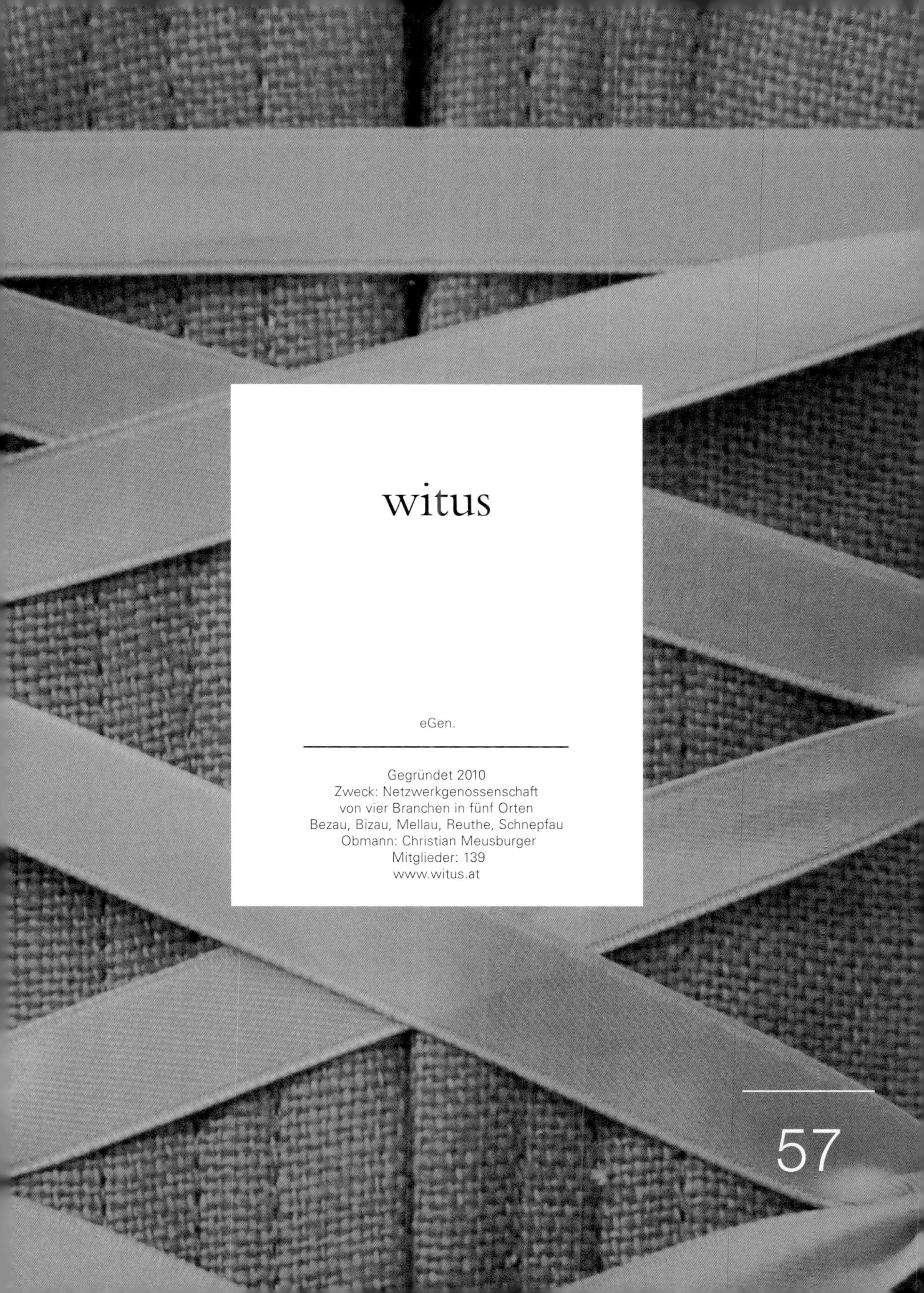

witus

eGen.

Gegründet 2010
Zweck: Netzwerkgenossenschaft
von vier Branchen in fünf Orten
Bezau, Bizau, Mellau, Reuthe, Schnepfau
Obmann: Christian Meusburger
Mitglieder: 139
www.witus.at

witus
Wirtschaft & Tourismus
Genossenschaft
Bezau, Bizau, Mellau, Reuthe, Schnepfau
www.witus.at

Unkompliziert gemeinsam

Genossenschaftliches Zusammenwirken hat im Bregenzerwald eine lange historische Tradition. Genau diese Stärke machen sich aktuell die Mitglieder von witus zu eigen. Sie teilen Wertehaltungen und Anliegen. Nahezu 140 Mitglieder aus den derzeit fünf Gemeinden Bezau, Bizau, Mellau, Reuthe und Schnepfau gründeten im Jahr 2010 die witus Genossenschaft, um in den dominierenden regionalen Geschäftsfeldern Tourismus, Handel, Handwerk und Landwirtschaft Kräfte zu bündeln und sich zu vernetzen. Unkompliziert bringen Menschen ihr Fachwissen und ihre Leistungen zusammen, um daraus gemeinsam größere branchenübergreifende Projekte zu entwickeln oder bestehenden einen neuen Impuls zu geben.

Solche gemeindeübergreifende Zusammenarbeit ist im Bregenzerwald nicht neu. Bereits in den 1970er Jahren war die Regionalplanungsgemeinschaft gegründet worden, der 24 Gemeinden des Bregenzerwaldes angehören und aus der eine ganze Reihe von Kooperationen hervorging.
Pionier-Projekte von witus sind die „Sitzbänke" und „ehrlich! Bregenzerwald". Letzteres hält den gesamten Ressourcenkreislauf bei der Herstellung bestimmter Lebensmittel komplett im Bregenzerwald, womit die größtmögliche Wertschöpfung in der Region bleibt. witus klärt die Nachfrage ab und vermittelt zwischen Landwirten, Gastronomie und Nahversorgern. Mit dem Ziel, Nischenprodukte wie etwa Erzeugnisse aus Ziegenhaltung zu etablieren, sollen Landwirte die Tiere auch in kleiner Zahl halten und unrentable Weiden und Alpflächen reaktivieren können.
Gleichzeitig soll ein Bewusstsein für die besondere Qualität regionaler Produkte geschaffen werden. Auf diese Weise ist witus auch eine Schnittstelle von innovationsfreudigen Landwirten und regionalbewussten Gastronomen.
Des weiteren schafft witus neben anderen Projekten eine gemeinsame Logistik des Tourismusangebotes in den einzelnen Gemeinden. Noch funktionieren traditionelle Strukturen der Dorfgemeinschaft und Handwerksrituale im Bregenzerwald. Damit dies so bleibt, ist Zusammenarbeit wichtiger denn je.[6]

Lucia und Sonja in der Küche des Hotel Gams in Bezau, 2012.

Nach der Auflösung des Tourismusvereins und der Kaufmannschaft in Bezau schlossen sich die ehemaligen Mitglieder 2010 in einer branchenübergreifenden Netzwerk-Genossenschaft zusammen.

witus

besteht derzeit aus rund 140 Unternehmern aus den Bereichen Tourismus, Handel, Handwerk und Landwirtschaft. Die Kooperative umfasst die Ortschaften Bezau, Bizau, Mellau, Reuthe und Schnepfau. Die Entwicklung von witus steht am Anfang und ist in Zukunft auch für andere Gemeinden offen.

Die „Sitzbänke"

Wie können sich lokale Betriebe vorteilhaft präsentieren und gleichzeitig Anziehungspunkte für Einheimische und Gäste bilden? Die Lösung sind individuell gestaltete Sitzmöbel in den witus-Gemeinden, die von den Mitgliedern der Genossenschaft hergestellt werden.

Mitglied Hotel Gams

Die derzeitige Geschäftsführerin des Hotel Gams in Bezau, Ellen Nenning → S. 60, ist Gründungsmitglied bei witus und davon überzeugt, dass Genossenschaftsgründung der moderne und richtige Weg in die Zukunft ist.

Im ehemaligen Ballsaal des Hotels Gams mit seinen zahlreichen Decken-Stuckaturen ist heute die Küche untergebracht. Diese Stuckaturen wurden beim Umbau des Hotels im Jahr 2009 von der Firma der witus-Mitglieder Otto und Josef Manser fachkundig restauriert.[7]

witus
Mitgliederporträt
Geniesser- & Kuschelhotel
Gams Bezau
www.hotel-gams.at

Ellen Nenning, die Geschäftsführerin des Hotel Gams in Bezau.

Angenehm modern

Mit einem klaren Bekenntnis zur Eigenverantwortung schloss sich Ellen Nenning, die Wirtin und Geschäftsführerin des Geniesser- & Kuschelhotels Gams in Bezau, der Genossenschaft witus an. Dort ist sie eine der treibenden Kräfte. Dies war sie auch früher im örtlichen Tourismusverein. Bei Zusammenkünften in den unterschiedlichen Gremien der Vereine trafen sich oft dieselben aktiven Dorfbewohner. Als die Kaufmannschaft und der Tourismusverein aufgelöst wurden, bot sich die Genossenschaft als geeignete Gesellschaftsform für die Bündelung der bisher unterschiedlich organisierten Interessen an. Hier fanden die Engagierten aus den verschiedenen Branchen und Gesellschaftsbereichen eine gemeinsame Plattform.

„Angenehm modern" findet Ellen Nenning die Zusammenkünfte der Genossenschaft, bei denen sich die Mitgliedsunternehmen den anderen präsentieren können. Die Genossenschaft legt viel Wert darauf, dass ihre Mitglieder wirtschaftlich möglichst unabhängig bleiben, aus dieser Stärke heraus aber gut zusammenarbeiten. Diese Haltung verdeutlicht sich auch bei den Gästen des Hotel Gams: Sie wollen den Aufenthalt möglichst individuell verbringen, sich aber in der Gemeinschaft des Hotels wohl fühlen.[8]

Josef Anton Fischer und seine Frau Maria Barbara

Vom „Bezauer Lodowible“ zur Fischerwolle

Da in der Mitte des 19. Jahrhunderts im Bregenzerwald viele Schafe gehalten wurden, aber niemand in die Verarbeitung der Schafwolle zu Loden eingeweiht war, machten sich Josef Anton Fischer und seine Frau Maria Barbara im Jahr 1870 ins Elsass auf, um sich dort nach geeigneten Herstellungsverfahren zu erkundigen. Mit nach Hause brachten sie kundige Elsässer Fachleute und die notwendigen Maschinen. Über viele Wochen im Jahr war die geschäftstüchtige Maria Barbara im Bregenzerwald und im Rheintal unterwegs, um den Fischer-Loden zu vermarkten. So wurde sie bald als das „Bezauer Lodowible“ bekannt. Seit den 1920er Jahren wird der Bezauer Familienbetrieb als Spinnerei betrieben, die bewusst keine eigene Marke lanciert. Längst werden neben reiner Strickwolle auch Spezialgarne für die Innenausstattung von Verkehrsflugzeugen erzeugt. Der wirtschaftliche Zusammenhalt der Familie auch in schweren Zeiten zieht sich wie ein roter Faden durch die Firmengeschichte.
Für den heutigen Eigentümer Kurt Fischer war schon das Engagement im dörflichen Handwerkerverein selbstverständlich. Ebenso hält er es mit witus: Weil gute Initiativen durch gemeinsames Engagement besser werden, schätzen er und seine Söhne Klaus und Karl-Heinz die witus-Genossenschaft als eine branchenübergreifende Bereicherung.[9]

Die Firma Fischerwolle

tauschte ab 1875 mit den Bauern im Bregenzerwald Wolle gegen Loden oder Strickgarn.

500 Millionen Schafe

werden derzeit weltweit und überwiegend zur Gewinnung von Wolle gehalten.

Das Rohmaterial

für einfache Industriegarne durchläuft die Stationen Wolferei, Mischerei, Krempelei, Ringspinnerei und Spulerei.

Handstrickgarne

benötigen zudem Arbeitsprozesse wie Facherei, Zwirnerei, Dämpferei, Knäuelei und Verpackung.

1956

wurde die Dirndlwerkstatt in Bezau von Anton Moosbrugger gegründet.

Das Dirndl

war ursprünglich ein städtisches Modephänomen. Zunächst als Dienstbotentracht, setzte sich das Trachtenkleid etwa ab 1880 auch in der städtischen Oberschicht des Sommerfrischepublikums als „ländliches" Kleid durch.

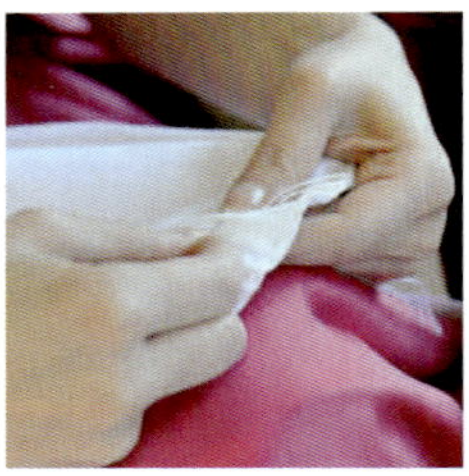

Jedes Dirndl aus der Bezauer Werkstatt ist ein handgefertigtes Unikat …

… aus hauptsächlich österreichischen Stoffen, Borten und Bändern.

Die Rüschen werden bevorzugt in Herzchenform oder in „Froschmaul"-Art genäht.

Für ein Dirndl werden etwa 25 Arbeitsstunden aufgewendet.

Die Dirndlwerkstatt

In der Schneiderei von Herlinde Vogt werden auch Maßanzüge gefertigt. Doch am liebsten nähen die Frauen der Dirndlwerkstatt das typisch österreichische Trachtenkleid – das Dirndl. Stich um Stich ist jedes Stück, für das beinahe ausschließlich österreichische Materialien verwendet werden, ein Unikat. So haben es schon die Eltern Eugenie und Anton Moosbrugger bei der Arbeit vorgelebt, und so hält es auch die Tochter – die heutige Firmeninhaberin. Obwohl oder vielleicht gerade weil Herlinde Vogt auf den Traditionen der vorigen Generation aufbauen konnte, ist es ihr besonders wichtig, sich der Gegenwart zu stellen. Dazu gehört auch die bewusste Entscheidung, mit der Werkstatt klein zu bleiben. Wenngleich sich Bezau in den letzten 20 Jahren beträchtlich vergrößert hat und dadurch allgemein interessanter wurde, hat gerade der familiäre Verkaufsraum der Dirndlwerkstatt seine Vorzüge. Die Kunden fühlen sich in der heimeligen Atmosphäre besonders wohl. Von der neu gewachsenen Vielfalt im Ort lässt sich Herlinde Vogt gerne inspirieren, bleibt aber ihren Prinzipien treu. Das ist für die Schneiderin auch das Bemerkenswerte an witus – sich einer größeren Gemeinschaft anzuschließen, ohne seine Eigenständigkeit aufgeben zu müssen.[10]

Wer die Arbeit von Herlinde Vogt schätzt, findet auch den Weg in ihr Geschäft.

Der Leisten des Schusters

Die Leidenschaft für das Handwerk hat Georg Fröwis von seinem Vater Gottfried geerbt, der das Geschäft 1948 gegründet hat. Damals gab es keine Konfektionsware, und im Dorf gab es mehrere Schuhmacher. Die Rollenverteilung im Betrieb schien auch dann noch klar, als die Maßarbeit mehr und mehr der Konfektionsware weichen musste – der Handel wurde von den Frauen geführt, das Handwerk blieb in Männerhand.

So gehen Handwerk und Handel im Familienbetrieb heute noch ineinander über.

Als Schuhmachermeister und Unternehmer hat sich Georg Fröwis schon vor witus im Handwerkerverein und auch bei der Kaufmannschaft betätigt. In der Kaufmannschaft wurden gemeinsam vielfältige Werbeaktionen betrieben, die sich der Einzelne nicht hätte leisten können.

In diesem Sinne sind auch heute für Georg Fröwis die wichtigsten Aktionen der Genossenschaft witus die gemeindeübergreifenden Auftritte das Jahr hindurch. Deshalb engagiert sich der Schuster-Unternehmer in dieser Genossenschaft. Natürlich gilt das Sprichwort „Schuster, bleib bei deinem Leisten" auch in Bezau. Doch gibt es gute Gründe, diesen Rat in einer branchenübergreifenden Kooperative wie witus nicht immer ganz wörtlich zu nehmen.[11]

Georg Fröwis zeichnet den Oberlederschnitt, wie ihn dieses Schuhmodell mit Schottenmuster aufweist, von Hand vor. Links der fertige, rechts der unfertige Schuh mit Leisten.

Der Schuhmachermeister Georg Fröwis zieht das Oberleder über den Leisten und nagelt die Innensohle des Schuhs am Schuhoberteil fest.

Georg Fröwis würde sein Handwerk jederzeit auch heute wieder erlernen: gerade die Orthopädie- und Podologie-schuhmacherei bietet gegenwärtig viel Interessantes.

Das Wort „Leisten“ bedeutete ursprünglich Spur und Fußabdruck. Noch heute macht Georg Fröwis die Leisten, die er zur Fertigung eines Schuhs verwendet, ganz persönlich.

Erst wird die Innensohle oder Brandsohle des Schuhs unter dem Leisten befestigt.

Das Schuhoberteil oder der Schaft wird über den Leisten gezogen („gezwickt“) und an der Innensohle befestigt. Am Schluss kann die Laufsohle angebracht werden.

Das Holz

für ein Natur-Alphorn wird in über 1.300 Metern Höhe geschlagen, da es nur dort engjährig, also langsam, wächst. Dadurch ist es härter und muss nicht gelagert werden. Man fällt es zur Weihnachtszeit in den Raunächten. Die unten abgebogene Form stammt von der am steilen Hang und dadurch krumm gewachsenen Fichte. Sie wird geschält, der Länge nach halbiert und ausgehöhlt.

Das Alphorn

gehört zu Pius Feursteins Leben. Er hat 18 Natur-Alphörner gefertigt, die an unterschiedlichen Orten gelagert sind, damit sie bei Wanderungen nicht mitgenommen werden müssen, aber trotzdem gespielt werden können. Das erste von Feurstein gefertigte Alphorn ist im Ofen gelandet, das zweite in der Bezauer Pfarrkirche. Dieses wird am meisten gespielt, denn der Wegewart und Wanderführer begrüßt die Tourenteilnehmer mit Alphornklängen, die sich in der Kirche besonders gut entfalten.

Im Tourenprogramm

werden neben normalen Wanderungen Schneeschuhwandern, Rodelfahren, Laternenwandern oder Kneippen angeboten. Das Programm wird von witus zusammen mit dem Wanderführer ausgearbeitet. Freilich gab es auch früher im Tourismusverein ein Wanderprogramm, aber durch den ortsübergreifenden Zusammenschluss von Gleichgesinnten bei witus lässt sich vieles optimieren: etwa durch die gemeinsame Markierung und das Schwenden → S. 243 des Wanderwege- und des Langlaufloipennetzes in allen witus-Gemeinden.

Nach der Fertigstellung seines Natur-Alphorns testet Pius Feurstein den Klang in seiner Werkstatt.

Um die Alphörner besser transportieren zu können, hat Pius Feurstein drei mit Scharnieren ausgestattet.

witus
Mitgliederporträt
Pius Feurstein, Bizau
www.pius-natur.at

Im Einklang

Auf der Suche nach einem geeigneten Weihnachtsbaum, den Pius Feurstein selber im Wald schlagen wollte, fand er eine am Boden liegende krumme Fichte. Ihre Form erinnerte Feurstein an die eines Alphorns. Er nahm die Fichte mit nach Hause, wo er sie auseinanderschnitt und im Inneren aushöhlte. Dies war Anfang der 1990er Jahre. Inzwischen hat er 18 Natur-Alphörner gefertigt, von denen jedes seine guten und weniger guten Qualitäten hat. Der Wanderführer und Alphornbläser spielt aus meditativen Gründen: Er sucht den Einklang mit der Natur an einem Waldrand, in einer Lichtung. Das konische Rohr ist nur Verstärker, es braucht den Menschen, die Umgebung, die Kraft, das Gleichgewicht. Dass er sich der witus-Genossenschaft anschloss, hatte mit der Überzeugungskraft des Obmannes Christian Meusburger zu tun. Der wollte einen unkonventionellen Kopf wie Pius Feurstein als Mitglied. Diese Erwartungen erfüllt Feurstein durchaus. Von ihm kommt bei Versammlungen so manche kritische Gegenstimme. Für eine lebendige Genossenschaft – dessen ist sich Feurstein sicher – ist das unverzichtbar.[12]

Mit einem Hohlstemmeisen bearbeitet Pius Feurstein die Baumstammhälfte.

witus
Mitgliederporträt
„Der Schindeler", Albert Hager, Mellau
www.schindeler.at

Das Ablängen des Stammes in Scheiben bestimmt die Länge der Schindel. Danach werden die Schindeln gegen die Jahresringrichtung abgespaltet.

Der Schindeler

Holzschindeln gehören zu den ältesten Baustoffen überhaupt. Im Bregenzerwald werden viele Häuser traditionell mit diesem „Schindelpanzer" ausgestattet. Für die Fertigung von Schindeln wird Holz gespaltet. Dies erklärt auch die Herkunft des Wortes Schindel/scindula – es leitet sich vom lateinischen „scindere" – „spalten" ab. Die Arbeit muss präzise ausgeführt werden, sie erfordert ein genaues Auge und eine ruhige Hand.

Der „Schindeler" Albert Hager hat seinen Betrieb bewusst in Mellau situiert – nicht nur weil er aus der Gegend stammt, sondern weil er hier Mitarbeiter findet, die sich mit dem identifizieren, was sie schaffen.
Neben seiner Tätigkeit als Handwerker ist er Gastwirt von „Naze's Hus" → S. 342 in Mellau. Aus den Aktivitäten in beiden Berufsfeldern resultiert sein starkes Bewusstsein für die Chancen der Vernetzung. Dass sich im Bregenzerwald Handwerker derselben Branche zusammenschließen, hat Tradition, aber dass sich Handwerker, Touristiker, Händler und Landwirte über die Ortsgrenzen hinweg zusammentun, ist neu. Das sind für Albert Hager die interessanten Aspekte bei witus. Die Genossenschaft ist noch jung, die Teamfähigkeit jedes Einzelnen wird die Zukunft zeigen. Albert Hager jedenfalls ist sehr optimistisch.[13]

Durch den keilförmigen Zuschnitt liegen die Schindeln bei der Endfertigung an der Hausfassade gut übereinander auf.

Albert Hager auf dem „Schneidesel", wo er die Schindel mit einem Zugmesser am oberen Ende keilförmig zuschneidet, damit sie schön anliegt.

Der Schindeler

Albert Hager erzeugt seit 1993 die traditionelle Fassadenverkleidung aus Holz. Seit der Gründung ist er auch Mitglied der witus-Genossenschaft und im Ausschuss für den Bereich Handwerk im Vorstand tätig.

Eine Holzschindel

wird aus Holz gefertigt, das aus hochgelegenen Bergregionen stammt. Geschlägert wird es in den Raunächten der Wintermonate, wenn das Holz nicht im Saft steht.

Die Länge der Schindel

wird durch das Ablängen des Stammes in Scheiben mit entsprechender Dicke bestimmt. Diese Scheiben werden in kleine Holzstücke geteilt und das Kernholz vom Schadholz entfernt. Um die Haltbarkeit zu verlängern, werden die einzelnen Schindeln gegen die Jahresringrichtung abgespaltet.

Mit einem speziell angefertigten Rundmesser wird die Schindel gestanzt. Danach kann die fertige Rundschindel verlegt werden. Das Herstellen und Verlegen von Rundschindeln ist sehr arbeitsintensiv. Für ein durchschnittlich großes Bregenzerwälderhaus werden etwa 60.000 Schindeln benötigt.

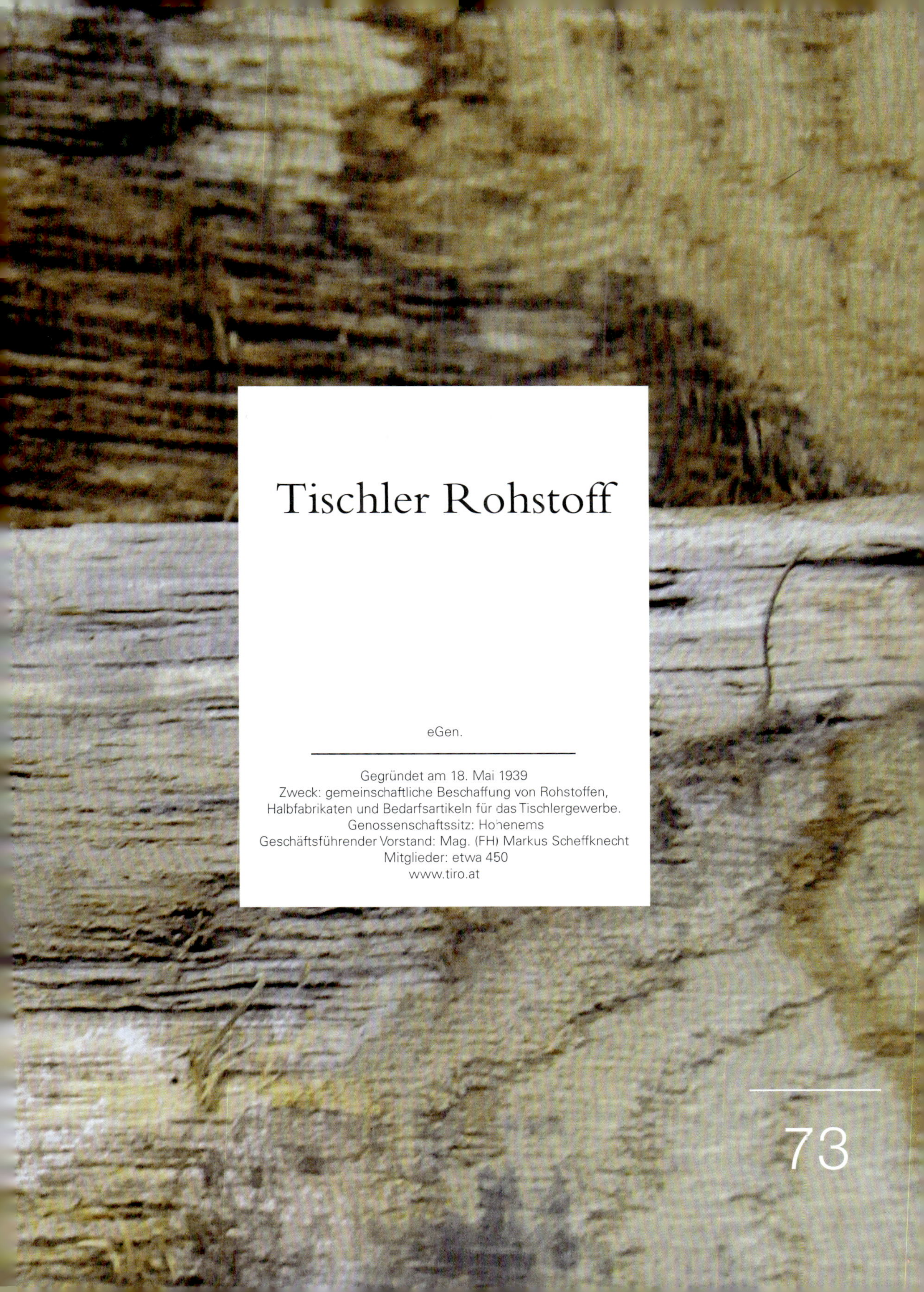

Tischler Rohstoff

eGen.

Gegründet am 18. Mai 1939
Zweck: gemeinschaftliche Beschaffung von Rohstoffen, Halbfabrikaten und Bedarfsartikeln für das Tischlergewerbe.
Genossenschaftssitz: Hohenems
Geschäftsführender Vorstand: Mag. (FH) Markus Scheffknecht
Mitglieder: etwa 450
www.tiro.at

Die Gewerbenovelle von 1884

führte zur Gründung von Gewerbegenossenschaften, in denen nun jeder Handwerker Mitglied sein musste.

In Egg

beispielsweise wurde im Jänner 1885 eine solche Gewerbegenossenschaft gegründet. Kaspar Ignaz Troy wurde zu deren Obmann gewählt.

Die Handwerker

eines Ortes waren in diesen Genossenschaften zusammengefasst. Um eine bessere Vertretung ihrer Interessen zu erreichen, drängten einzelne Handwerkssparten auf die Gründung von Fachgenossenschaften.

Im Bregenzerwald

spielte die Gemeinde Egg als Gewerbezentrum eine Vorreiterrolle. 1906 trafen sich die Sattler und Tapezierer des Bregenzerwaldes in Egg zur Gründung einer Fachgenossenschaft. Im selben Jahr organisierten sich auch die Tischler. In Egg gab es damals elf Tischlermeister, in Andelsbuch und Schwarzenberg je zehn.[14]

Am 18. Mai 1939

taten sich Tischler aus ganz Vorarlberg zum Zwecke der gemeinschaftlichen Beschaffung von Rohwaren im Hotel Mohren in Dornbirn zur Gründung der Tischler-Rohstoff-Genossenschaft zusammen.

Die erste Gesellenprüfung der Schreiner- und Drechsler-Genossenschaft Andelsbuch, Egg, Schwarzenberg am 22. Dezember 1924.

Tischler Rohstoff Genossenschaft
Hohenems
www.tiro.at

Aus Mangel an Rohstoffen

Bekam ein Tischler in den 1930er Jahren überhaupt einen Auftrag, begann sogleich auch die Sorge um die Rohwarenbeschaffung. Händler gab es im Land nicht, und wenn ein Zulieferer ausfindig gemacht werden konnte, waren die Preise hoch. Um das Versorgungsdefizit in den Griff zu bekommen, taten sich Tischler aus ganz Vorarlberg zur gemeinschaftlichen Beschaffung der begehrten Materialien zusammen. Vorbild war ihnen Hermann Schulze-Delitzsch, dessen Ideen – Selbsthilfe, Selbstverantwortung und Selbstverwaltung – bei der Gründung der Genossenschaft am 18. Mai 1939 im Hotel Mohren in Dornbirn Pate standen. Damit die Abnehmer keine kapitalintensive Lagerhaltung vornehmen müssen, verfügt die Tischler Rohstoff über einen überdurchschnittlich hohen Lagerbestand. Gleichzeitig erhält die Genossenschaft durch ihre Mitglieder Informationen zu Markttrends und Änderungen des Berufsbildes. So haben sich beispielsweise die Anforderungen an den Beruf durch die wachsende Bedeutung der Lichtplanung beim Innenausbau gewandelt. Hier kommt die Genossenschaft ihrem Förderauftrag unter anderem durch Weiterbildungsveranstaltungen nach. Eine andere Förderleistung, die gerade kleinere Unternehmen schätzen, ist die Zweimannzustellung. Deren besonderer Vorteil zeigt sich bei der Entladung vor Ort, da dort keine Mitarbeiter des Kunden benötigt werden. Auf diese Weise können Einpersonenunternehmen, Teilzeitbetriebe und Handwerker „auf Montage" problemlos und vor allem in ganz Vorarlberg flächendeckend beliefert werden. Das ist eine existenzielle Unterstützung für Kleinbetriebe.[15]

Der Verkaufsraum der Tischler Rohstoff in der Dornbirner Hatlerstraße 9, nach dem Umbau 1959.

Die Tischler Rohstoff

wurde am 18. Mai 1939 als Genossenschaft unter Federführung von Hubert Zumtobel im Hotel Mohren in Dornbirn gegründet.

Die Anfangszeiten der Tischler Rohstoff waren nicht einfach, da im Gründungsjahr der Zweite Weltkrieg begann.

Ab 1950 verbesserte sich die Beschaffung der Rohstoffe, und die Genossenschaft konnte sich landesweit behaupten.[16]

Lagerbestand

Durch den überdurchschnittlich hohen Lagerbestand müssen die Abnehmer keine kapitalintensive Lagerhaltung vornehmen.

Die Zweimannzustellung ist ein markantes Merkmal des Dienstes an den Mitgliedern.

Licht

Das Thema Licht bietet Schreinereibetrieben neue Potenziale.
In der Werkstatt hat der Schreiner viele Möglichkeiten, Leuchten auf innovative Weise in die Möbel einzubauen.
Wer sich in diesem Bereich gut auskennt, hebt sich von den Mitbewerbern ab.
Im Rahmen von Fach-Exkursionen wie beispielsweise ins Zumtobel Lichtforum geht die Genossenschaft neue Wege der Mitgliederförderung.

Im Klostertal

Die Winter im Tal sind hart, der Schnee reicht meist an die Hausdächer, und so verwundert es nicht, wenn die Tischler Armin und Dietmar Salzgeber neben ihrer Brotarbeit an den langen Winterabenden oft und gerne ihrer Lieblingsbeschäftigung, der Fertigung von Möbeln mit Intarsien, nachgehen. Freilich kann man davon nicht leben, und obwohl diese Art von Einlegearbeiten traditionell im Montafon hergestellt werden, haben sich die zwei Klostertaler mit der Handwerkstechnik vertraut gemacht. Begonnen hat Armin Salzgeber vor etwa 50 Jahren mit dem Einlegen von unterschiedlichem Holz in seine Möbel. Inzwischen ist er 90 Jahre alt und hat die Kenntnisse an seinen Sohn Dietmar weitergegeben. Viele unterschiedliche Holzarten werden für das Zusammenspiel der Farben und Muster verwendet. Die begehrten Hölzer und Furniere beziehen die zwei Klostertaler bei der Tischler Rohstoff in Hohenems. Natürlich könnten sie auch bei anderen Lieferanten bestellen, aber die meisten liefern nicht ins Tal und schon gar nicht zu zweit. Dietmar Salzgeber müsste dann, wenn die Ware kommt, vor Ort sein und beim Entladen helfen. Dies ist bei der Tischler Rohstoff nicht notwendig, womit sich die Mitgliedschaft des kleinen Handwerksbetriebs in der Genossenschaft schon mehrfach gelohnt hat.[17]

Wald am Arlberg im Februar 2012.

Tischler Rohstoff
Mitgliederporträt
Tischlerei Dietmar Salzgeber
Wald am Arlberg

Dietmar Salzgeber nimmt Maß für die Intarsienarbeit.

Armin und Dietmar Salzgeber haben schon unzählige Holzschemel hergestellt.

Intarsien aus Holz

Palisander
Vogelaugenahorn
Wenge
Esche
Kirsche
Nussbaum
und viele andere Holzarten
werden für die Einlegearbeiten
verwendet.

Der Farbkontrast

spielt bei dieser Technik
eine große Rolle.

Für die Randleisten

werden unterschiedliche
Arten von Holzwürfeln
aneinandergeleimt und danach
in millimeterdünne Scheiben für
die Randleisten geschnitten.

Das Hauptmotiv

hier ein Stern,
wird in beliebiger Farbwahl
zusammengeklebt und das Furnier
nach dem Originalmaß dieses
Motivs ausgeschnitten.

In Handarbeit

wird das Negativ des Hauptmotivs für das Sternpositiv vorbereitet.

Das Endfurnier

mit Randleiste wird mit Leim etwa drei Stunden auf eine Holzplatte gepresst.

Die fertige Holzplatte

wird am Schluss auf einen Schemelrahmen mit gedrechselten Beinen geschraubt.

Für einen Holzschemel werden etwa zwei Arbeitstage benötigt.

Armin Salzgeber zeigt die gedrechselten Beine des fertigen Holzschemels.

Diese Randleiste wird Zopfmuster genannt.

Kübler Genossenschaft Innerlaterns

reg.Gen.m.b.H.

Gegründet 1902
Zweck: bessere Produktvermarktung
Genossenschaftssitz: Innerlaterns
Obmann: Jakob Nesensohn
Mitglieder: 16 (vier aktive)
www.küblerei-innerlaterns.at

Küblergenossenschaft
Innerlaterns
www.küblerei-innerlaterns.at

Vom Rohling zum fertigen Kübel aus Holz.

Der Schneidesel der Kübler

Seit dem 15. Jahrhundert werden im Großen Walsertal Butterfässchen, Brenten, Krautstanden oder Gebsen gefertigt. Als Antwort auf die zunehmende Industrialisierung organisierten sich die Laternser Kübler im Jahr 1902 in einer Genossenschaft. Da die Fassbinder damals eng mit den Bierbrauern verbunden waren und die Kübel zudem im Haushalt, als Transportgefäße der Säumer und Fuhrleute und vor allem in der Landwirtschaft benötigt wurden, ließen sich durch gemeinsames Agieren in einer Genossenschaft bessere Absatzmöglichkeiten schaffen.
In diesem Zusammenhang kauft die Genossenschaft bis heute das gesamte „Geschirr" auf Lager ein und verkauft es anschließend zu einem einheitlichen Preis. Beim Genossenschaftslager in Laterns befindet sich auch ein Küblerei-Museum. Es ist Zeuge der alten Handwerkstradition.

Diese zu erhalten liegt den nur mehr vier aktiven von insgesamt 16 Genossenschaftsmitgliedern am Herzen. Neben der Holzqualität ist das Werkzeug zur Feinbearbeitung besonders wichtig. In vielen Arbeitsschritten entstehen aus einzelnen Dauben, den Längshölzern aus speziell geschnitztem Fichtenholz, die hölzernen Kübel, welche mit Reifen aus Eisen oder Holz zusammengehalten werden.[18]

Josef Matt hat das Handwerk von seinem Vater gelernt.

Der „Schneidesel“

ist ein bäuerliches Arbeitsgerät,
eine Art Hobelbank.
Er wird auch Schnitzbock oder
Schindelbock genannt.

Hohl- und Schneidemesser

unterschiedlichster Art sind
besonders wichtig.

Gebinde aus Holz

werden vorwiegend aus
Eschen- und aus Nussbaumholz
geschnitzt.

Die Gebse

ist ein beliebtes Holzgefäß
für die Vorarlberger
Käsknöpfle → S. 288.

Küblergenossenschaft
Innerlaterns
www.küblerei-innerlaterns.at

Kübler, Mann an der Hobelbank, Öl/Leinwand, 14 x 19 cm

Keramik von Petra Raid, Kreativwerkstatt Langenegg.

Allmenda social business

eG

Gegründet 2008 als Talent
Dienstleistungs- und Handels-Genossenschaft
Seit 2012 Allmenda social business eG
Zweck: Plattform für regionalwirtschaftliche Projekte
Genossenschaftssitz: Dornbirn
Obmann: Gernot Jochum-Müller
Mitglieder: 100
www.allmenda.com

Allmenda
Die Talente Genossenschaft
Dornbirn
www.allmenda.com

Kleine Strukturen – große Wirkung

Das „Talent" ist eine alternative Währung, in welcher 100 Talente dem Wert der Leistung in einer Stunde Lebenszeit entsprechen. Die Vorarlberger Talent-Genossenschaft ist im Jahr 2007 aus dem Verein Talente-Tauschkreis hervorgegangen und heute in drei Bereichen aktiv: lokalen Geldsystemen, Wirtschaftskooperationen sowie regionaler und erneuerbarer Energie. Da eine Region für ihre Wirtschaftstreibenden kleine Strukturen braucht, bedarf es zu deren Erhalt einer starken regionalen Nachfrage. Darum soll Kaufkraft so weit wie möglich im Lande bleiben.

Die alternativen Währungen werden von der Genossenschaft für Gemeinden und Regionen mit dem Ziel herausgegeben, die Kaufkraft nachhaltig an die Region zu binden. Das Zahlungsmittel wird von einem Betrieb zum anderen weitergereicht, sodass Kreisläufe entstehen, die nicht nur die örtliche Nahversorgung erhalten, sondern auch die Unabhängigkeit einer Region fördern. Unter dem Namen „garantiert talentiert" → S. 98 schließen sich im zweiten Bereich Kleinbetriebe zusammen, die durch gemeinsamen Vertrieb und gemeinsames Marketing oder eine Plattform für Onlineshops eine höhere Wirkung erzielen.
Im dritten Bereich der Genossenschaft können Bürger Geld in lokale und erneuerbare Energie investieren. Beim Pilotprojekt „REA – Regionale Energie-Anlage" → S. 100 wird eine Photovoltaikanlage auf dem Dach des Bauhofes der Landeshauptstadt Bregenz installiert und über ein Bürgerbeteiligungsmodell finanziert. So werden Mitbestimmung und finanzielle Beteiligung zusammengeführt.
Seit der Umfirmierung 2012 nennt sich die Talent-Genossenschaft „Allmenda social business eG".[19]

Die drei Bereiche der

Allmenda, die Talente Genossenschaft

Lokale Gutscheinsysteme

Kooperatives Wirtschaften „garantiert talentiert"

„REA" – Regionale Energie-Anlage

Die Langeneggerin Petra Raid gibt ihre Talente im Dorfladen aus. Durch die alternative Währung blieb unter anderem die Nahversorgung in Langenegg erhalten. Das Engagement der Langenegger Dorfbewohner wurde 2010 mit dem Dorferneuerungspreis ausgezeichnet.

Eine Komplementärwährung

beruht auf der Vereinbarung einer Gemeinschaft, zusätzlich zum offiziellen Geld auch eigene Tauschmittel zu akzeptieren.

1932/33

brachte die Stadt Wörgl unter dem damaligen Bürgermeister Michael Unterguggenberger eine Komplementärwährung in Form von Schwundgeld in Umlauf. Sie wurde wegen ihrer anregenden Wirkung auf das lokale Wirtschaftsleben als das „Wunder von Wörgl“ bekannt.

Auch heute besteht in Wörgl wieder eine Komplementärwährung.

Der Talente-Tauschkreis

gründete gemeinsam mit anderen Tauschsystemen auch den Verein za:rt. Dieser Zusammenschluss regionaler Tauschsysteme ermöglicht es, dass Vorarlberger Talente zum Beispiel auch für Nächtigungen in Wien oder Zürich eingesetzt werden können.

Für das Projekt „Haubenlokal" hat Petra Raid die Spitzkappe, die Kopfbedeckung der Bregenzerwälder Tracht, aus Ton gefertigt.

Der Luxus des Schöpferischen

Petra Raid genießt die Arbeit mit Ton, einem Material, das sich ständig verändert und auf jede Bewegung reagiert. Und sie genießt es ebenso, nicht davon leben zu müssen. Frei von materiellen Zwängen und im Austausch mit anderen Gesinnungsfreunden entstehen in der Langenegger Kreativwerkstatt Kunstobjekte, Installationen oder Keramiken aus Ton. Zum Luxus des Schöpferischen gesellen sich dennoch Grundbedürfnisse. Petra Raid lebt in Langenegg. Der Ort, der eigentlich aus zwei räumlich getrennten bäuerlichen Kleingemeinden entstanden ist, wuchs nach der Vereinigung nur langsam zusammen. Als in den 1990er Jahren die dörflichen Strukturen in Gefahr gerieten sich aufzulösen, begann ein Umdenken bei den Dorfbewohnern. Damals entstandenen Gruppen wie e5, Lebenswert Leben, die Wirtschaftsgemeinschaft und die „Talente" – die Langenegger Dorfwährung. Damit die Grundbedürfnisse des täglichen Lebens im Ort selbst gedeckt bleiben können, war es für Petra Raid naheliegend, die „Talente" auch in ihrer Werkstatt anzunehmen. Dies geschieht im Bewusstsein, dass die Talente-Währung der Dorfgemeinschaft nützlicher ist als dem Einzelnen. Denn dass dadurch unter anderem der Dorfladen erhalten blieb, dient allen. Somit ist das alternative Zahlungsmittel dem Anspruch der Sicherung der örtlichen Nahversorgung gerecht geworden.[20]

Petra Raid in der Kreativwerkstatt.

Gebrannt und schockabgekühlt

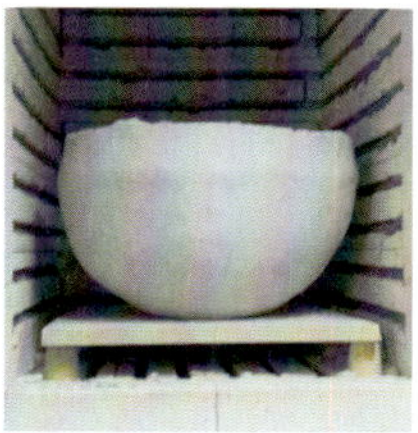

Mehrere Arbeitsgänge
sind für eine Keramik nötig,
gebrannt wird im Freien
bei 1.000° C.

Raku

bedeutet Freude an der Muße.
Die Raku-Masse ist sehr grob,
da die Schalen durch die
Brennweise kräftige
Temperaturschocks unbeschadet
überstehen müssen.

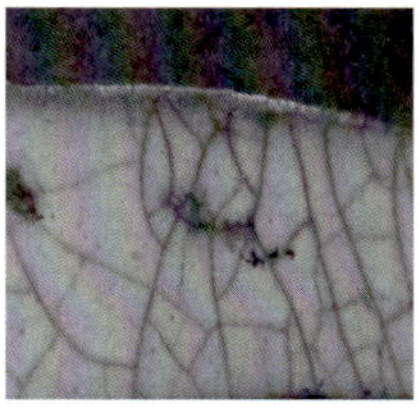

Viele Experimente
sind notwendig, um geeignete
schockresistente
Tonmischungen zu erhalten.
Das typische Krakelee entsteht
beim Abkühlen, dadurch
reißt die Glasuroberfläche.

Allmenda. Die Talente Genossenschaft
Mitgliederporträt
Ingeborg Eiler, Lustenau
Outfit nach Maß
www.ninnimo.at

Ingeborg Eiler entwirft, näht und vermarktet ihre Kollektionen.

Kleidung, die mitwächst

Mit einer Maß- und Änderungsschneiderei hat Ingeborg Eiler im Jahr 2004 den Sprung in die Selbstständigkeit gewagt. Bald war klar, dass die Schneiderin eine eigene Kollektion herausgeben wollte. Dabei dachte sie jedoch nicht an Kinderkleidung, sondern an Mode, die sie selbst gerne trägt. Gekommen ist es dann ganz anders – vorläufig. Für eine Modeschau beim Talente-Tauschkreis → S. 92 kleidete Ingeborg Eiler gemeinsam mit ihrer Tochter Barbara 29 Kinder ein, und mit den kreativen Ideen kam auch die Lust auf die eigene Kinderkollektion. Kindgerecht ist die „ninnimo-Mode", und sie wächst dabei auch noch mit. Denn die Kleider, vornehmlich aus natürlichen Rohstoffen wie etwa Walk, lassen eine optimale Bewegungsfreiheit zu und können über einen längeren Zeitraum getragen werden – sie „wachsen" also mit den Kindern mit. Freilich wären überregional eingekaufte Rohstoffe für die Umsetzung der Kollektion erschwinglicher als regionale, doch Ingeborg Eiler geht es nicht um Gewinnmaximierung, sondern um ein eigenständiges Vorarlberger Endprodukt und vor allem um den Austausch mit anderen. So entstehen immer wieder neue Ideen – auch die 2011er-Kollektion für Erwachsene. Aus Überzeugung war sie Mitglied bei der Gründung der Talente Genossenschaft (seit 2012 Allmenda) geworden, und aus ebenso großer Überzeugung kauft sie bevorzugt die Waren der anderen Mitglieder. Gesellschaftliches Engagement ist für Ingeborg Eiler ein Qualitätsindikator für das Zusammenleben.[21]

Die ninnimo-Kinderkollektion ist freche, bunte und bequeme Vorarlberger Handarbeit.

Die ninnimo-Blumen-Druckknöpfe lassen sich beliebig als Ringe tragen oder an Haarbänder, Kleider und Taschen anstecken.

Handytaschen, Schlüsselanhänger oder andere Accessoires ergänzen die Kollektionen von Ingeborg Eiler.

Allmenda. Die Talente Genossenschaft
Mitgliederporträts
von „garantiert talentiert“
www.gmacht.at

Handarbeiten

Während in der Allmenda, der Talente Genossenschaft, vorwiegend Betriebe als Mitglieder beheimatet sind, zählt der Vorarlberger Talente-Tauschkreis gegenwärtig mehr als 1000 Privatpersonen, die das Angebot der Genossenschaft nützen. Über die Plattform „garantiert talentiert“ bieten Kleinbetriebe und Private liebevoll handgearbeitete Unikate aus unterschiedlichen Materialien an. Darunter finden sich Kerzen aus Paraffin/Stearin und Bienenwachs, die auf Wunsch sondergefertigt und mit Beschriftungen oder Firmenlogos verziert werden. Auch Papeterien oder Kuverts aus Tapeten mit raffinierten, mehrfach verwendbaren Sternenverschlüssen werden neben Seifenstücken mit Rosenblättern angeboten. Herta Mangeng und Doris Fitz gestalten neckische Katzen-Dinkelkissen oder Hausschuhe aus Filz. Solche langlebigen Produkte aus Wolle sind warm, wasserabweisend und formstabil. Bunte Farben und eine bequeme Schnittform sprechen vor allem die Kleinsten an. Sie zeichnen die Kindermode von „ninnimo“ → S. 96 aus, zu der sich das Outfit nach Maß für Erwachsene gesellt. Während Simon Ender seine in Eierkartons eingelegten Anzünder humorvoll „Brandstifter“ nennt, spielt bei dem aus Skandinavien stammenden Sami Kyllönen heimisches Holz eine große Rolle. Er dreht Schalen aus Nussbaumholz. Vorarlberger Handarbeit, und zwar garantiert talentierte, zeichnet alle diese Farbrikate von „garantiert talentiert“ aus.[22]

— Kuvert mit Sternverschluss —
Pien van Soest

— Kerzen —
Pien van Soest

— Maßanfertigungen —
Margit Enzenhofer

— Filz-Dinkelkissen —
Herta Mangeng

— Rosenseife —
Josefine Haspel

— Brandstifter —
Simon Ender

— Elfen —
Elisabeth Zucalli

— Nussbaum-Schalen —
Sami Kyllönen

— Streichholz-Box —
Sami Kyllönen

Kuvert aus Tapete, Pien van Soest

Allmenda. Die Talente Genossenschaft
„REA – Regionale Energie-Anlage"
Bregenz
www.allmenda.com

Hildegard und Franz Viktor Breiner, Mitbegründer des Talente-Tauschkreises Vorarlberg, am Bauzaun von Wackersdorf, 1988.

Eine ethische Geldanlage

Dass die Bewohner des westlichsten Bundeslandes Österreichs bei der Art der Energielieferung mitentscheiden wollen, bestimmt seit vielen Jahren die Aktivitäten Hildegard Breiners. Am 5. November 1978 sprachen sich 85 Prozent der Vorarlberger Wähler bei einer Volksabstimmung gegen die Inbetriebnahme des einzigen österreichischen Kernkraftwerks in Zwentendorf aus. Hildegard Breiner und ihr verstorbener Ehemann Franz Viktor spielten damals in der Kampagne gegen Zwentendorf eine wichtige Rolle. Das eindeutige Vorarlberger Abstimmungsergebnis war gesamtösterreichisch das „Zünglein an der Waage" gegen die Inbetriebnahme des Kernkraftwerks – Atomkraft war danach in Österreich Geschichte. Dass Vorarlberger ihre Energiezukunft selbst gestalten wollen, zeigt sich gegenwärtig unter anderem beim Pilotprojekt „REA – Regionale Energie-Anlage" in Bregenz. Auf dem Dach des Bregenzer Bauhofs wird eine Photovoltaikanlage errichtet und über ein Bürgerbeteiligungsmodell finanziert. Jeder Bürger konnte – und kann noch immer – einen oder mehrere Bausteine kaufen. Für Hildegard Breiner sind diese Anteile eine „ethisch gute Geldanlage" und ein handfestes Bekenntnis jedes Einzelnen zum persönlichen Atomausstieg: Wer Ökostrom verwendet, bremst die Atomstromproduktion. Mit Projekten wie der „REA – Regionale Energie-Anlage" wird der Umstieg auf eine dezentrale, umwelt- und klimafreundliche Energieerzeugung beschleunigt. Für die Initiatoren war es von Anfang an selbstverständlich, dieses Bürgerkraftwerk auf genossenschaftlicher Basis zu realisieren – für sie hat nicht Gewinn, sondern Ethik Priorität.[23]

Breiners im Tränengasnebel von Wackersdorf, Pfingsten 1985.

Hildegard Breiner beim Denkmal in den Bregenzer Seeanlagen, das an den Vorarlberger Widerstand gegen die nie fertig gestellte Wiederaufarbeitungsanlage Wackersdorf erinnert. Dieser Gedenkstein wurde vom Ehepaar Breiner von den Demonstrationen um Wackersdorf nach Bregenz gebracht. Hildegard Breiner ist Trägerin des Nuclear-Free-Future-Award 2004.

Energieautonom

Vorarlberg soll im Jahr 2050 energieautonom sein. Engagierte Vorarlberger finanzieren genossenschaftliche Energieanlagen.

„REA"

Regionale Energie-Anlage
Wer langfristig an den Entwicklungen beteiligt sein will, kann Genossenschaftsanteile als ethisches Investment erwerben.

Bürgerinitiativen

Bürger gestalten ihre Energiezukunft selbst. Auf Initiative des Bregenzer Vizebürgermeisters Gernot Kiermayr wird ab 2012 in der Landeshauptstadt mit der Photovoltaikanlage Ökostrom erzeugt. Der Ökostrom wird an die ÖMAG, die zentrale Abwicklungs- und Förderstelle für Ökostrom in Österreich, geliefert.

Menschen mit Häusern ohne geeignete Dachflächen für eigene Anlagen können Anteile an einer Photovoltaikanlage erwerben und so selbst in die Produktion von Alternativenergie einsteigen.

Investoren leisten ein ethisches Investment zu Energiewende und Atomfreiheit.

Das Modell ist in andere Gemeinden und Regionen transferierbar.

Trägerin

des Projekts ist die Allmenda, die Talente Genossenschaft. Sie wird von Gernot Jochum-Müller und Günter Lenz vertreten.

Werkskanal Müllerbach Dornbirn

Gegründet 1925
Zweck: Energienutzung am Müllerbach
Genossenschaftssitz: Dornbirn
Obmann: Ing. Harald Scherbantie
neun Gründungsmitglieder
drei aktive Mitglieder

103

Werkskanal
Müllerbach Genossenschaft
Dornbirn

Gegründet wurde die „Müllerbachkonkurrenz“ 1925 von:

Herburger & Rhomberg
Anton Winsauer
Rüsch-Ganahl AG
Jenny & Schindler
Johann Georg Ulmer
Franz Martin Hämmerle
Johann Winsauers Erben
Franz Martin Rhomberg
Josef Lugers Erben

Die Energie der Fabrikanten

Dornbirns Wirtschaft lebte über Jahrhunderte von der Wasserkraft. Bereits für die Mühle in der Mühlebündt, deren Besitzer Graf Jakob Hannibal von Hohenems (1530–1587) war, wurde ein Wasserkanal angelegt und laufend verlängert. 1757 konnten dort schon 21 Wasserräder angetrieben werden. 1815 ließ der Fabrikant Karl Ulmer den „Karlesgraben“ ausheben, sodass der Müllerbach von der Schmelzhütte über Mittebrunnen und Rohrbach bis in den Schwefel weitergeführt werden konnte. Durch den Bau der Staumauer (1893–1897) beim Staufensee → S. 354 konnten neben den Kraftwerken im Gütle und in Boden auch die damaligen Nutzer des Müllerbaches das Wasser tagsüber gleichmäßig beziehen. Alle Gründungsmitglieder der „Müllerbachkonkurrenz“ von 1925 waren Inhaber von Wasserrechten, die das Wasser des Bachs zur Energiegewinnung für ihre Betriebe nutzten. Heute wird der Müllerbach nur noch von vier Kraftwerksbetrieben genutzt, darunter die Firma Zumtobel und das Kraftwerk bei Rhomberg's Fabrik. Dieses Kraftwerk wurde revitalisiert und der dort erzeugte Strom den Mietern des Gewerbeparks Rhomberg's Fabrik zum Kauf angeboten. Die Stadt Dornbirn betreibt im Forach ein Kleinwasserkraftwerk und bei der inatura auf dem Areal der ehemaligen Rüschwerke ein Wasserrad. Auch wenn die Energie für die Dornbirner Fabrikanten nicht mehr vom Müllerbach abgedeckt werden kann, hat die Genossenschaft nach wie vor die Verantwortung für das Erbe des immer noch bestehenden kilometerlangen Kanalsystems des Müllerbachs.[24]

Ein „Schütz“

ist eine mechanische Umleitungsvorrichtung.

Er befand sich beim Müllerbach in Dornbirn auf der Höhe der heutigen Fachhochschule. Der Schütz konnte bei einem Brand im Stadtzentrum geöffnet werden, um Wasser in einen der vielen Feuergräben zu leiten. Ein solcher Kanal befand sich unter der Marktstraße und endete in der unteren Riedgasse. Er kam zum Vorschein, als die alten Pflastersteine der Marktstraße zwecks Asphaltierung entfernt wurden.

Der Müllerbach

wird 2012
nur noch von vier
Kleinwasserkraftwerken
genutzt:

inatura

Zuppingerrad, 20 kW
Jahresleistung: etwa 80.000 kWh

Firma Zumtobel

Francis-Turbine, 19 kW

Rhomberg's Fabrik

Francis-Turbine, 30 kW

Amt der Stadt Dornbirn

Durchström-Turbine
je nach Wassermenge 72 kW

Der Ausnutzungsgrad
beträgt beim
Kleinwasserkraftwerk Forach
85 Prozent und
beim Wasserrad der inatura
60 Prozent

kW = Kilowatt, 1000 Watt (W)

Francis-Turbine der Rüsch-Ganahl AG

Technische Daten:
Auftraggeber:
Kraftwerk Egg/Bregenzerwald
Bautyp: Francis-Spiralturbine doppelflutig
Baujahr: 1906; modernisiert durch Voith/St. Pölten im Jahr 1936
Fallhöhe: 16 m
Schluckvermögen: 1 m^3
Umdrehungen: 750/min
Leistung: 125 kW
Spannung: 5300 V;
Stromstärke: 13,6 A

Elektrische Anlage:
Siemens-Schuckert

Die Francis-Turbine wurde 1906 in den Rüschwerken – auf dem heutigen Areal der inatura in Dornbirn – hergestellt. Sie war Teil eines Satzes mit drei Turbinen von insgesamt 340 PS im Kraftwerk Egg, das 1908 in Betrieb ging. 1912 wurde die Anlage mit weiteren Rüsch-Turbinen auf 680 PS Leistung aufgestockt. Das Kraftwerk Egg wurde 1972 von den Vorarlberger Kraftwerken übernommen, ehe es 1992 stillgelegt wurde. Die Gemeinde Egg hat die Francis-Turbine der inatura als kostenlose Leihgabe zur Verfügung gestellt. Dr. Klaus Fessler zeichnet für deren Sanierung verantwortlich.[25]

Gründungsmitglied der „Müllerbachkonkurrenz" Rüsch-Ganahl AG

Innenraum des Kraftwerks Egg mit drei Francis-Turbinen und dem dort beschäftigen Josef Wirthensohn (links).

Biomasse Heizhaus Eichenberg Dorf

eGen.

Gegründet am 8. Oktober 2008
Zweck: Genossenschaft zur Abnahme von Wärme
Genossenschaftssitz: Eichenberg-Dorf
Obmann: Alfons Rädler
Mitglieder: 13
www.eichenberg-bodensee.at

Das Heizhaus der Wärmeabnehmer

Auf der Suche nach einem Ersatz für den alten Heizkessel des Elternhauses dachte Alfons Rädler aus Eichenberg zuerst an eine Hackschnitzel-Heizanlage. Er wollte für diese Idee auch die Bewohner der benachbarten Häuser gewinnen. Nach einer von ihm durchgeführten Erhebung stellte sich heraus, dass der gesamte Ort positive Rentabilitätskriterien für ein Stromnetz aufwies. Nachdem die Gemeinde Eichenberg Angebote für eine Machbarkeitsstudie eingeholt hatte, stimmte die Gemeindevertretung mit 8:1 gegen eine Beauftragung. Daraufhin finanzierte Alfons Rädler die Expertise selbst. Diese brachte Klarheit – sie zog 30 Objekte in der Gemeinde als mögliche Wärmeabnehmer in Betracht und motivierte gleichzeitig potenzielle Interessenten. Eine anfänglich angedachte Errichtergemeinschaft stellte sich hinsichtlich der Haftungsfrage als problematisch heraus. Doch auch diese Hürde ließ sich überwinden – mit der Gründung einer Genossenschaft. Sie war die geeignete Gesellschaftsform, ohne die das Projekt wohl nicht zustande gekommen wäre. Denn andernfalls – in einem Verein – hätte keiner die alleinige Verantwortung als Obmann tragen wollen. Auch in der Werbung um Mitglieder erwies sich die Abnehmergenossenschaft als ideal. Hier bestimmen die Mitglieder ohne Vorbehalte gemeinsam den Wärmepreis, und der liegt momentan unter dem von fossiler Energie. Heute beziehen 15 Objekte in Eichenberg-Dorf ihre Wärme vom Biomasse-Heizhaus. Dies entspricht 35 Wohnungen, zuzüglich der Hotellerie und der Gemeinde des Dorfes. Durch die genossenschaftliche Errichtung des Heizhauses und der Fernwärmeleitung wurde die Haushaltskasse der Gemeinde entlastet – und Alfons Rädler ist inzwischen Bürgermeister von Eichenberg. Mit den steigenden Preisen der fossilen Energieträger verbessern sich auch die Prognosen für die Zukunft der Genossenschaft. So dürfen sich deren Mitglieder über einen gedämpften Wärmepreis und die Nachwelt durch die Einsparung von CO_2 an einer schadstofffreieren Umgebung erfreuen.[26]

Alfons Rädler bei der Anlieferung der Hackschnitzel.

Biomasse Heizhaus Eichenberg-Dorf

Baugrund: Baurechtsvertrag mit der Gemeinde Eichenberg
Errichtungskosten: netto Euro 720.000
Fernwärmeleitung: 830 lfm
Steuerleitung: Glasfaser, geeignet für Telefonie und Internetbetrieb
Erzeugte Wärmemenge – Heizperiode 2009/2010: 1.000 MWh
Betrieb: Ganzjahresbetrieb für Heizwärme und Warmwasser
Brennstoffeinsatz: Waldhackgut rund 1.500 SRm (Schüttraummeter)/Jahr

Energieautonomes Vorarlberg

soll laut Beschluss des Landtages bis zum Jahr 2050 auf der Basis von Energieeffizienz und erneuerbaren Energien: Biomasse, Sonne, Wasserkraft, verwirklicht werden.

Gegenwärtige Nutzung

erneuerbarer Energie in Vorarlberg durch: etwa 28.100 Biomasse-Einzelöfen, 110 Heizwerke mit einer jährlichen Substitution von 76 Millionen Litern Heizöl extra leicht und einer CO_2-Einsparung von 206.000 Tonnen pro Jahr. 20 Prozent des Raumwärmebedarfes werden bereits mit Biomasse gedeckt.

etwa 15.000 Solaranlagen mit einer Gesamtkollektorfläche von 200.000 m^2 und einer Energieerzeugung von 70 GWh. Damit können 8.600 Niedrigenergiehäuser geheizt werden.[27]

Junge Kammermusiker: Natalia Ladstätter, Keiko Hattori, Alex Ladstätter im Thal-Saal in Sulzberg. Der Saal entstand 1928 nach dem Muster historischer Tanzsäle, mit Parkettboden, getäfelten Wänden und Decken sowie umlaufenden Bänken und Simsen. Durch engagierte Bürger und Impulse der Regionalentwicklung Vorarlberg wurde der beinahe drei Jahrzehnte geschlossene Saal 2007 renoviert, erweitert und dadurch wieder ein fester Bestandteil für gemeinsame Treffen der Bevölkerung.

Regional-entwicklung Vorarlberg

eGen.

Gegründet am 29. September 2011
Zweck: Umsetzung der politischen Maßnahmen zur Strukturverbesserung in Vorarlberg
Genossenschaftssitz: Alberschwende
Obmann: Rudolf Lerch
Mitglieder: 96 Vorarlberger Gemeinden
Vertreten durch den Verein Regionalentwicklung und den Gemeindeverband Vorarlberg
www.leader-vlbg.at

Regionalentwicklungs-
Genossenschaft
Vorarlberg
www.leader-vlbg.at

Neu gedacht

Die regionale Wertschöpfung durch kleine und mittlere Betriebe in Handwerk, Gewerbe, Gastronomie und Tourismus sowie in der Landwirtschaft trägt maßgeblich zur Lebens- und Handlungsfähigkeit von Gemeinden bei. Die „Regionalentwicklung Vorarlberg" setzt sich mit kommunalen und regionalen Entwicklungskonzepten durch partizipative Planung auseinander.

Ziel ist die Gestaltung zukunftsfähiger Lebensräume. Für die erfolgreiche Umsetzung dieser Planungen ist das frühe Zusammenwirken von Fachakteuren aus unterschiedlichen Bereichen wie Kommunen und Raumplanung sowie Energie, Landwirtschaft und Tourismus besonders wichtig. Die „Regionalentwicklung Vorarlberg" versteht sich auch als vernetzendes Denk-Büro, das Entwicklungsprozesse in den Regionen initiiert und begleitet. Es übernimmt eine Vermittlerfunktion zwischen Bevölkerung, Wirtschaftstreibenden, Gemeinden und Regionen. Die Gesellschaftsform als Genossenschaft ist noch jung. Der Verein Regionalentwicklung hat die Genossenschaft erst im September 2011 gegründet. Diese erlaubt es den Mitgliedern, sich aktiv in die Entwicklung von Projekten und deren Umsetzung einzubinden. Gegenüber einem Verein beziehungsweise einer GmbH hat die Genossenschaft bessere Möglichkeiten öffentlicher und privater Beteiligung, der Mitbestimmung und der Beteiligung von Firmen zur fachübergreifenden Zusammenarbeit. Ein besonderes Merkmal ist der unkomplizierte Beitritt und Austritt als Mitglied. Das bedeutet in der Praxis, dass die Genossenschaft in einem Fachbereich Leistungen öffentlich ausschreibt und sich spezialisierte Firmen als Mitglieder bewerben können. Auf diese Weise entsteht ein firmenübergreifendes und kompetentes Team für die Regionalentwicklung.

Die „Regionalentwicklung Vorarlberg" setzt Maßnahmen zur Strukturverbesserung um, damit gerade der ländliche Raum attraktiv bleibt. Dabei wurden unter anderem Projekte initiiert oder unterstützt wie die KäseStrasse, der Werkraum Bregenzerwald, die Weißtanneninitiative, Lernwerkstatt, Waldschule, Wasserwelten, Ökologisches Bauen, Holzbau Zukunft, Nordic, das Projekt Heimhandwerk und viele andere mehr.[28]

Blick auf den Ortsteil Fischbach in Alberschwende, 2012.
Ohne die Gründung einer Abwassergenossenschaft wäre dieser Ortsteil vermutlich ab 1973 abgestorben. In den letzten 40 Jahren entstanden hier 70 neue Einfamilienhäuser. Durch aktive Bürger entstand eine frühe Form der Regionalentwicklung.

Die Genossenschaft

„Regionalentwicklung Vorarlberg“ wurde am 29. September 2011 vom Verein Regionalentwicklung und vom Gemeindeverband Vorarlberg gegründet. Damit sind alle 96 Gemeinden Vorarlbergs in der Genossenschaft vertreten.

Für Franz Rüf, der in der Regionalentwicklungs-Genossenschaft tätig ist, sind Genossenschaften sinnvoll, sobald es um kollektives Handeln, wechselnde Mitglieder, gemeinsame Ziele und Allgemeinwohl geht. Franz Rüfs Interesse an Genossenschaften wurde bereits 1973 geweckt, als er mit 23 Jahren Obmann der Wassergenossenschaft im Ortsteil Fischbach in Alberschwende wurde.

Vorausgegangen war die Ablehnung eines Ansuchens um eine Baubewilligung durch die Gemeinde, welche befürchtete, die Kosten der Kanalisation nicht aufbringen zu können. Um das drohende Aussterben des gesamten Ortsteils samt Schule zu verhindern, initiierte Franz Rüf die Gründung einer Genossenschaft mit den angehenden „Häuslebauern“ zum Bau der ersten voll biologischen Kanalisationsanlage für Kleinsiedlungsgebiete in Vorarlberg. Seit damals entstanden in diesem Ortsteil 70 neue Wohnhäuser.

Durch die Projekt- und Strukturentwicklungsgenossenschaft in Sulzberg konnten Betriebsflächen im Ort sichergestellt werden. Dadurch wurde die drohende Abwanderung eines Handwerksbetriebs, nämlich der Zimmerei Fink, verhindert.

PSG

eGen.

Projekt- und Strukturentwicklungsgenossenschaft
Gegründet am 12. März 2008
Zweck: Sicherstellung von Gewerbe- und Wohnfläche für die Gemeindeentwicklung in Sulzberg
Genossenschaftssitz: Sulzberg
Obmann: Helmut Blank
Mitglieder: drei
www.sulzberg.at

PSG –
Projekt- und Strukturentwicklungsgenossenschaft
und weitere
Sulzberger Genossenschaften

Lebensadern

In der Vergangenheit waren gerade die Bewohner von Streusiedlungen oft gezwungen, enger zusammenzustehen, wie es auch das Beispiel der Gemeinde Sulzberg zeigt. Schon in den 1950er Jahren taten sich hier Landwirte in mehreren Sennereigenossenschaften zusammen. Mit deren Inbetriebnahme wurde in der nördlichsten Gemeinde des Bregenzerwaldes mehr Wasser benötigt, denn das Wasser floss nicht, wie in anderen Orten, vom Berg herunter, sondern musste erst mühsam in die sehr unterschiedlich hoch gelegene Gemeinde (530 m bis 1.050 m) gepumpt werden. Damit es für die Dorfbewohner auch leistbar bleibt, wird Sulzberg von den Wassergenossenschaften Sulzberg-Kirchdorf, Hinterberg-Schönenbühel, Thal, Fahl und Sonnenseite versorgt. Funktionierende Zugänge zu den abgelegenen Höfen des Sulzberger Streugebietes sind die Lebensadern der Gemeinde. Der Anschluss der einzelnen Höfe an das Dorf erwies sich in der Vergangenheit oft als schwierig und unwirtschaftlich. Vielerorts wurden Materialseilbahnen als Transportmittel für die Bauernhöfe eingesetzt, bis das Problem ab den 1970er Jahren durch Güterwegegenossenschaften endgültig gelöst wurde. Kommunalpolitisch war es klug, die funktionierende Tradition im Umgang mit den Ressourcen zu übernehmen und auszubauen. Dies zeigt sich bei den vielen unterschiedlichen Genossenschaftsprojeken des Ortes, wie der Abwasseranlage oder dem örtlichen Biomassewerk. Das Biomassewerk wird von einer Lieferanten- und Abnehmergenossenschaft betrieben, in der die Bauern als Lieferanten und die Abnehmer gemeinsam den Wärmepreis festlegen.
Zur weiteren Entwicklung der Gemeinde entschloss sich Bürgermeister Helmut Blank im März 2008, den Grundstein für die „PSG – Projekt- und Strukturentwicklungsgenossenschaft" zu legen. Ausschlaggebend war die drohende Abwanderung eines Handwerksbetriebs. Da die Gemeinde über keinerlei Betriebsflächen und ebensowenig über freie Finanzmittel für den Erwerb von Flächen verfügte, konnte beides durch die „PSG" sichergestellt werden. Denn mit der Zeichnung der Mitglieder-Anteile verfügt die Genossenschaft über das nötige Kapital, um den Kauf der Grundstücke für den Betriebs- oder Wohnungsbedarf der Einwohner sicherzustellen. Grundstücksspekulationen werden unterbunden und gleichzeitig Anreize für die Firmen und Bewohner zum Bleiben geschaffen.[29]

Sulzberger Wasserturm innen: das Wasser der äußeren Kammer dient im Notfall als Löschwasser; darum muss diese Wasserkammer immer voll gefüllt sein.

Im Wasserturm

der Wassergenossenschaft Sulzberg-Kirchdorf wird das Wasser gespeichert, das nach Sulzberg gepumpt wird. Die Wassergenossenschaften Hinterberg-Schönenbühel, Thal, Fahl und Sonnenseite sind miteinander vernetzt und versorgen die unterschiedlich hoch gelegene Gemeinde (530 m bis 1.050 m).

Das Abwasser

auf der Sonnenseite wird in Sulzberg über eine Abwassergenossenschaft abgeführt.

Das Biomassewerk

wird von einer Abnehmer- und Lieferantengenossenschaft betrieben, die 100 Objekte des Dorfes mit Wärme beliefert.

Die „PSG“

stellt für die Gemeinde Sulzberg Gewerbe- und Wohnflächen sicher. Sie wurde maßgeblich von der Vorarlberger Raiffeisenbanken-Gruppe mitinitiiert. Nach dem Sulzberger Vorbild sind derzeit weitere Projekt- und Strukturentwicklungsgenossenschaften in anderen Vorarlberger Gemeinden in Planung.

Vorstandsmitglieder verschiedener Vorarlberger Raiffeisenbanken. V.l.n.r.: Jürgen Adami, Jürgen Kessler, Michael Alge, Wilfried Hopfner, Johannes Ortner, Anton Rein, Heinz Egle.

Raiffeisenbanken Vorarlberg

Gründung der ersten Raiffeisenbank in Lustenau: 1889
Gründung des Raiffeisenverbandes Vorarlberg: 1895
seit 1995 Raiffeisenlandesbank Vorarlberg
Zweck: finanzielle Nahversorgung
Genossenschaftssitz: Bregenz
Aufsichtsratsvorsitzender: Dr. Walter Hörburger
Mitglieder: 23 Raiffeisenbanken mit 91.058 Mitgliedern
und 77 Sonstige
www.raiba.at

Raiffeisen-Banken-Gruppe Vorarlberg
Genossenschaften
www.raiba.at

Finanzieller Nahversorger

Das Genossenschaftsdenken hat bei der Raiffeisen-Banken-Gruppe eine lange Tradition. Zu Beginn des 19. Jahrhunderts gab es nur sehr wenige Banken in Vorarlberg und kaum welche, die sich des „kleinen Mannes" annahmen. Der Wolfurter Lehrer Wendelin Rädler (1835–1913) hatte von den Ideen Friedrich Wilhelm Raiffeisens gehört und rief in Vorarlberg die Bauern zur Selbsthilfe auf. Nach der großen Rheinüberschwemmung in Lustenau im Jahre 1888 war schließlich die Not so groß, dass dort am 1. Mai 1889 die erste Spar- und Darlehenskasse des Landes nach den Ideen Friedrich Wilhelm Raiffeisens eröffnet wurde. Obwohl die Genossenschaft eine zeitgemäße Rechtsform darstellt, ist ihre Bedeutung gut einhundert Jahre nach der Gründung der ersten genossenschaftlichen Raiffeisenbank in Vorarlberg etwas in den Hintergrund geraten.

In den letzten Jahrzehnten haben andere Werte die Wirtschaft regiert. Es ging mehr ums Kapital und dessen Rendite. Das sind Werte, die in einer Welt, die sich an Wachstum orientiert, im Vordergrund stehen. Gemeinsam ein Ziel zu verfolgen und sich gegenseitig zu stärken, bekommt dann wieder Wert, wenn das Umfeld schwieriger wird. Deshalb wächst die Bedeutung der Genossenschaften. Je stärker Globalisierung und Kapitalismus werden, desto mehr werden Genossenschaften zur Alternative.

Waren es in der Gründungszeit Armut und soziale Ungerechtigkeiten, so beschäftigen heute neue Themen wie alternative Energie, soziale Verantwortung in Vereinen oder sinnerfülltes Älterwerden die Menschen.

Da bankrechtliche Vorschriften in hohem Maße das Handeln von Banken beeinflussen, ist es auch für Genossenschaftsbanken schwierig, sich einem allgemeinen Trend entgegen zu stellen und ihrer Gründungsidee gerecht zu werden. So konstatieren auch die Verantwortlichen der Raiffeisenbank selbstkritisch, dass ihre Bankengruppe in der Vergangenheit oft mehr bloße Bank als Genossenschaft war. Heute versuchen die Raiffeisenbanken ihren Förderauftrag mehr und mehr auf die Unterstützung regionaler Bedürfnisse auszuweiten und damit mehr für lokale Wirtschaftstreibende, für Gemeinden und Vereine zu tun.

Das gilt für die finanzielle Nahversorgung insgesamt, aber auch für den Kulturauftrag der Bank im Bereich des Sponsorings von Vereinen und speziellen Initiativen.

Bei der Hochwasserkatastrophe 2005 war der Genossenschaftsgedanke für Raiffeisen wieder hochaktuell. Die Raiffeisen-Banken-Gruppe gewährte den Betroffenen eine zinslose finanzielle Soforthilfe.[30]

Die Abbildung zeigt die Hochwasserkatastrophe 2005 in Au im Bregenzerwald, die viele Menschen in ganz Vorarlberg betraf.

Kontinuität

Was Genossenschaften und Raiffeisen Vorarlberg auszeichnet, ist Kontinuität und Nachhaltigkeit. Es geht nicht um kurzfristige Erfolge, sondern um den Erhalt und die Mitgestaltung des Lebens- und Wirtschaftsraums.

Mitglieder

der Raiffeisen-Banken-Gruppe sind die 23 Raiffeisenbanken in Vorarlberg:
Alberschwende, Altach,
Am Bodensee, Am Hofsteig, Au,
Bezau-Mellau-Bizau, Bludenz,
Feldkirch, Frastanz-Satteins,
Götzis, Hohenems,
Walser Privatbanken,
Langen-Thal, Lech, Leiblachtal,
Mittelbregenzerwald,
Im Montafon,
Rankweil, Im Rheintal,
Vorderbregenzerwald,
Vorderland,
Walgau-Großwalsertal, Weißachtal,
sowie die
Raiffeisenlandesbank Vorarlberg

Solidarität in der Not

Raiffeisen ist in Vorarlberg anlässlich der großen Rheinüberschwemmung von 1888 als Genossenschaft entstanden. Bei der Hochwasserkatastrophe 2005 war der Genossenschaftsgedanke in Vorarlberg wieder hochaktuell. Die genossenschaftliche Raiffeisen-Banken-Gruppe gewährte den Betroffenen eine zinslose finanzielle Soforthilfe.

Hilfe zur Selbsthilfe

Als Wendelin Rädler von den Ideen Friedrich Wilhelm Raiffeisens (1818–1888) hörte, der in Deutschland die Bauern zur Selbsthilfe aufrief, entschloss er sich mit seinem Freund Johann Kohler, Vorträge in Vorarlberg über die Selbsthilfe-Idee Raiffeisens zu halten. Doch es war eine ungeheure Überredungskraft nötig, ehe die misstrauischen Bauern von den Vorteilen einer Genossenschaft überzeugt waren und beitraten. Nach der großen Rheinüberschwemmung in Lustenau im Jahre 1888 war schließlich die Not so groß, dass dort am 1. Mai 1889 die Spar- und Darlehenskasse nach den Ideen Friedrich Wilhelm Raiffeisens eröffnet wurde. Bereits am 1. Juli des gleichen Jahres folgte eine Gründung in Wolfurt.[31]

Zukunftsvisionen

Die Ideen Friedrich Wilhelm Raiffeisens dienen der Raiffeisen-Banken-Gruppe nach wie vor als Leitbild, wenn sie vorarlbergspezifische Themen umsetzt.
Beispiele zur Gestaltung des Lebens- und Wirtschaftsraumes mit Hilfe der Raiffeisen-Banken-Gruppe sind:
im kommunalen Bereich die Projekt- und Strukturentwicklungsgenossenschaft PSG → S. 118,
„Wohnen im Alter" → S. 126,
regionale Impulse, wie sie beispielsweise die Walserholding-Genossenschaft → S. 132, setzt.
Unterstützung von Projekten im Bereich alternative Energie,
Förderung von Vereinen und vieles mehr.

Überschwemmung 1888 beim Gasthaus Engel, Lustenau.

Raiffeisen-Banken-Gruppe Vorarlberg
Genossenschaften
www.raiba.at

Raiffeisen Genossenschaft
Mitgliederporträt
Raiffeisenbank Feldkirch
www.raibafeldkirch.at

Der Seminarraum im „Altstadthaus Sonne" mit der einzigartigen spätgotischen Raumausstattung von 1474.

Kemenate und Gemach

Als Reaktion auf vermehrte Anfragen von Kunden nach adäquaten Räumlichkeiten, die ein selbstbestimmtes Wohnen im Alter ermöglichen, entwickelten 2006 die Verantwortlichen der Raiffeisenbank Feldkirch, Richard Erne und Stefan Vetter, mit ihrem Team die Idee einer anderen Art von Altersvorsorge und setzten sie schließlich um: Seit 2008 wird ein neues, zweckorientiert für „Wohnen im Alter" gestaltetes Gebäude in Feldkirch-Gisingen fast ausschließlich von älteren Menschen bewohnt. Für die Realisierung haben sich die Projektbetreiber mit den Anforderungen von altersgerechtem Wohnen auseinandergesetzt. Das bedeutete zunächst, die Wohnanlage in einem Gebiet mit umfassender Infrastruktur zu situieren, um die Nähe zu Post, Bäckerei und Arzt zu gewährleisten. Wichtig waren außerdem eine barrierefreie Ausstattung sowie eine altersgemäße Beleuchtung und Farbgebung der Räume. Im Mietvertrag wird das Wohnrecht der Mieter auf Lebenszeit sichergestellt. Ausgehend vom Erfolg des Gisinger Wohnprojektes entstanden bei der Renovierung des so genannten Stöckelgebäudes in der Feldkircher Innenstadt vier Wohnungen analog dem Modell „Wohnen im Alter". Diese stellen eine besondere Art der Mitglieder-Förderung dar. Die Weiterbelebung des Gebäudes ist auf Kostendeckung und nicht auf Gewinn orientiert. Langfristig bleibt dank der genossenschaftlichen Philosophie historisch wertvolle Bausubstanz erhalten. Alles in allem ist dies ein solidarischer Beitrag zu einer lebendigen Innenstadt.[32]

Licht und Farbe spielen eine entscheidende Rolle in der Innenausstattung der Räume. Speziell in den Räumen von älteren Bewohnern wird auf die visuell ergonomische Kontrastwirkung Wert gelegt.

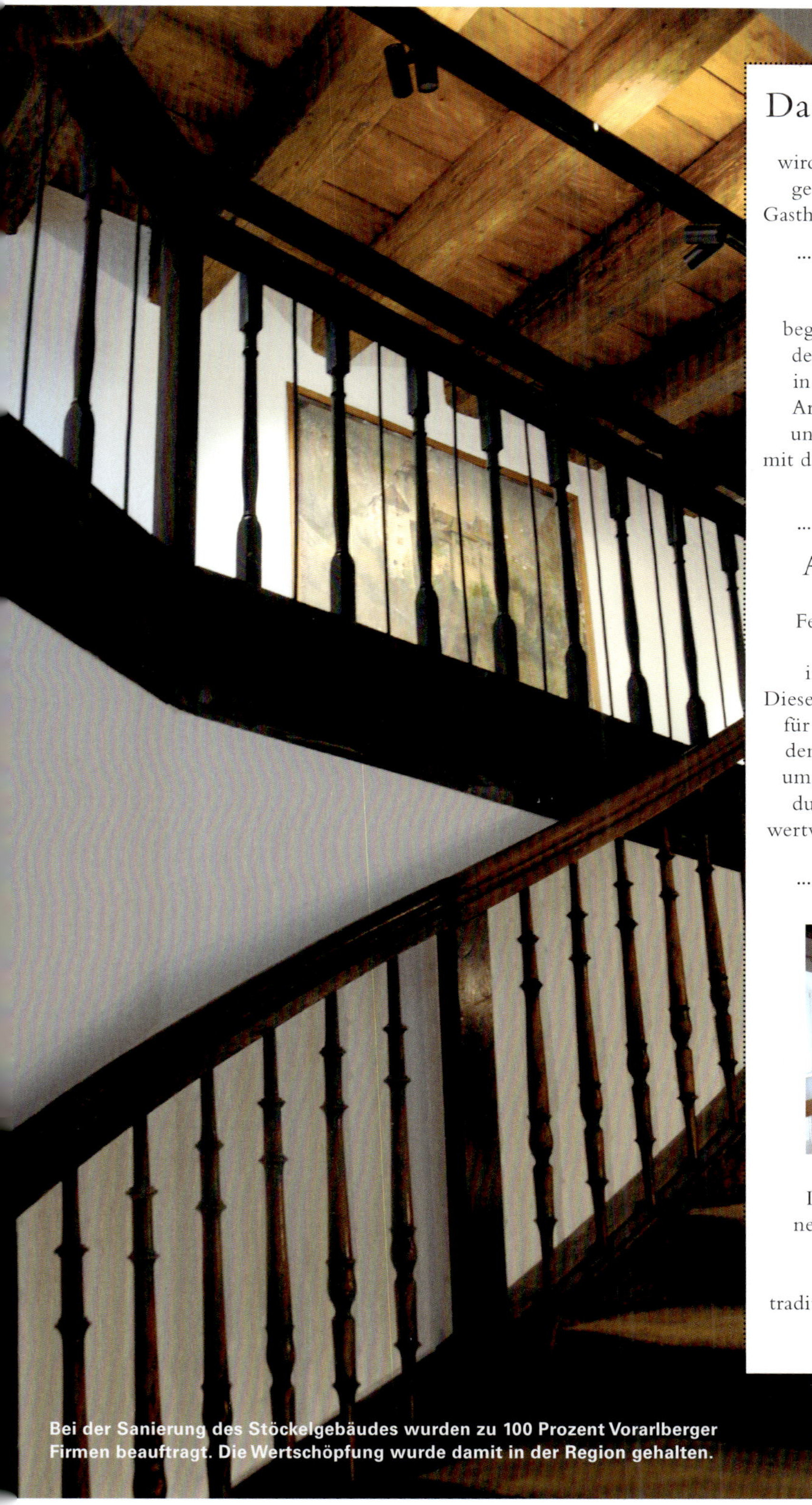

Bei der Sanierung des Stöckelgebäudes wurden zu 100 Prozent Vorarlberger Firmen beauftragt. Die Wertschöpfung wurde damit in der Region gehalten.

Das Stöckelgebäude

wird auch „Altstadthaus Sonne“ genannt, da hier bis 1968 das Gasthaus Sonne untergebracht war.

Im Jahr 2008

begannen die Verantwortlichen der Raiffeisenbank Feldkirch in Zusammenarbeit mit dem Architekten Josef Schwärzler und dem Bundesdenkmalamt mit der Planung zur Restaurierung des Gebäudes.

Als Genossenschaft

hat die Raiffeisenbank Feldkirch den Förderauftrag ihrer Mitglieder in den Statuten verankert. Dieser wurde mit Mietwohnungen für „Wohnen im Alter“ analog dem Wohnprojekt in Gisingen umgesetzt. Gleichzeitig konnte durch die Gebäudesanierung wertvolle innerstädtische Substanz erhalten werden.

Im Gebäude befinden sich neben zwei Geschäften auch neun Appartements, welche vom ebenfalls traditionsreichen Hotel Alpenrose bewirtschaftet werden.

Stöckelgebäude

Der Kern des in der Feldkircher Altstadt gelegenen Gebäudes stammt aus dem Spätmittelalter. Das Haus wurde aber später mehrfach um- und ausgebaut. Die beiden Straßentrakte zur Neustadt beziehungsweise zur Entenbachgasse hin weisen den größten Bestand an historischer Substanz und Ausstattung auf. Der schlichte Mitteltrakt in Fachwerkbauweise ist statisch am schwächsten. Deshalb ist hier ein neues Treppenhaus samt Lift zur Erschließung aller Trakte situiert.

Veroneser Siena

Im vorderen Teil war einst eine Gaststube mit einer eindrucksvollen spätgotischen Decke. Die ursprünglich unbehandelte Deckenoberfläche wurde etwa um 1520 zusammen mit den Mäanderschnitzereien in hellgelbem Ocker – „Veroneser Siena"– bemalt und 2011 aufwändig restauriert.

Im gewölbten Kellerraum sind die originalen Putzoberflächen erhalten geblieben.[33]

Brunnen im Innenhof, 2012.

Raiffeisenbank
Walgau-Großwalsertal
Mitgliederporträt
Müller Ofenbau Ludesch
www.muellerofenbau.at

Beständigkeit

Ausgestattet mit handwerklichem Geschick, einem Rucksack und einem Motorrad wagte der junge Hafnermeister Josef Müller im Jahr 1954 den Sprung in die Selbständigkeit. Es war die Zeit nach der Lawinenkatastrophe im Großen Walsertal, in der viel Aufbauarbeit geleistet werden musste. Für die Gründung einer eigenen Firma brauchte man damals als Hafner und Fliesenleger relativ wenig Kapital. Dennoch wurde Josef Müller zuerst Mitglied bei der Raiffeisenbank-Genossenschaft in Thüringen und war später dort auch im Vorstand tätig. Dies war in den 1960er Jahren, zur Zeit des Wirtschaftswachstums, in der es schien, als würde der Ofenbau zum Auslaufmodell werden. Denn der Betriebsschwerpunkt lag damals auf dem Fliesenlegen. Dennoch hielt Josef Müller am Ofenbau fest. Ab den 1970er Jahren, nach dem ersten und dem zweiten „Ölschock", änderte sich das Bewusstsein zugunsten alternativer Heizmöglichkeiten. Bis zu zwei Jahre mussten Kunden nun auf einen Ofen warten. 1988 übernahmen die beiden Söhne Bertram und Harald Müller die Firma, und auch die Mitgliedschaft in der Genossenschaft. Anfänglich führten sie den Weg des Vaters weiter, der Ofenbau rückte jedoch immer mehr in den Vordergrund. Daraus entwickelte sich eine Zusammenarbeit mit dem in Schlins ansässigen Lehmbauer Martin Rauch. Es entstanden der transportable Lehmstampfofen „Lehmo" und eine Kooperation zwischen Müller Ofenbau und Lehm Ton Erde, die sich bis heute durch eine enorme Nachfrage als zukunftsträchtig erweist. Ebenso beständig hat sich die vom Vater übernommene Mitgliedschaft in der Genossenschaft erwiesen. Für die Geschäftsführer bedeutet sie vor allem in wechselhaften Zeiten Beständigkeit in der Beziehung mit einem regionalen Bankpartner.[34]

Bertram Müller, rechts und Mitarbeiter Daniel, links, in der Werkstatt.

Bertram Müller (rechts) und Mitarbeiter Daniel (links) bei der Fertigung eines Ofens.

Müller Ofenbau

wurde 1954 von Josef Müller gegründet und wird in zweiter Generation seit 1988 von Bertram und Harald Müller geführt. Josef Müller war bereits Mitglied bei der Raiffeisen Genossenschaftsbank, auch seine Söhne führen die Mitgliedschaft weiter.

Lehmo

ist ein individuell vorgefertigter Ofen. Er wird in einem Stück aus Lehm gestampft, er ist fugenlos und ohne Armierung, mit moderner Ofenbautechnik ausgerüstet und problemlos transportierbar. Dadurch kann der Ofen in vielen Fällen komplett in der Werkstatt produziert werden.

Zur Auswahl stehen Oberflächen aus Stampflehm, Keramik, Stahl, Kasein, Verputz oder Beton.

Ganzhausheizung

Der Ofen kann auch als Ganzhausheizung gebaut werden. Ein eingebauter Wärmetauscher macht dies möglich. Der Speicherofen eignet sich hervorragend für Niedrigenergie- und Passivhäuser, und zwar als alleinige Heizung in Kombination mit einer Solaranlage.

Der Hohe Ifen mit dem Gottesackerplateau im Kleinwalsertal.
Das Karstgebiet zählt zu den größten und interessantesten Europas.

Walser Raiffeisen Holding

eGen.

Besteht in der gegenwärtigen Form seit 1993
Zweck: Förderung der wirtschaftlichen Entwicklung ihrer Mitglieder
Genossenschaftssitz: Gemeinde Mittelberg, Kleinwalsertal
Vorsitzender des Vorstandes: Mag. Willi Fritz
Vorsitzender des Aufsichtsrates: Dr. Klaus Kessler
Mitglieder: 1.396
www.raiffeisenholding.at

Walser Raiffeisen Holding
Gemeinde Mittelberg, Kleinwalsertal
www.raiffeisenholding.at

Das Ifen Hotel, 2012 nach dem Umbau.

Walser Dialoge

Das Kleinwalsertal ist stark vom Tourismus geprägt. Der Großteil der Bevölkerung arbeitet und lebt in und von dieser Branche. Vieles dreht sich um die Frage: „Wie geht's dem Tal und wie steht's um den Tourismus?" – und trotzdem hat nicht jeder Bewohner oder Unternehmer Kapazitäten frei, sich Gedanken um zukünftige Projekte, Entwicklungen und Umsetzungen zu machen. Das tut die Walser Raiffeisen Holding, eine Genossenschaft. Bei ihr geht es nicht nur um Posten in der Gewinn- und Verlustrechnung – sie bietet Raum für Diskussionen über den Ist-Stand des Tales und Zukunftsperspektiven. Geichzeitig ist sie eine wesentliche Akteurin in der Umsetzung. Die von der Walser Raiffeisen Holding seit 1995 alljährlich veranstalteten Walser Dialoge greifen Themen auf, die bei den Mitgliedern im Tal präsent sind.
Der gelungene „Rettungskauf" des Ifen Hotels steht exemplarisch für die talbezogenen Aktivitäten der Genossenschaft. Denn dadurch wurde verhindert, dass das Gebäude in ein Billighotel umfunktioniert wurde. Das wäre für das ganze Kleinwalsertal eine unerwünschte Entwicklung gewesen. Der Umbau und die Ausstattung des Fünf-Sterne-Hauses bedeuteten eine der größten Investitionen im Tal.
Glaubt man den Experten, so gibt es im Wintertourismus keine Alternativen zum Schisport. Gleichzeitig wird die Balance zwischen der Entwicklung der Schisportmöglichkeiten und der für das Tal unumgänglichen Erhaltung der Natur immer prekärer. Darum hat sich die Genossenschaft an den Bergbahnen beteiligt: Sie will auf diese Weise gemeinsamen Anliegen in der Entwicklung des Tales mehr Gewicht verschaffen.
Das Engagement der Walser Raiffeisen Holding beim Allgäu Airport in Memmingen hat dazu beigetragen, dass dort ab Sommer 2012 die von den Tourismusbetrieben lang ersehnten Inlandsverbindungen innerhalb Deutschlands wieder aufgenommen wurden.
Die Walser Raiffeisen Holding motiviert, nicht zuletzt durch ihre „Dialoge", die Menschen, gemeinsam und eigenverantwortlich Probleme aufzugreifen. So spielen auch alternative Energien wie das genossenschaftlich betriebene Biomassewerk im Tal eine bedeutende Rolle.[35]

Die Abbildung zeigt Klaus Kessler im März 2012 am Allgäu Airport.

Genossenschaftliche Grundlagen der Holding

haben eine lange Tradition. Zunächst als Genossenschaftsbank im Sinne der Uridee von Friedrich Wilhelm Raiffeisen gegründet, wurde 1993 aus der Genossenschaftsbank die Raiffeisenbank Kleinwalsertal AG. Die Walser Raiffeisen Holding ist 1993 aus der ursprünglichen Genossenschaftsbank entstanden.

Die Genossenschaft ermöglicht ihren Mitgliedern eine demokratische, partnerschaftliche Zusammenarbeit. Sie motiviert die Menschen, gemeinsam und eigenverantwortlich Probleme zu lösen. Die Walser Raiffeisen Holding fördert öffentliche, kulturelle und soziale Anliegen im Kleinwalsertal.

Der Film „Was göönd mi d' Gescht aa?“

wurde von der Walser Raiffeisen Holding anlässlich der „Dialoge“ produziert und dort im Jahr 2012 dem Publikum präsentiert. Er behandelt die Tourismusgesinnung und den Umgang mit dem Gast. Dieser Film wurde bei den 25. Internationalen Wirtschaftsfilmtagen mit der „Silbernen Victoria“ ausgezeichnet.

Bei der Entwicklung der Genossenschaft „Bioenergie Kleinwalsertal“ und der Realisierung ihres Heizwerks war die Walser Raiffeisen Holding maßgeblich beteiligt.

Seilweg Schnifis Schnifisberg

Gegründet 1961
Zweck: Zubringer für Bauern am Schnifisberg
Genossenschaftssitz: Schnifis
Obmann: Armin Amann
Mitglieder: 18
www.region-dreiklang.at/seilbahn

Bergbauern von Schnifisberg vor dem Bau der Seilbahn – im Winter bei der Holzarbeit.

Berg- und Talfahrten

Noch in der Mitte des 20. Jahrhunderts gab es keine Straße auf den 1.350 m hohen Schnifisberg. Heute ist es kaum mehr vorstellbar, dass die dort ganzjährig wohnenden Bergbauernfamilien vor der Eröffnung der Seilbahn 1961 großteils Selbstversorger waren oder ihre Lebensmittel auf den Berg hinauftragen mussten. Der tägliche Fußweg für die Kinder zur Schule dauerte hin und zurück je eine Stunde, und im Winter war er noch schwerer zu bewältigen. Um die Abwanderung aus der Bergparzelle zu verhindern, wurde das Zubringerproblem nach langen Mühen schließlich mit dem Bau einer Seilbahn gelöst. Der ließ sich, neben der finanziellen Beteiligung durch das Land Vorarlberg, nur durch den Kauf von Besitzanteilen und viel Eigenleistung der zwölf Bergbauernfamilien verwirklichen. Kurze Zeit später wurde eine Straße auf den Berg gebaut. Dennoch war die Bahn durch den aufkommenden Tourismus in den ersten zehn Jahren gut ausgelastet. Als die Zeit der „Sommerfrischler" abflaute, begann für das „Bähnle" eine wechselvolle Geschichte mit vielen „Berg- und Talfahrten". Die Situation besserte sich für eine Weile mit dem Bau eines Schiliftes sowie der Gründung einer Gleitschirm-Flugschule in Schnifis. Doch auch das konnte den längerfristigen Abwärtstrend der Bahn nicht aufhalten: 2003 drohte deren Einstellung. Ein neues Konzept für den Erhalt der Seilbahn musste entwickelt werden. Engagierte Bürger bemühten sich nun, die Schließung zu verhindern. Danach wendete sich das Blatt innerhalb kürzester Zeit. Neben der Erneuerung der gesamten Seilbahntechnik wurde das Henslerstüble bei der Bergstation in Zusammenarbeit mit einem Lehrlingsprojekt der Vorarlberger Zimmererinnung umgebaut. Nun können Gäste bei jeder Witterung bewirtet werden. Mit den Genossenschaftern beteiligten sich auch viele Bürger an dem Erhalt der Bahn und gründeten einen Förderverein. Um weitere Kräfte zu bündeln, gingen die Betreiber mit der Dreiklang-Region Schnifis, Düns und Dünserberg eine Kooperation ein. Heute redet niemand mehr vom Zusperren, im Gegenteil – das Engagement der Bevölkerung für ihr „Bähnle" und die Verbundenheit mit der traditionsreichen Seilbahn sind in der ganzen Region spürbar.[36]

Der Seilbahnbau verhinderte die Abwanderung vom Schnifisberg. Auch der tägliche Weg der Kinder zur Schule wurde wesentlich verkürzt, auch wenn das „Bähnle“ in starken Wintern manchmal im Schnee versank.

Auf den Schnifisberg

gab es bis in die 1960er Jahre keine Straßenverbindung. Die dort wohnenden Bauern waren großteils Selbstversorger, deren Kinder einen langen Fußweg zur Schule hatten.

Das Zubringerproblem

wurde mit dem Bau einer Seilbahn gelöst.

Die Baukosten

mussten zum Großteil von den zwölf Bergbauernfamilien getragen werden. Sie erbrachten ihren Anteil durch das Ableisten von Arbeitsstunden beim Bau der Bahn.

Die erste Satzung

der Seilweggenossenschaft wurde am 20. Jänner 1957 beschlossen. Die Eröffnung der Bahn erfolgte am 3. April 1961.

In den ersten zehn Jahren konnten durch den aufkommenden Tourismus 250.000 Fahrkarten verkauft werden. Ab 1976 verringerte sich die Nachfrage, und trotz des Baus eines Schiliftes in den 1980er Jahren verschlechterte sich die finanzielle Situation der Seilbahn. 2003 drohte die Einstellung.

Nach einer Grundreform mit Bürgerbeteiligung und der Erweiterung des Henslerstübles bei der Bergstation bilanziert das „Bähnle“ gegenwärtig finanziell positiv. Es wird auch von der einheimischen Bevölkerung wieder angenommen.

Durch den flächendeckenden Winterdienst des Maschinenring-Service werden die Fahrverhältnisse in Vorarlberg sicherer.

Maschinenring Service Vorarlberg

reg.Gen.m.b.H.

Gegründet Juni 1998
Zweck: landwirtschaftlichen Betrieben zusätzliches Einkommen zu bieten
Genossenschaftssitz: Bregenz
Obmann: Ing. Armin Schwendinger
Mitglieder: sechs
www.maschinenring.at/vorarlberg

Maschinenring-Service
Vorarlberg
www.maschinenring.at/vorarlberg

Bei der Arbeit

Bis in die 1970er Jahre liehen sich die Bauern ihre Maschinen zunehmend gegenseitig aus. Nachbarschaftshilfe war damals im ländlichen Bereich besonders stark ausgeprägt. So formierten sich die ersten Maschinenringe als Vereine im Bregenzerwald, im Unterland und im Oberland, um den Austausch der Geräte zu koordinieren. Bald kamen auch Anfragen für Winterdienst und Grünraumdienste aus der gewerblichen Wirtschaft, von Privatpersonen oder von Kommunen – ein willkommenes Nebeneinkommen für viele Bauernfamilien, von denen nur mehr wenige als Vollerwerbslandwirte das Auskommen finden. Damit die Bauern ihre Dienstleistungen gewerberechtlich legal erbringen können, war die Bildung einer eigenen Gesellschaft nötig – des Maschinenring Service (MRS). Da bei den Maschinenringen nur Landwirte Mitglieder sind, war von Anfang an klar, dass die Wahl der neuen Gesellschaftsform auf eine Genossenschaft fiel. Da sich die Mitglieder aktiv in die Genossenschaft einbringen wollen und müssen, kann umgekehrt der Maschinenring-Service auch auf die besonderen Bedürfnisse der Bauern achten. Denn manche stehen in den Sommermonaten durch die Bewirtschaftung ihrer Alpe der Genossenschaft nicht zur Verfügung, während andere das ganze Jahr hindurch zusätzliche Ressourcen frei haben. Durch den großen Kundenstamm kann der Maschinenring-Service die Auftragsdurchführung das ganze Jahr hindurch sehr flexibel den Kapazitäten der Mitglieder anpassen. Mit den Landwirten vor Ort kann die Genossenschaft Aufträge flächendeckend in ganz Vorarlberg erfüllen.[37]

Für den ausgebildeten Baumpfleger Jonathan Fetz ist kein Baum zu hoch. Mit einem fachgerechten Schnitt wird die Vitalität gestärkt, die Lebensdauer verlängert und die Verkehrssicherheit gegeben. Die Bäume bleiben dadurch lange gesund und sicher.

Drei Maschinenringe

In Vorarlberg bestehen die drei Maschinenringvereine Bregenzerwald, Oberland und Unterland mit 2.641 Mitgliedern.

Diese drei MR-Vereine

bilden zusammen mit drei weiteren Mitgliedern die Genossenschaft Maschinenring.

Indirekt haben somit die Landwirte über ihre Vereine ein Mitspracherecht in der Genossenschaft.

Rund 500

Bäuerinnen und Bauern waren im Jahr 2011 als Dienstleister im Winter- und im Sommerdienst tätig.

Der Maschinenring-Service

bietet den Bauern ein Zusatzeinkommen und den Kunden vorarlbergweit flächendeckend professionelle Grünraumdienste wie Baumpflege, Gartengestaltung, Grünraumpflege, aber auch Forstdienste, Hackguterzeugung, kommunale Dienstleistungen, Erdbewegungen, Winterdienst und vieles mehr.

Der Gemüseanbauer Martin Metzler ist auf den Anbau von Kartoffeln spezialisiert.
Hier arbeitet er in seinem Zucchinifeld am Fuße des Hohen Frassen in Ludesch.

Garten-, Obst- und Gemüsebaugenossenschaft Vorarlberg

reg.Gen.m.b.H.

Gegründet Jänner 1948
Zweck: Einkauf und Vermarktung von Garten-, Obst- und Gemüseprodukten
Handel mit Fachprodukten für Gärtner
Genossenschaftssitz: Lustenau
Obmann: Gebhard Kopf
Mitglieder: 81

Die Früchte des Bodens

Aufgrund der klimatischen und topografischen Gegebenheiten zählte Vorarlberg nicht zu den bevorzugten Acker-, Obst-, und Weinbaugebieten. Ackerbau war nur im Rheintal und im Walgau in nennenswertem Umfang möglich. Nach der Eröffnung der Arlbergbahn 1884 nahmen die Ackerflächen im Land weiter ab, da nun günstigeres Getreide aus den Kronländern der Monarchie importiert werden konnte. Zahlreiche Äcker und Wiesen wurden umgewandelt, weil die Viehzucht bessere Erträge versprach. Trotz der Zwangsbewirtschaftung nach dem Ersten Weltkrieg gelang es nicht annähernd, genug Getreide für eine Selbstversorgung des Landes anzubauen. Dagegen führte die Förderung des Kartoffelanbaus in den 1930er Jahren sogar zu einer Überproduktion. Die bebaute Ackerfläche verringerte sich von 1870 bis 1949 um mehr als die Hälfte. Vorarlberg wies unter Österreichs Bundesländern die geringste Fläche an landwirtschaftlich genutztem Ackerland aus.[38]

Um in der schwierigen Zeit des Wiederaufbaus nach dem Zweiten Weltkrieg den Gemüse-Erwerbsgartenbau zu stärken, wurden in mehreren österreichischen Bundesländern Gartenbaugenossenschaften gegründet. Im Jänner 1948 entstand die Garten-, Obst- und Gemüsebaugenossenschaft Vorarlberg. Damals war es das Ziel, die erzeugten Feld- und Gartenbauerzeugnisse aller Art zu verarbeiten und haltbar zu machen. Die Mitglieder bekamen in Lustenau eine Annahmestelle zum Vertrieb ihre Produkte.

Der allgemeine Wandel in der Landwirtschaft hat auch den Obst- und Gemüseanbau in Vorarlberg nicht unberührt gelassen. Es gibt im Lande selbst in diesem Bereich nur mehr wenige größere Nahversorger.

Die Genossenschaft veränderte sich von einer Produktions- und Vertriebsgemeinschaft zu einer Einkaufsgenossenschaft für Gärtnerbedarf. Am 1. Oktober 2010 übernahm die in Wels ansässige „GBC"- GartenBauCentrum-Genossenschaft Österreich die geschäftlichen Aktivitäten der Garten-, Obst- und Gemüsebaugenossenschaft Vorarlberg.[39]

Selbstredend, dass auch der Obmann Gebhard Kopf die speziellen Gärtnerprodukte für seine Gärtnerei von der Genossenschaft bezieht.

Der Vorarlberger Landwirtschaftsverein

wurde 1862 zur Förderung des Obst- und Gemüsebaus gegründet.

Nach dem Ersten Weltkrieg erlebte in Vorarlberg der Obstbau einen Aufschwung. Hier konnten auch anderweitig wenig produktive Hanglagen genutzt werden.

Im Jänner 1948

wurde die Garten-, Obst- und Gemüsebaugenossenschaft Vorarlberg gegründet, um die Feld- und Gartenbauerzeugnisse der Erwerbsbauern und Gärtner zu vermarkten.

In der zweiten Hälfte des 20. Jahrhunderts verringerte sich der Umfang der Ackerflächen und Gärten stark. Grund war der Wandel von einer Agrar- zu einer Industrieregion im Rheintal und im Walgau.

Die Genossenschaft

hat sich in den letzten 50 Jahren von der Absatzgenosssenschaft für landwirtschaftliche Produkte zur Versorgungsgenossenschaft für den Gartenbau gewandelt.

Am 1. Oktober 2010

übernahm die in Wels ansässige „GBC"- GartenBauCentrum-Genossenschaft Österreich die geschäftlichen Aktivitäten der Garten-, Obst- und Gemüsebaugenossenschaft Vorarlberg.

Die „Gesellschaft der redlichen Pioniere von Rochdale" –
die bekannteste der frühen Konsumgenossenschaften (1844).

Konsum Genossenschaften

Erste Gründung in Vorarlberg 1876 in Hard
Zweck: lokale Nahversorgung
Konsumgenossenschaften in Vorarlberg:
Bizau, Düns und Dünserberg, Göfis,
Höchst, Hörbranz, Lauterach, Mellau, Montafon, Nüziders,
Satteins, Schnifis, Schwarzenberg, Silbertal,
Sonntag, Übersaxen

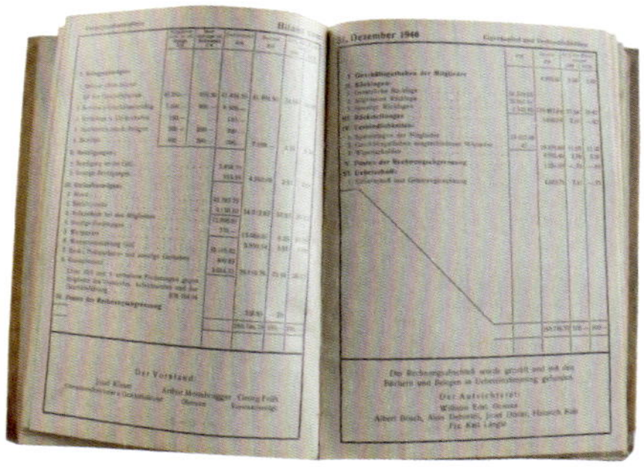

Rechnungsabschluss der Verbrauchergenossenschaft Hard für die Zeit vom 1. Jänner bis zum 31. Dezember 1940 (64. Geschäftsjahr).

Gleiches Stimmrecht

Die Konsumgenossenschaften sind als ein Ergebnis der Industrialisierung überall in Europa entstanden. Arbeiter und Bauern fanden sich im 19. Jahrhundert auf diese Weise zusammen, um ihre Versorgungslage zu verbessern. Eine der ersten dieser Verbrauchergenossenschaften war die „Gesellschaft der redlichen Pioniere von Rochdale", die „Rochdale Society of Equitable Pioneers". Am 21. Dezember 1844 eröffneten 28 Gründungsmitglieder in Rochdale bei Manchester ihren Laden und formulierten die Grundprinzipien, die weltweit zur Leitlinie der Konsumgenossenschaftsbewegung werden sollten: Gleiches Stimmrecht – jedes Mitglied hat eine Stimme, unabhängig von der Höhe der Einzahlung. Jedermann kann der Genossenschaft jederzeit zu den gleichen Bedingungen beitreten wie die bisherigen Mitglieder. Rückvergütung – je mehr ein Mitglied bei der Genossenschaft kauft, umso größer soll seine Beteiligung am Überschuss sein. Verkauf nur gegen Barzahlung. Lieferung unverfälschter Ware mit vollem Gewicht. Politische und religiöse Neutralität.[40]

1873 berichteten heimkehrende Arbeiter aus dem Elsass in Hard über das genossenschaftliche Wirken verschiedener Arbeiterorganisationen, worauf in der Gemeinde ein Arbeiterverein und 1876 die erste Konsumgenossenschaft Vorarlbergs gegründet wurden. Aus anfänglich 35 Mitgliedern und 2400 Gulden Startkapital waren zwei Jahre später 100 Mitglieder mit 40.000 Gulden Jahresumsatz geworden. In den folgenden Jahren wurden in ganz Vorarlberg zahlreiche Konsumgenossenschaften gegründet. Sie erreichten 1967 die größte Anzahl an Betriebsstätten mit 61 Filialen der Vorarlberger Konsumgenossenschaft (VKG), 53 Geschäften der Ortskonsumvereine (OKV) und drei Forumkaufhäusern.[41] Von der Insolvenz des Konsums Österreich im Jahr 1995 blieben einige kleinere regionale Konsumgenossenschaften, die vorher aus Ortskonsumgenossenschaften bestanden hatten, unberührt.[42]

Durch Neugründungen auf genossenschaftlicher Basis konnte die Nahversorgung in einzelnen Vorarlberger Ortschaften erhalten bleiben, wie dies die Beispiele des Gurtiser Lädeles oder von Rosa's Lädele → S. 152 in Dornbirn zeigen.

Die Filiale des Dornbirner Konsumvereins im Oberdorf. 1890 wurde in Kehlegg die erste landwirtschaftliche Genossenschaft Vorarlbergs gegründet. 1899 wurde sie in die Konsumgenossenschaft Dornbirn umgewandelt.

1844

in Rochdale, Mittelengland: 28 Webereiarbeiter gründen den ersten Konsumverein von dauerndem Bestand.

1856

werden die Ideale von Rochdale bei der Gründung des ersten wechselseitigen Unterstützungsvereins der Fabrikarbeiter zu Teesdorf in Niederösterreich übernommen.

1876

gründeten 35 Bauern und Arbeiter in Hard den ersten Vorarlberger Konsumverein. Der Geschäftsanteil betrug 12 Gulden, dies entsprach zwei Wochenlöhnen. Die gezeichneten Anteile bildeten einen Teil des Startkapitals. Der Konsumladen wurde am 4. März im Haus des Gebhard Karrer eröffnet.[43]

1995

Bei der Liquidation des Konsum Österreich blieben einige kleinere regionale Konsumgenossenschaften – meist eigenständige Ortskonsumvereine – von der Insolvenz unberührt.

2011

Neben den registrierten Konsumgenossenschaften gibt es in Vorarlberg auch registrierte Handelsgenossenschaften wie das Gurtiser Lädele oder Rosa's Lädele, die zur Nahversorgung beitragen.

Der Laden im Jahr 1939 wurde damals von Franz Klocker gepachtet. V.l.n.r.: eine Verkäuferin, der Pächter Franz Klocker, Erna Kohler, geb. Diem, sowie vermutlich Maria, die Schwester von Franz Klocker.

Rosa‘s Lädele
Dornbirn

eGen.

Genossenschaftsgründung 2011
Zweck: Erhaltung der lokalen Nahversorgung im Dornbirner Viertel Vordere Achmühle
Genossenschaftssitz: Dornbirn
Obfrau: Heidi Wagenleitner
Mitglieder: rund 150
www.rosas-lädele.at

Rosa's Lädele
Genossenschaft Dornbirn
www.rosas-lädele.at

Die Namensgeberin Rosa Sandri in ihrem „Lädele", um 1980.

Tradition durch Bürgerbeteiligung

Nur wenige Tante-Emma-Läden, wie „Rosa's Lädele" in der Dornbirner Vorderen Achmühle, konnten sich in die Gegenwart retten. 2011 kam auch dieser Nahversorger in der größten Vorarlberger Einkaufsstadt in Schwierigkeiten. Die Namensgeberin Rosa Sandri hatte das „Lädele", das die Großmutter bereits 1894 gegründet hatte, nach dem Zweiten Weltkrieg von ihrer Mutter übernommen. Über 52 Jahre war Rosa die Seele des Geschäfts, bis sie mit 82 Jahren in den Ruhestand ging. Doch das war nicht das Ende von „Rosa's Lädele", da Andrea Oberhauser zunächst mit einem Partner und ab 2009 alleine den Laden übernahm. Als das Geschäft im Februar 2011 wegen nicht betriebsbedingter Zahlungen Konkurs anmelden und zusperren musste, waren die Stammkunden dermaßen irritiert, dass sich einige bei der Bezirkshauptmannschaft und andere beim Bürgermeister darüber beschwerten. In dieser Zeit entstand die Idee einer Bürgerbeteiligung, um das „Lädele" weiterzuführen. Im September 2011 wurde eine Genossenschaft gegründet, und jeder Bürger, der einen Genossenschaftsanteil erwarb, wurde dadurch zum Miteigentümer am eigenen Nahversorger. Unterstützung kam auch von Bürgern aus anderen Stadtteilen, die eine intakte persönliche Beziehung zu ihrer Nahversorgerin Andrea Oberhauser den anonymen Discountern oder Einkaufzentren vorzogen. Die Menschen kommen gerne hierher einkaufen, trinken Kaffee, genießen das Frühstück oder unterhalten sich miteinander. Dies macht das Ladengeschäft mit Produkten des täglichen Bedarfs zu einem kleinen Kommunikationszentrum. Neue Genossenschaftsmitglieder sind bei „Rosa's Lädele" allzeit willkommen – es gibt bei der Zahl der Mitglieder keine Obergrenze.[44]

Andrea Oberhauser, Rosa's Lädele, Februar 2012.

Albert Salzmann,

der Vater von Rosa Salzmann, verehel. Sandri, konnte den Laden in den 1930er Jahren nicht mehr weiterführen. Die Familie suchte einen Pächter und fand ihn in Franz Klocker.

Rosa Sandri

machte sich etwa 1948 selbständig und übernahm das Geschäft, das 1894 von ihrer Großmutter gegründet worden war.[45] Ihre Lebensphilosophie lautete: „Kommunikation ist das Wichtigste im Leben und fördert das gegenseitige Verständnis."

2009 übernahm Andrea Oberhauser das Geschäft.

Das „Bsundrige"

an Rosa's Lädele ist der Treffpunkt zum Frühstück und viel „Selbstgemachtes" wie: frisches Brot, Käse & Wurst, Joghurt, Honig und hausgemachte Marmeladen, Freilandeier und Nudeln aus dem Leiblachtal, ausgesuchte Weine aus dem Kamptal, liebevoll kreierte „Geschenkskörbe", Wurst- und Käseplatten.

2011 wurde eine Genossenschaft gegründet, damit der Laden weitergeführt werden konnte.

Brauerei Frastanzer

reg.Gen.m.b.H.

Gegründet 1902
Zweck: Unabhängigkeit von Großbrauereien, gemeinsame Vermarktung
Obmann: Lothar Gallaun
Genossenschaftssitz: Frastanz
Geschäftsführer: Kurt Michelini
Mitglieder: etwa 100
www.frastanzer.at

Brauereigenossenschaft
Frastanz
www.frastanzer.at

Martin Reisch war der Gründungsobmann der Brauerei-Genossenschaft.

Im Sudhaus des Braumeisters

Als Antwort auf den zunehmend unprofitablen Betrieb eigener Kleinstbrauereien und auf Initiative des Sonnenwirts Martin Reisch schlossen sich im Jahr 1902 35 Gastwirte zur Frastanzer Braugenossenschaft zusammen. Seit dem 26. Mai 1903 wird in dem mittlerweile denkmalgeschützten Sudhaus Bier auf traditionelle Art gebraut. Verglichen mit dem Ausstoß der global agierenden Braukonzerne ist es eine verschwindend geringe Menge – trotzdem genug, um die Verbraucher mit Bier von höchster Qualität zu beliefern. Während industriell hergestellter Gerstensaft beispielsweise mit Malzzugaben von einem guten Kilo pro zehn Liter auskommen muss, sind es beim „Frastanzer" deutlich mehr als zwei Kilo. Sowohl die aufwändige Offengärung, bei der unerwünschte Geschmacksstoffe täglich abgeschöpft werden, als auch die Kaltabfüllung sind Verfahren, die auf dem von wenigen Großbrauereien beherrschten Weltbiermarkt eigentlich nicht besonders rentabel sind. So jedoch verbindet sich das genossenschaftliche Prinzip direkt mit Qualität und dem Mandat der Nahversorgung. Auch dass jeder dritte Liter Bier an der Rampe verkauft wird, beweist die enge Bindung der Brauerei an ihre Letztverbraucher. Die Genossenschaftsmitglieder profitieren von fairen Preisen, kurzen Wegen und der seit 110 Jahren geltenden Maxime: Qualitätsmaximierung statt Gewinnmaximierung.[46]

Hopfen und Malz

werden mit dem Quellwasser aus dem Drei-Schwestern-Gebiet zum Frastanzer Bier gebraut.

Malz und Wasser werden in der Sudpfanne auf rund 70 Grad erhitzt. Danach wird das ausgekochte Malz von der flüssigen Würze, mit der weitergekocht wird, getrennt.

Der Hopfen

sorgt für die Bitterkeit und die Haltbarkeit des Biers.

Bei der „Frastanzer“ wird der Gärprozess auch heute noch klassisch offen betrieben. Ebenso aufwändig wie dieses Verfahren sind die Filtration und die Kaltabfüllung zur Konservierung.

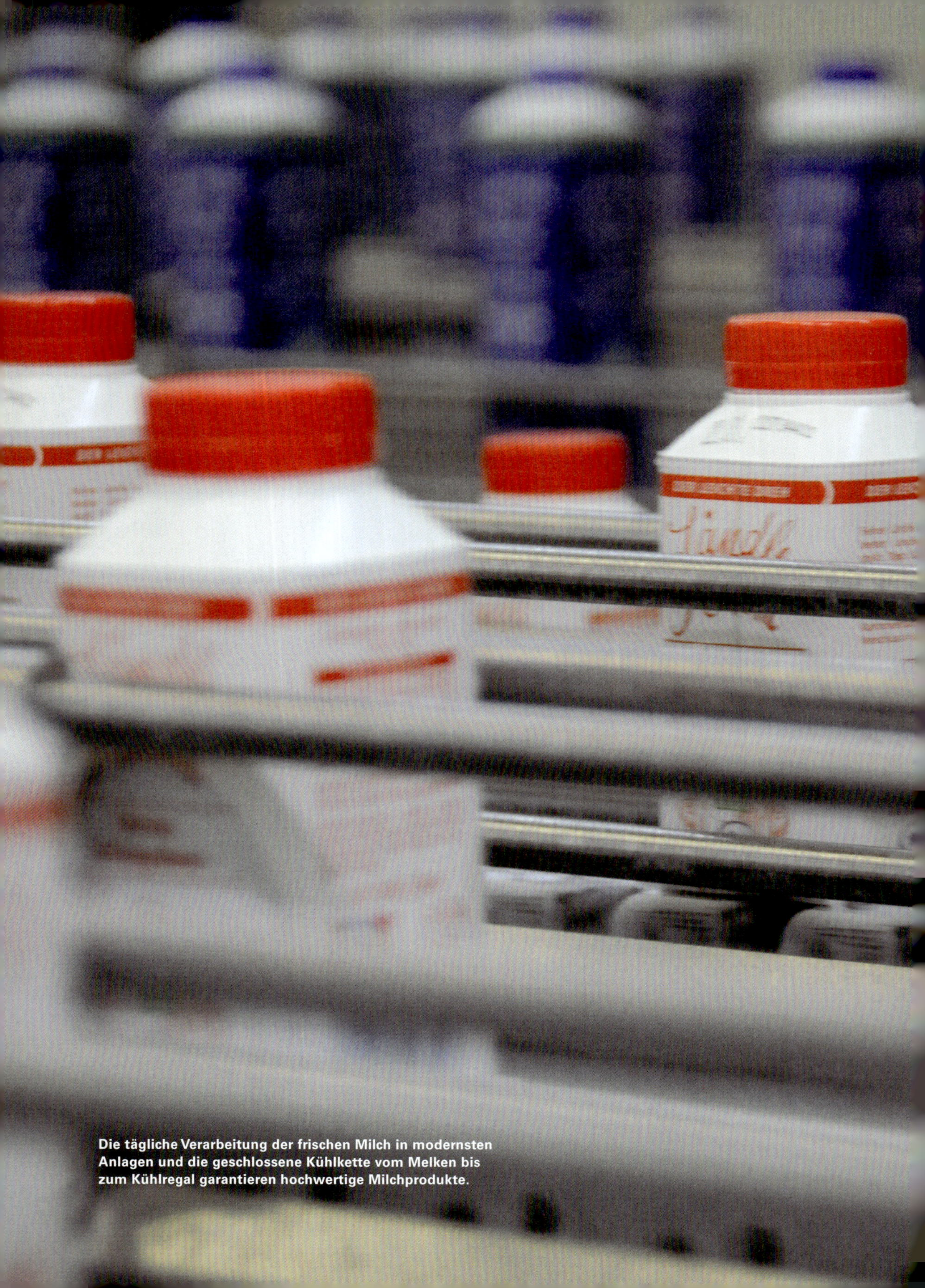

Die tägliche Verarbeitung der frischen Milch in modernsten Anlagen und die geschlossene Kühlkette vom Melken bis zum Kühlregal garantieren hochwertige Milchprodukte.

Vorarlberg Milch

eGen.

Die Großmolkerei Dornbirn und der Milchhof Oberland fusionierten 1993 zur Vorarlberg Milch.
Zweck: sich gemeinsam den Herausforderungen nach dem Beitritt zur EU und der Öffnung des europäischen Milchmarktes zu stellen
Genossenschaftssitz: Feldkirch
Obmann: Reinhard Summer
Geschäftsführer: Raimund Wachter
Mitglieder: etwa 700
www.vmilch.at

Vorarlberg Milch
Feldkirch
www.vmilch.at

Für ihre Käseprodukte wurde die Vorarlbergmilch schon mehrfach mit dem AMA-Käse-Kaiser ausgezeichnet.

Keine Museums-Landwirtschaft

Da die Direktvermarktung von frischen Milchprodukten schnell an ihre Grenzen stößt, formierten sich in der ersten Hälfte des 20. Jahrhunderts Landwirte zu vielen örtlichen Molkereigenossenschaften. Aus ihnen bildeten sich über die Jahre der Milchhof Oberland und die Großmolkerei Dornbirn heraus. Vorarlberg weist topografisch etwa 47 Prozent Alpfläche auf und verfügt über eine kleinstrukturierte Landwirtschaft. Die durchschnittliche Kuhherde besteht aus neun bis zehn Tieren. 1993, zwei Jahre vor dem Beitritt Österreichs zur Europäischen Union und der damit verbundenen Milchpreisliberalisierung, fusionierten die Großmolkerei Dornbirn und der Milchhof Oberland zur „Vorarlberg Milch", um sich gemeinsam den Herausforderungen des europäischen Milchmarktes zu stellen. Zur Differenzierung gegenüber Mitbewerbern im In- und Ausland wurde in dieser Zeit die „Ländle Milch" als erste Milchmarke Vorarlbergs eingeführt. In der Genossenschaft sind ausschließlich wirtschaftlich aktive Mitglieder vertreten, damit nur die Interessen der tatsächlichen Produzenten berücksichtigt werden.

Um nicht zur Museums-Landwirtschaft und folglich zum Auslaufmodell zu werden, müssen die einzelnen Milcherzeuger innovativ bleiben. Sie alle unterliegen einer massiven internationalen Preiskonkurrenz. Die Genossenschaft steht deshalb immer wieder vor der Aufgabe, sowohl die Qualitätsstandards ihrer Produkte zu halten als auch einen akzeptablen Preis für die gelieferte Milch zu zahlen. Es geht schließlich um nichts weniger als um die Existenz und die Zukunft von bäuerlichen Familien.[47]

Mit der Käseharfe wird die eingedickte Milch zum sogenannten Bruch zerteilt.

Bei der Vorarlberg Milch

ist jedes Mitglied auch Teil des Unternehmens.

Jeder Landwirt

erhält aufgrund laufender Analysen eine sofortige Information über die Qualität der angelieferten Milch.

Alle Mitglieder

dieser Genossenschaft müssen aktiv im Berufsleben stehen. Dadurch werden die Interessen der tatsächlichen Produzenten unterstützt.

Die „Ländle Milch“

wurde 1993 als erste und einzige Milchmarke Vorarlbergs eingeführt.

Ihre Qualität basiert auf strengster Hygiene in den Produktionsräumen und auf laufenden Kontrollen des Produktionsprozesses.

Es ist garantiert gentechnikfreie Milch, die zu 100 % aus Vorarlberg stammt

Höchste Frische ist garantiert durch kurze Transportwege bei Sammlung und Lieferung: Durchschnitt pro „Ländle Joghurt“: 30 km, EU: 700 km; maximal zwölf Stunden Lagerung bei konstant 4 °C bis zur Auslieferung.

Der Milchpilz in Bregenz

Systematisch klärte Wendelin Rädler in der zweiten Hälfte des 19. Jahrhunderts das ganze Land in unzähligen Versammlungen über die Idee zur Selbsthilfe auf. Ab 1889 wurden vorarlbergweit Raiffeisenbanken und dazu meist auch Sennereien gegründet, die den Bauern einen sicheren Absatz und einen höheren Ertrag für ihre Produkte gewährleisteten. 1905 gründete Wendelin Rädler die Molkerei Bregenz auf genossenschaftlicher Basis.[48] In der ersten Hälfte des 20. Jahrhunderts wurde die Genossenschaft privatisiert und von Josef Rupp übernommen.
Um den Milchkonsum populär zu machen, errichtete Josef Lerchenmüller – er war der Schwiegersohn von Josef Rupp und spätere Eigentümer der Molkerei – 1953 beim Bahnübergang zu den Bregenzer Seeanlagen einen Milch-Kiosk in Form eines Fliegenpilzes. Schnell wurde der Milchpilz ein beliebter Treffpunkt. In den 1960er Jahren avancierte er zum Kultobjekt. Von den ursprünglich über 50 von der Allgäuer Firma Hermann Waldner KG hergestellten Milchpilzen sind heute nur noch wenige erhalten.
Als Folge mehrerer Molkerei-Zusammenlegungen, aus denen die Vorarlberg Milch entstand, gehört der Milchpilz seit 1993 dem größten Milchhersteller Vorarlbergs und damit einer Genossenschaft.[49]
Im Jahr 2011 wurde der Milchpilz unter Denkmalschutz gestellt.[50]

Vorarlberg Milch Feldkirch

Der Milchpilz in den Bregenzer Seeanlagen in den 1970er Jahren.

Betriebsleiter und Senn Günther Muxel im Käsekeller.

Bergkäserei Schoppernau

reg.Gen.m.b.H.

Die Sennereien Unterdorf und Oberdorf
fusionierten 2001 zur Bergkäserei Schoppernau
Zweck: Vermarktung konkurrenzfähiger Milchprodukte
Obmann: Raimund Beer
Genossenschaftssitz: Schoppernau
Geschäftsführer/Kassier: Kaspar Erath
Mitglieder: 94
www.bergkaeserei.at

„Überall sitzen Bauern auf den umgekehrten Butten und Kübeln, der Senn auf der Stiege und der Berlinger auf einem ins Feuerloch gespannten Brett. Der Franzmichel, Dein guter Freund, sitzt in heldenhaft durchlöcherten Hosen auf der Bank und redet klar, deutlich und mit einer Wärme, die alle hebt und trägt, das hörst Du sogar den Fragen und Einwendungen an, die ihn alle Augenblicke unterbrechen.“[51]

Franz Michael Felder an Kaspar Moosbrugger, Brief vom 18. Februar 1866

Bergkäserei Schoppernau
www.bergkaeserei.at

Der Bauer, Schriftsteller und Sozialreformer Franz Michael Felder (1839–1869).

Die Gemeinschafts-Sennerei

In der Mitte des 19. Jahrhunderts waren beinahe alle Schoppernauer Bauern bei Lechtaler Geldgebern oder beim „Käsgrafen" Gallus Moosbrugger in Schnepfau verschuldet. Die Verschuldung drückte auch den Preis, zu dem sie ihre Produkte verkaufen konnten. Um dem entgegenzuwirken, wollte der Schoppernauer Bauer Franz Michael Felder die Käseproduktion im Bregenzerwald auf genossenschaftliche Basis stellen. Im Sennhaus in Schoppernau traf sich Felder mit den Bauern, um seine Visionen zu erläutern. Ziel war es, die Milch gemeinsam in einem Käsehandlungsverein zu vermarkten. Die Schoppernauer waren jedoch in zwei Lager gespalten. Trotz des Einspruchs von Gallus Moosbrugger gegen die Gründung des ersten Käsehandlungsvereins vermerkt der Schoppernauer Josef Oberhauser 1868: „Wir stehen am Anfang einer neuen Ära. Das hat sich gestern in unserem Dörflein bewiesen, indem die Oberdörfler sich entschlossen haben, ihre Milch gemeinschaftlich in dem landwirtschaftlichen Käseverein zu versennen." Oberhauser hatte 1860 den bei einem Unfall verunglückten Felder aus der Bregenzerache vor dem Ertrinken gerettet, nachdem einige Bauern vorbeigegangen waren, ohne Hilfe zu leisten.[52] Im Winter 1868 gab es bereits acht Vereinssennereien in Schoppernau und Au. Im Jahr 1911 gründeten 27 Bauern aus dem Ober- und Mitteldorf eine Vereinssennerei. 1914 diskutierten die Bauern über einen einzigen gemeinsamen Sennereibetrieb. Das Vorhaben scheiterte an der Standortfrage. In der Wirtschaftskrise nach dem Ersten Weltkrieg verschlechterten sich die Absatzchancen für landwirtschaftliche Produkte. Die Lager waren voll, die Ware drohte zu verderben oder konnte nur mit großen Verlusten verkauft werden. Aus dieser Notlage wurde 1921 von Bregenzerwälder Bauern die Alma Sennereigenossenschaft gegründet. In den 1950er Jahren gab es in Schoppernau nur mehr die vier Sennereien Oberdorf, Unterdorf, Gräsalp und Niederau. Auch in den 1960er/70er Jahren lehnten die Bauern des Dorfes eine zentralistische Sennerei ab. Bei der Generalversammlung am 4. April 2001 wurde schließlich beinahe einstimmig die Verschmelzung der zwei übriggebliebenen Sennerei-Genossenschaften Oberdorf und Unterdorf zur Bergkäserei Schoppernau beschlossen. Neben den Landwirten in Schoppernau hatte die Genossenschaft nun auch Milchlieferanten aus Schröcken und weitere unterstützende Mitglieder. Die Standortfrage löste abermals Diskussionen aus – die Entscheidung fiel auf das Unterdorf. Am 5. Oktober 2002 wurde die neue Sennerei eröffnet. Auch wenn sich das Genossenschaftswesen seit den Gründertagen stark verändert hat, legen die Mitglieder durch die Zusammenlegung der Sennereien Oberdorf und Unterdorf ein klares Bekenntnis zur Genossenschaft ab.[53]

Die Schoppernauer Bergkäserei ist eine Schaukäserei. Hinter großen Glasscheiben kann dem Senner bei Käseproduktion und Käsepflege zugeschaut werden.

Schoppernau

wurde um 1300 besiedelt und 1414 als „Schopernow“ (Schafau) erstmals urkundlich erwähnt. Die Einwohner waren Selbstversorger. Im Mittelalter gab es noch keine gemeinschaftlichen Sennereien. Doch um 1650 wurde auf den Schoppernauer Alpen gemeinschaftlich gesennt (Erzeugung von Sauerkäse).

Am Beginn des 19. Jahrhunderts verschob sich der Schwerpunkt der Käserei von den Alpen in die Täler. Schweizer Senner kamen damals als Lehrmeister der Fettkäserei in den Bregenzerwald. Auf den großen Gemeinschaftsalpen wurden bedeutende Mengen Fettkäse erzeugt. Obwohl der Käsehandel viel Geld in den Bregenzerwald brachte, verschlechterte sich die wirtschaftliche Situation der Bauern. Das Problem lag nicht an der Nachfrage, sondern an der Monopolstellung des Käsehändlers Gallus Moosbrugger, von dem immer mehr kleinere Bauern abhängig wurden.

Um einen besseren Milchpreis und einen größeren Vertrieb zu erreichen, versuchte der Schoppernauer Bauer, Schriftsteller und Sozialreformer Franz Michael Felder 1866, Gallus Moosbrugger zu einer Zusammenarbeit mit den Bauern in einer gemeinsamen Genossenschaft zu gewinnen. Moosbrugger ging darauf aber nicht ein. Ende 1867 wird der von Moosbrugger festgesetzte Milchpreis zum ersten Mal überboten. Im Jahr darauf gibt es in Schoppernau und Au acht Vereinssennereien. Es waren die ersten Sennereien auf genossenschaftlicher Basis in Vorarlberg.[54]

LANDWIRTSCHAFTS-
KAMMER
Ia
FÜR VORARLBERG
Landwirtschaftskammer
Vorarlberg
Ia
lk
Ia
VORARLBERG

Viehzucht Genossenschaft Lustenau

reg.Gen.m.b.H.

Gegründet am 3. Mai 1894
Zweck: Viehzucht und Alpungsmöglichkeiten für Bauern
Obmann: Walter Kremmel
Genossenschaftssitz: Lustenau
Mitglieder: 61
etwa 10 viehhaltend

Gegen Ende des 19. Jahrhunderts ist

in Lustenau

der genossenschaftliche Gedanke auf fruchtbaren Boden gefallen – 1877 war das Gründungsjahr der Konsumgenossenschaft → S. 148, nach der Rheinnot 1888 wurde die Raiffeisenkasse → S. 124 ins Leben gerufen, 1892 wurde die Sennergenossenschaft gegründet. Neben der Stickerei trug vor allem die Viehzucht zum wirtschaftlichen Aufschwung des Ortes bei.

Viehmarkt

1902 wurde Lustenau von Kaiser Franz Josef I. zur Marktgemeinde erhoben. Ab diesem Zeitpunkt konnte die Gemeinde vier zusätzliche Vieh- oder Krämermärkte durchführen. Zu Beginn des 20. Jahrhunderts wurden in Lustenau bedeutende Viehmärkte abgehalten.

Markttage

Im Mai 1905 wurden nach längerem Hin und Her die Markttage auf Montag vor Mariä Verkündigung, Montag nach Christi Himmelfahrt, Donnerstag nach dem ersten Dornbirner Markt im September und Dienstag nach dem zweiten Dornbirner Markt festgesetzt.

Die Standorte

der Viehmärkte waren anfänglich im „Weiler". Später wurden sie unter anderem auf dem Platz der heutigen Volksschule Kirchdorf abgehalten.[55]

Schöne Rassetiere

Lustenau wurde durch die Rinderzucht für schöne Rassetiere bekannt.

Viehmarkt in Lustenau bei der Volksschule Kirchdorf, um 1910.

Fridolin Hämmerle war im Jahr 1894 der Gründungsobmann.

Schöne Rassetiere

Die Rinder der Kelten waren schwarz, die der Räter grau, und die der Alemannen semmelgelb bis roströtlich. Mit der Einwanderung der Walser ins heutige Vorarlberg kam auch deren schwarzbraunes Rind in die Bergtäler. Durch die Vermischung der Rassen entwickelte sich allmählich das hellbraune Montafoner Braunvieh, das sich auch im Rheintal und im Walgau etablierte. Von Rassezucht war noch keine Rede. Alljährlich wurden im Herbst Viehmärkte abgehalten, die dem Absatz im Inland und in der benachbarten Schweiz dienten. 1795 erließ das Hohenemser Oberamt genaue Anweisungen zur Abwicklung der Herbstmärkte. Kein Vieh durfte ohne Gesundheitsschein verkauft werden. Ab den 1860er Jahren wurde die Viehzucht stark forciert. Prämien für Zuchtstiere wurden ausgeschrieben.

1869 beschloss der Landtag das erste Zuchtstierhaltungsgesetz in Österreich. In Dornbirn wurde 1893 die erste Viehzuchtgenossenschaft gegründet. Im Jahr darauf gründete Fridolin Hämmerle mit 30 Lustenauer Viehzüchtern die Lustenauer Viehzuchtgenossenschaft, die bereits nach dem ersten Jahr 60 Mitglieder zählte. In dieser Zeit deckten Käufer aus Deutschland, Innerösterreich und Ungarn ihren Bedarf an Zuchtvieh in Lustenau. Die Genossenschafter erwarben 1899 die Alpe Ries in Sibratsgfäll im Bregenzerwald. Ab 1900 veranstalteten alle Mitglieder gemeinsam die jährlichen Viehausstellungen in Lustenau. Für die Sommeralpung des Jungviehs wurde 1931 die Alpe Koppach im Lecknertal in Hittisau erworben. Die schlechte Wirtschaftslage in der Zwischenkriegszeit ließ den Viehexport drastisch sinken.

In den Nachkriegsjahren wurde über eine Zweiteilung der Genossenschaft nachgedacht. Misserfolge in der Zucht waren für dieses Ansinnen verantwortlich. Die Funktionäre aber waren sicher, dass Zuchtfortschritte nur gemeinsam erreicht werden konnten, und der Erfolg gab ihnen Recht. 1993/94 mussten die Gebäude der Alpe Ries umgebaut bzw. erneuert werden.
Die Freude über die neuen Wirtschaftsgebäude fand 1999 bei einem Hangrutsch ein rasches Ende. Nun waren die Mitglieder gezwungen, über das Für und Wider eines Neubaus auf der Alpe Ries zu entscheiden.
Der Genossenschaftsgedanke überwog: Gemeinsam bauten sie das Wirtschaftsgebäude der Alpe wieder auf.[56]

Auf der Alpe Koppach wurden im Sommer 2012 143 Stück Galtvieh, acht Ziegen, ein Kalb, 14 Hasen und viele Freilandhühner gesömmert. Im Hintergrund die Hirten Manuel, Silvia und Nadine Giselbrecht.

Die Freilandrinder des Biobauern Elmar Weißenbach auf der Weide in Götzis.

Bio Vorarlberg

reg.Gen.m.b.H.

Gegründet: 2000
Zweck: Beratung von Anbau und Handel kontrollierter Bioprodukte
Obmann: Kaspar Kohler
Genossenschaftssitz: Bregenz
Geschäftsführer: DI Martin Klabacher
Mitglieder: 15
www.laendle.at/organisationen/bio-austria-vorarlberg/bio-vorarlberg-reggenmbh.html

Naturangepasst

Das Ernährungsbewusstsein der Konsumenten hat sich geändert: Die hohe Nachfrage nach regionalen, biologisch erzeugten Nahrungsmitteln kann kaum abgedeckt werden. Um ein ausreichendes Angebot zu gewährleisten, haben sich die gesamten Bio-Bauern, Bio-Verbände und Bio-Genossenschaften Vorarlbergs im Jahr 2000 zur Bio Vorarlberg-Genossenschaft vereinigt. Die gemeinsame Produktvermarktung lässt dem einzelnen Bauern mehr Zeit für die Produktion der Nahrungsmittel. Die Bio Vorarlberg-Genossenschaft kontrolliert die Qualitätssicherung der Produkte, vermittelt aber auch zwischen Produzenten und Händlern. Gemeinsam werden mit den Landwirten Ideen für eine naturangepasste Aufzucht entwickelt und umgesetzt: das Vorarlberger Bio-Weiderind beispielsweise ist ein Projekt der Genossenschaft.
Die Tiere sind im „Ländle" geboren und wachsen auch hier auf. Zwei Sommer verbringen sie auf der Weide oder der Alpe. Ähnlich ist es bei den Alp-Schweinen. Sie stammen vom Sunnahof Tufers in Göfis, der Alpe Treu in Schröcken oder den Bauern von der Alpe Sera → S. 364. Letztere, allesamt Inhaber von Weide- und Nutzungsrechten, sömmern dort ihre Schweine, die einen täglichen Auslauf haben. Die steilen Hänge des Großen Walsertals bilden für die Bergbauern auch in der heutigen Zeit eine schwere Herausforderung. Um sich von der konventionellen Landwirtschaft abzugrenzen, stellten die Bewirtschafter der Alpe Sera auch ihre Heimbetriebe auf biologische Landwirtschaft um. Genossenschaftliches Miteinander ist Bauern grundsätzlich nicht fremd. Doch sind diese Bauernfamilien bereit, Neues zu erproben, um in ihrem Umfeld authentisch zu handeln. [57]

Der Biobauer Ernst Bickel mit Schweinen, die den Sommer über auf der Alpe Sera im Großen Walsertal aufwachsen.

1996

beschlossen die Bauern der Sulzberger Bio-Genossenschaft, die erzeugten Lebensmittel gemeinsam zu vermarkten. Die Arbeitsteilung im Marketing-Bereich lässt dem Einzelnen mehr Zeit für die Produktion der eigenen Nahrungsmittel.

Die Bio Vorarlberg

vereinigt die gesamten Bio-Bauern und -Bäuerinnen sowie Bio-Genossenschaften in Vorarlberg. Mitglieder bei der Bio Vorarlberg sind der Verband Bio Austria Vorarlberg, der Bio Verband Erde&Saat und die folgenden Bio-Genossenschaften: Die Sieben Bauernmilch Hörbranz, Bio-Bergsennerei Marul sowie die Bio Bauern Sulzberg.

Die Bio Vorarlberg versteht sich als Netzwerk, das bäuerliche Betriebe vor Ort professionell begleitet und eine wichtige Vermittlerfunktion zwischen Produktion und Handel übernimmt.

Projekte

der Bio Vorarlberg sind beispielsweise:

Bio-Weiderind
(24 Monate altes Rind)
Freilandbeef
(12 Monate altes Rind)
Bio-Kälberprojekt
(max. 19 Wochen alt)
das Bio-Schwein und das Bio-Alp-Schwein.

Das Fell eines Stiers aus Vorarlberger Haltung.

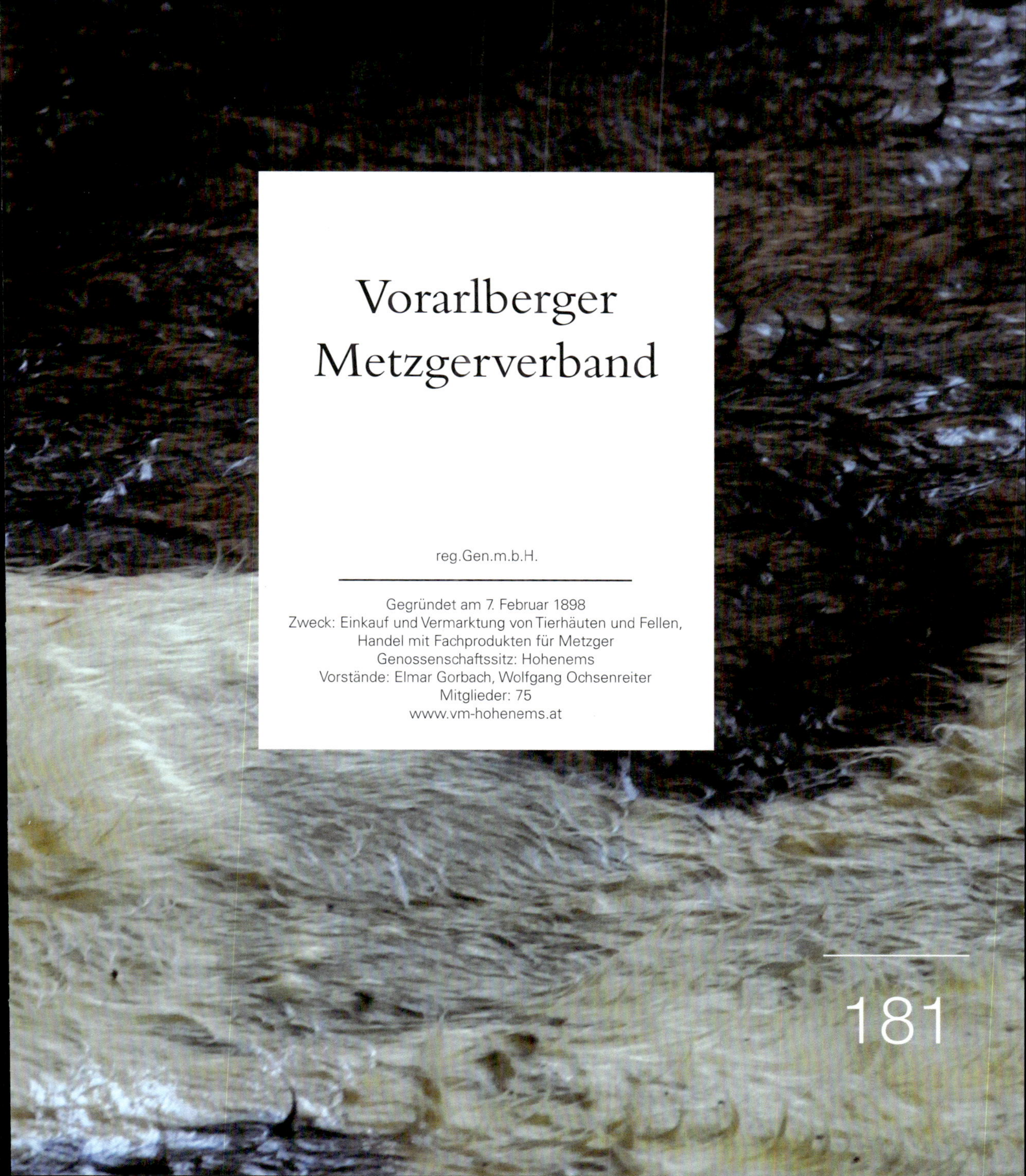

Vorarlberger Metzgerverband

reg.Gen.m.b.H.

Gegründet am 7. Februar 1898
Zweck: Einkauf und Vermarktung von Tierhäuten und Fellen, Handel mit Fachprodukten für Metzger
Genossenschaftssitz: Hohenems
Vorstände: Elmar Gorbach, Wolfgang Ochsenreiter
Mitglieder: 75
www.vm-hohenems.at

Vorarlberger
Metzgerverband
Hohenems

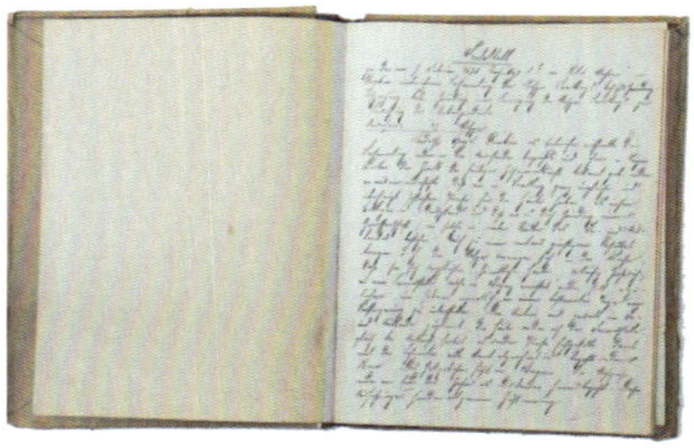

Gründungsprotokoll der Genossenschaft
vom 7. Februar 1898.

Die Haut der Tiere

Am Ende des 19. Jahrhunderts waren die Vorarlberger Metzger gezwungen, die Häute und Felle der Tiere an lokale Gerbereien zu verkaufen. Dies begrenzte die Verkaufsmöglichkeiten und den Preis. 1898 besuchte der Metzgermeister Hans Schleweck aus Bregenz eine genossenschaftlich organisierte Häute-Auktion in München, die ihm dermaßen imponierte, dass er nach seiner Rückkehr mit dem Dornbirner Rudolf Spiegel und 54 Mitgliedern im selben Jahr eine Häute-Verwertungsgenossenschaft gründete. Sechs Auktionen wurden im Gründungsjahr abgehalten und dabei um 14 Prozent höhere Preise als früher erzielt. Im folgenden Jahr konnte der Umsatz um 150 Prozent gesteigert werden. Ab 1926 wurde ein neues Verbandsgebäude in Bregenz bezogen und das Warengeschäft stark forciert. Längst werden die Häute und Felle an die Lederindustrie in ganz Europa verkauft und bilden mit den Fachprodukten für Metzger das Kerngeschäft des Verbandes. Um Kräfte zu bündeln, entstanden überregionale Kooperationen mit der Zentralgenossenschaft des Europäischen Fleischergewerbes und weiteren Fleischergenossenschaften aus dem süddeutschen Raum.[58]

Häuteverwertung um 1960, damals in Bregenz.

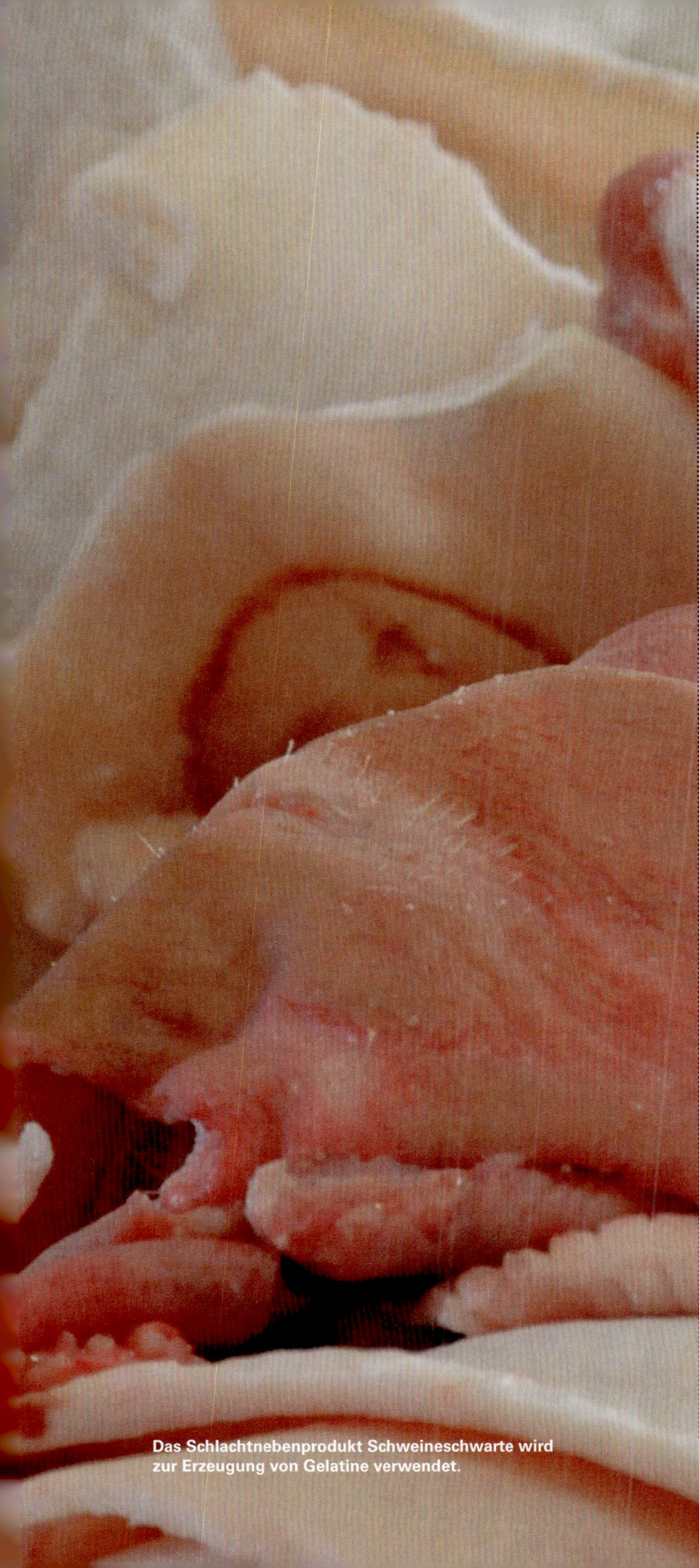

Häute und Felle

werden frisch oder gesalzen in ganz Europa verkauft.

Seit den 1920er Jahren

wird das Warengeschäft stark forciert.

Inzwischen ist der Handel mit Fleischereibedarfsartikeln das Hauptgeschäftsfeld des Verbandes.

Das Naturdarmsortiment

umfasst Rinder-, Schweine- und Schafsdärme für die Wurstverarbeitung.

Der Kunststoffdarm

kommt bei dickeren, großkalibrigen Würsten wie Aufschnitt/Dauerwurst und bei Sülze zum Einsatz.

Das Schlachtnebenprodukt Schweineschwarte wird zur Erzeugung von Gelatine verwendet.

Allmein Ludesch

Allmein

Historische naturraumbezogene Genossenschaften
Allmeingut und Allmeinressourcen

Die vielfältigen agrarischen Genossenschaften bestehen auf der Grundlage verschiedener Gesetze: Flurverfassungsgesetz (Agrargemeinschaft, Alpgenossenschaft, Allmein, Vorsäß), Güter- und Seilwegegesetz (Güterweggenossenschaft), Jagdgesetz (Jagdgenossenschaft), Forstgesetz (Bringungsgenossenschaft) und Wasserrechtsgesetz (Wassergenossenschaft). Sie alle unterliegen der Aufsicht durch staatliche Behörden.

ALLMEIN

Meinrad Pichler

ALLMENDE: VOM ENDE ZUR WENDE

Meinrad Pichler, geb. 1947 in Hörbranz.
Historiker und Autor zahlreicher Publikationen
zur neueren Geschichte Vorarlbergs.

Die mittelalterliche Agrarverfassung kennt eine Reihe unterschiedlicher Besitzverhältnisse und Nutzungsrechte. Neben grundherrlichem finden sich privat-bäuerlicher und gemeinschaftlicher Besitz an Grund und Boden. In Vorarlberg gab es nach etwa 1500 nur wenige größere Grundherren (hauptsächlich Klöster). Der größere Teil der landwirtschaftlich genutzten Flächen war in erbliches Privateigentum der Bauern oder in das gemeinsame Nutzungseigentum der dörflichen Gemeinschaft übergegangen. Je nach Dorfform – besonders bei Haufen- oder Straßendörfern – befand sich unmittelbar an die Höfe anschließend das Privateigentum, während der äußere Ring an Fluren, Streuewiesen oder Wäldern gemeinschaftlicher Besitz war und auch gemeinschaftlich genutzt wurde. Die gemeinsame Weidefläche einer Dorfgemeinschaft hieß Allmende (in Vorarlberg auch Allmeinde oder Allmein), was nichts anderes bedeutet, als dass sie allen Gemeindemitgliedern (All-Gemeinde) zur Nutzung nach bestimmten Regeln offen stand. Mit wie viel Stück Vieh die gemeinsame Weide beschickt werden durfte, bestimmte die jeweilige Dorfgemeinschaft.

Im Rahmen der vorindustriellen Subsistenzwirtschaft kam der Allmende eine überlebenswichtige Bedeutung zu. Denn die allgemeine Weide garantierte auch einer Familie, die durch Unglück, Misswirtschaft oder durch zu viele Mitglieder im Verhältnis zur Hofgröße in Not geraten war, eine Art Grundsicherung für einen bestimmten Viehbestand. Mit dem beginnenden 19. Jahrhundert veränderten sich diese alten agrarischen Strukturen allmählich, aber nachhaltig. Die Ursachen dafür waren vielfältig: Zum einen war es die mächtige Durchsetzung der Marktwirtschaft, die natürlich auch die landwirtschaftliche Produktion erfasste. Für die Bauern, auch in den Vorarlberger Bergtälern, bedeutete die Teilnahme am überregionalen Markt die Aufgabe der Selbstversorgung und damit den Abschied von Verhältnissen, die vordem dazu gedient hatten, das gemeinsame Überleben abzusichern. Auch vergrößerten sich die sozialen Unterschiede im Dorf, da sich die Dorfgenossen auf dem größeren Markt unterschiedlich schnell und gut zurechtfanden.

Zum anderen war vom englischen Philosophen Adam Smith eine ideologische Bewegung erfolgreich in Gang gesetzt worden, derzufolge nur das Privateigentum den Besitzer zu wirklicher Leistung anreize. Der wirtschaftliche Erfolg des Einzelnen führe zum Gemeinwohl; Eigentum führe zur Steigerung der Produktivität. Der gemeinschaftliche Besitz hingegen lähme die Eigeninitiative und sei ständig der Gefahr einer Übernutzung oder Vernachlässigung ausgesetzt. Diese Annahme wurde später als „tragedy of the commons“, also als die „Tragödie der Allmende“, bezeichnet.

Eine weitere Ursache, die das Ende der Allmende herbeiführte, war die Kapitalisierung von Grund und Boden im Zuge der Industrialisierung. Der freie Erwerb von landwirtschaftlichen Grundstücken, von Wald und von Wasserrechten bildete eine Grundvoraussetzung für die Industrie. Damit wurden diese

Güter zur Handelsware, stiegen im Preis und wurden zu Spekulationsobjekten auf dem Kapitalmarkt.

In einer mobiler werdenden Gesellschaft wurde es zudem immer schwieriger, Zugezogene von den Nutzungsrechten auszuschließen. Das führte etwa in Fußach zu der grotesken Situation, dass es bis herauf ins 20. Jahrhundert A- und B-Bürger gab, also solche, die am Gemeingut nutzungsberechtigt, und andere, die davon ausgeschlossen waren.

In nahezu allen Vorarlberger Gemeinden kam es nach mehr oder weniger heftigen Auseinandersetzungen innerhalb der Dorfgemeinschaften zur Aufteilung der Allmenden unter den Berechtigten. Von der Privatisierung betroffen waren hauptsächlich Wiesen, die Wälder hingegen blieben in den meisten Gemeinden im gemeinsamen Besitz. Daraus sind dann in der Regel Agrargemeinschaften mit exklusiven Nutzungsberechtigten entstanden.

Die Auflösung der Allmende führte in etlichen Ortschaften zu bleibenden Rissen innerhalb des dörflichen Sozialgefüges. Gegner und Befürworter der Allmendteilung standen einander jahrzehntelang feindlich gegenüber. Die spätere Bildung politischer Lager (Konservative und Liberale) verlief in manchen Kommunen entlang dieses Teilungsgrabens. Daneben zeitigte die Aufteilung auch wirtschaftliche und soziale Folgen. Die Besitzstrukturen in den Dörfern änderten sich zum Teil drastisch: Die Armut der bäuerlichen Unterschicht nahm zu, wenn die Grundversorgung – d.h. der ehemalige Allmendteil – aus Not verkauft und der Erlös verbraucht war. Und schließlich haben die Gelder aus dem Verkauf der zugeteilten Grundstücke die Auswanderung nach Amerika gefördert. Denn viele Kleinbauern hätten sich die Schiffsreise in die Neue Welt ohne dieses plötzliche Kapital aus einem Grundverkauf niemals leisten können.

Viele Jahrzehnte hindurch war der Begriff Allmende aus dem öffentlichen Bewusstsein und aus dem Sprachgebrauch fast verschwunden. Als das Wort im Jahre 1974 für ein Zeitschriftenprojekt in einem neuen Zusammenhang wiederbelebt wurde, erschien das vielen als ein Rückgriff auf längst historisch Gewordenes. Die Zeitschrift „Allmende“ sollte ein gemeinsamer kultureller Umschlagplatz für die Literatinnen und Literaten aus den alemannischsprachigen Gebieten rund um den Bodensee sein. Es war damals nicht anzunehmen, dass der Begriff zwei Jahrzehnte später eine regelrechte Wiedergeburt erfahren würde.

Das Computerzeitalter hat dem „commons“-Begriff, also der deutschen „Allmende“, neue Bedeutung und allgemeine Verbreitung beschert. Der Verlust an Gemeinsinn, die Unteilbarkeit lebenswichtiger Güter und die Privatisierung ehedem öffentlicher Aufgaben sind dafür ausschlaggebend. Es geht nämlich in der aktuellen Diskussion darum, was auf dieser Welt Gemeingut sein und bleiben sollte und was der privaten Nutzung und Ausbeutung freisteht. Im heutigen Sinn beinhaltet die Allmende alles, was von so umfassendem Charakter ist, dass es dem Gedanken der privaten Aneignung widerspricht: angefangen bei der Erdatmosphäre, den Wasservorräten und dem menschlichen Erbgut über Wissen und Kulturtechniken bis hin zu abstrakten Zustandsformen wie Stille oder Dunkelheit, die oftmals erst dann ins Bewusstsein treten, wenn sie vom Schwinden bedroht sind.

Der gemeinschaftliche und verantwortliche Umgang mit endlichen Ressourcen wirkt weit in die gesellschaftliche Praxis und in den politischen Diskurs hinein: Der Geist der Allmende ist mit einem ungehemmt kapitalistischen Profitstreben nicht zu vereinbaren. Diese beiden konträren Blicke auf unsere Lebensgrundlagen und die jeweils unterschiedliche Haltung zur Verantwortlichkeit fürs Gemeinwohl bilden die entscheidende weltanschauliche und moralische Trennlinie unserer Tage. Gerade in einer Zeit, in der einerseits der sorgende Staat an seine Grenzen stößt, andererseits die private Gier grenzenlos erscheint, könnten Projekte mit gemeinsamer Aushandlung und gemeinsamem Nutzen nicht nur Sinn stiften und Sorgfalt entwickeln, sondern auch verantwortliches Handeln im eigenen Lebensraum fördern und ein Bewusstsein für die Endlichkeit unserer Ressourcen wecken. Das Allgemeinwohl ist ein abstrakter Wunsch; eine funktionierende Allmende für einen überschaubaren Lebensbereich wäre immerhin ein konkretes Etappenziel. Im 19. Jahrhundert siegte der Gedanke des Privateigentums über das Konzept der Allmende – sie wurde aufgeteilt. Im 21. Jahrhundert muss sie – auf ganz neuer Grundlage – wieder zusammengefügt werden.

ALLMENDE

Eine alemannische Zeitschrift

Herausgegeben von	Manfred Bosch, Leo Haffner, Adolf Muschg, Matthias Spranger, Martin Walser, André Weckmann
Redaktion:	Manfred Bosch und Matthias Spranger

Adolf Muschg	Alle Mannen, alle?
Hermann Bausinger	Heimatsprachen
Martin Walser	Einblick in eine Bildungslücke
Walter Dirks	Joseph Wirth
Manfred Fuhrmann	Scheffels Erzählwerk
Walter Methlagl	Aspekte eines Felder-Bildes
André Weckmann	Elsaß: Von der Selbstaufgabe zur Konvivialität
H. G. Dikreiter	Vom Waisenhaus zur Fabrik

ferner Beiträge von Rolf Wilhelm Brednich, Meinrad Pichler, Peter Renz, Gert Zang

Prosa und Lyrik von Stefan Keller, Maria Menz, Guggi Kaufmann, André Weckmann, Elisabeth Wäger Häusle, Maria Müller-Gögler, Gerold Späth, Martin Walser, Matthias Spranger, Robert Meßmer, Werner Dürrson, Thomas Burth, Ernst Burren, Peter Salomon, Heinz G. Huber, Frank Wesel, Jochen Kelter, Julian Dillier, Josef W. Janker, Eberhard Beck, Bruno Epple, Michael Köhlmeier, Hermann Kinder, Armin Ayren

Jan Thorbecke Verlag Heft 1/1981

Silke Helfrich
Jacques Paysan

ALLMEINDE UND COMMONS: EINE REISE DURCH DIE ZEIT

Silke Helfrich, geb. 1967 in Bad Salzungen. Hat romanische Sprachen studiert, war viele Jahre in der Entwicklungspolitik tätig und ist heute freiberufliche Commons-Aktivistin. Sie ist Mitbegründerin der Commons Strategies Group, bloggt auf www.commonsblog.de und lebt in Jena/Thüringen. Im April 2012 hat sie zusammen mit der Heinrich Böll Stiftung den internationalen Sammelband: ‚Commons. Für eine neue Politik jenseits von Markt und Staat' herausgegeben (transcript-Verlag).

Jacques Paysan, geb.1959 in Stuttgart. Ist promovierter Neurobiologe, der sich seit mehreren Jahren mit Geschichten rund um die Commons befasst. Er lebt und arbeitet in München.

Nach dem Abendessen mit einem Teenager ein ernsthaftes Gespräch zu führen, ist anspruchsvoll. So eine junge Dame hat gute Ideen, chattet nebenher auf dem Smartphone und blättert gleichzeitig in einem Buch der Weltliteratur.
„Ku-guh!", macht das Smartphone, sobald eine Nachricht kommt.
„Was schreibt ihr da?", fragt sie aus heiterem Himmel.
„Wir arbeiten an einem Beitrag zu einem Buch über Commons in Österreich", sagt einer von uns.
„Ku-guh!", sagt das Smartphone. Sie sagt nichts und wir versinken wieder in unserem Text.
„Was ist das, Commons?"
„Oje! Willst du das wirklich wissen?"
„Ja klar!"
„Eine vernünftige Übersetzung dafür ist schwierig. Auf Deutsch sagt man oft *Gemeingüter* oder *Allmende*, aber das ist, als würde man *Schoßrechner* zum Laptop sagen. Und die Bedeutung dieser Worte zu erklären, ist etwas langwierig."
„Ku-guh!", verlangt das Smartphone nach Zuwendung. Wir frohlocken innerlich, denn weitere Erläuterungen können wir uns offensichtlich sparen.
„Allmende müsst ihr mir nicht erklären", sagt sie plötzlich. „Das hatten wir im Geschichtsunterricht."
„In der 9. Klasse?!"
„Nein, schon früher."
„Aha? Na, dann erklär' doch mal, was das ist, du Schlaumeierin."
„Wir hatten das bei der Industrialisierung. Allmende war ein Gemeinschaftsgrundstück, das dem ganzen Dorf gehört. Wald und Wiesen, die alle nutzen konnten."
„Aha? Und wie soll das gehen, wenn die Wiese niemandem gehört, der aufpasst, dass nicht alles kahlgefressen wird?" „Na, indem jeder nur eine begrenzte Anzahl von Schafen auf die Wiese treibt. Die Leute sind ja nicht blöd und reden miteinander."
„Wir dachten immer, du interessierst dich nicht für Geschichte und jetzt entpuppst du dich als Commons-Expertin?"
„Ku-guh!"
„Du musst dir unbedingt diesen Abschnitt von Fernand Braudel anhören. Ein brillanter Historiker!"
„Och nö!", klagt sie ungehört.
Die elementarste Gesellschaftsform bildet das Dorf. Denn von seinem Umfang und seinem Raum her ist das Dorf die kleinste, aber auch älteste Struktur, bei weitem älter als Kirche oder Grundherrschaft. Das Dorf als Einheit verfügt über ein Territorium und ein gemeinsames Eigentum (nämlich die eifersüchtig bewachte und verteidigte Allmende). Es besitzt eine wirtschaftliche Quasi-Autarkie.[1]
„Verstehst du?"
Das Dorf [...] hat seine eigenen Institutionen, seine Gemeinschaft, seine Allmende, seine Feste, seine Geselligkeit, seine Gebräuche, seine Mundart, seine Märchen, Lieder, Tänze, Sprichwörter und obligatorischen Fehden mit den Nachbardörfern, deren Bewohner als Frösche, Zicklein, Schweine oder Furzbäuche bezeichnet werden. [...] Aus diesen Fehden ergab sich ein starkes Bedürfnis nach Unabhängigkeit und Autonomie. Das Dorf zwingt sich dazu, aus eigener Kraft zu leben und sich selbst zu genügen. Man hilft sich gegenseitig, ein Haus zu bauen, eine Treibjagd zu veranstalten, zu fischen oder die Räder der Fuhrwerke zu bereifen. [...] Dieses Autonomiestreben basiert auf wichtigen Stützen: In

der Regel besitzt das Dorf Gemeindeland, Weiden und Wälder; es hat eine eigene Mühle […], einen Bannofen[2]*, um Brot zu backen (den die Bewohner manchmal vom Grundherrn zurückkaufen), und es zerdrückt oder presst – je nachdem – in eigenen Keltern die eigenen Oliven, den eigenen Wein oder die eigenen Nüsse.*

Diese Autarkie erforderte und ermöglichte eine beeindruckende Vielfalt an Dienstleistungen. Nahezu alles konnte vor Ort erledigt werden. So zitiert Braudel den Bericht eines gewissen Joseph Cressot über dessen Heimatdorf, in dem *Müller, Walker, Sägemeister, Schuster und Holzschuhmacher, Wagner, Hufschmiede, Zimmerer und Schreiner, Maurer, Ölmüller, Weber und Böttcher alle noch eigene Felder, einen eigenen Garten und ein bisschen Vieh hatten. Wovon, fragt Braudel, hätten sie sonst leben sollen?*[3]

Das hat große Ähnlichkeit mit der Vielfalt der Allmeinde und den genossenschaftlich organisierten Gewerbebetrieben in Vorarlberg. Dort gibt es bis heute Wollspinner, Dirndlschneider, Tischler, Schuster, Kübler und Schindeler. In dieser Ökonomie steht nicht die Frage nach der Rentabilität im Vordergrund. Der Alphornschnitzer Pius Feurstein hat in seinem ganzen Leben 18 Naturalphörner gefertigt, die aus marktwirtschaftlicher Sicht schier unbezahlbar erscheinen. In dieser Perspektive lohnt sich das Alphornschnitzen nicht. Und doch sind sie da. Offensichtlich bleibt die Vielfalt der Handwerksberufe nur in einem ganz besonderen Umfeld erhalten. An Braudels Schilderungen wird aber auch eines der Probleme deutlich, mit denen sich die Commonsbewegung heute auseinandersetzen muss. Denn Commons haben nicht nur eine Geschichte, sondern auch eine Gegenwart. Die Allmende im Zeitalter von Internet und Globalisierung ist zwar jener des Mittelalters strukturell ähnlich – Gemeinbesitz statt Privateigentum; gemeinsames Beitragen; Regeln, die den Gemeinbesitz schützen, Konfliktschlichtung durch die Nutzer selbst und anderes – , aber ihr gesellschaftspolitischer Kontext ist völlig anders. Eine Begriffsklärung beziehungsweise -aktualisierung ist daher sehr wichtig, denn bei *Allmende* denken viele zunächst an glückliche Kühe auf Vorarlberger Almweiden. Auch die hier vorgestellten Projekte haben zumeist Bezüge zur klassischen Allme(i)nde. Doch die Idee der Commons, so wie sie heute diskutiert wird, geht darüber weit hinaus. Sie zeigt, dass das Allmendeprinzip so lebendig wie zukunftsweisend ist.

„Deine Zukunft! Verstehst du? Denn, wie Hildegard Breiner in ihrem Beitrag formuliert: *Kinder haften für ihre Eltern.*"

„Hm?"

„Ku-guh!"

„Guck, in diesem Buch steht auch etwas über Allmende", sagt sie plötzlich.

„Wie? Was liest du da?"

„Segen der Erde – hab' ich aus eurem Bücherregal."

„Knut Hamsun schreibt über Allmende? Lies vor."

Der lange, lange Pfad über das Moor in den Wald hinein – wer hat ihn ausgetreten? Der Mann, der Mensch, der erste, der hier war. Für ihn war noch kein Pfad vorhanden. Später folgte dann das eine oder das andere Tier der schwachen Spur über Sümpfe und Moore und machte sie deutlicher. [...] So entstand der Weg durch die weite Allmende, die niemand gehörte, durch das herrenlose Land.

„Aber genau das ist doch das Missverständnis! Die Allmende ist kein herrenloses Land. Sie ist es nie gewesen! Die Allmende hat immer ‚jemandem gehört' – nur eben nie einem allein."

Das anzuerkennen ist so wichtig für das Verständnis der Allmende wie der Blick auf den Prozess ihrer Einhegung (englisch: *enclosure of the commons*), in dem die Allmende aufgelöst und der ihr zugrunde liegende Grund und Boden privatisiert und kapitalisiert wurde. Der US-amerikanische Historiker Peter Linebaugh hat dies in die Serie der Verbrechen der Moderne eingereiht, zusammen mit dem Sklavenhandel, der Hexenverbrennung und dem Völkermord an den amerikanischen Ureinwohnern.

Einhegungen wurden immer wieder mit der Behauptung gerechtfertigt, der Mensch sei ein *Homo oeconomicus*, ein individueller Nutzenmaximierer, und nicht fähig, gemeinschaftlich zu handeln. Dieses Menschenbild prägte die Eigentumsdebatte der letzten Jahrhunderte.

Ein Mensch, der kein Eigentum erwerben darf, kann auch kein anderes Interesse haben, als so viel wie möglich zu essen und so wenig wie möglich zu arbeiten, schrieb Adam Smith im Jahr 1776 in *Natur und Ursachen von Nationalreichtümern.*

Tatsächlich aber ging es nicht um „Faulheit". Die *Enclosures* waren vielmehr ein genialer Schachzug, der den aufgebrachten Bauern Befreiung vorgaukelte, diese Befreiung aber gleichzeitig in ein *Big Business* für die damaligen Grundbesitzer umwandelte. *Gemeinschaftliche Landnutzungsformen wurden aufgelöst und der Ackerbau [...] auf die für die Landlords profitablere Schafzucht umgestellt. Zu Beginn der industriellen Textilproduktion überfluteten in England infolge der gewerblichen Nachfrage nach Wolle die Schafherden der Grundherren die Commons*, schreibt der Historiker Hartmut Zückert.[4] Auch die dampfbetriebenen Fabriken waren in ihrer Nachfrage nach Holz unersättlich. Die uralte Allmende stand dieser hemmungslosen Naturnutzung im Wege. Sie wurde zunehmend lästig.

Die Industrialisierung drängte auch im Reich der Habsburger die Bedeutung der Allmende zurück, wenngleich langsamer als in den Kernländern der Industrialisierung. Denn mit der so genannten Grundentlastung von 1848 wurden nicht nur die Bauern aus der Leibeigenschaft entlassen, sondern auch der als Allmende gebundene Grund und Boden dem Nutzungsrecht der Allgemeinheit entzogen. Die Bauern mussten die Grundbesitzer für ihre Befreiung finanziell entschädigen. Das gelang ihnen oft nur durch den Verkauf ihrer Nutzungsrechte an der Allmende. Mittelfristig machten sie damit ein schlechtes Geschäft, da der Ertrag des Verkaufs weit geringer war als der Ertragsausfall durch das nunmehr fehlende Nutzungsrecht.

So verloren viele Bauern und ländliche Handwerker ihre Lebensgrundlage. Sie wurden zu Wanderarbeitern und Tagelöhnern. *Die Masse vogelfreier Proletarier ward auf den Arbeitsmarkt geschleudert durch*

die Auflösung der feudalen Gefolgschaften, die […] 'überall nutzlos Haus und Hof füllen', schrieb Karl Marx 1872.[5]
Die Zerstörung der Allmendwirtschaft wurde also aktiv befördert und mit ihr die Verelendung vieler Menschen hingenommen. Der sich entwickelnde Kapitalismus setzte enorme finanzielle Mittel frei und erzeugte einen ungeheuren Bedarf nach Rohstoffen und Investitionsmöglichkeiten. Braudel glaubt, dass diese Entwicklung nicht nur ökonomischen Regeln folgte, sondern schlicht die Spielsucht der Akteure an den Börsen widerspiegelte. Er vermutete eine *ungezügelte Spielleidenschaft, die das Spiel um des Spielens willen sucht*[6]. Grund und Boden im Umfeld der dörflichen Strukturen wurden zu attraktiven Investitionsobjekten, und die Allmende, bislang ein Grundpfeiler dörflicher Subsistenz, wurde systematisch unterhöhlt.
Die entstehende Arbeiter- und Gewerkschaftsbewegung und das Aufkommen sowie Erstarken der Genossenschaftsidee[7] sind durchaus Reaktionen auf diese Prozesse. Doch bis heute hält sich die politisch motivierte Diskreditierung der Allmende. Garrett Hardin prägte das Bild von der *Tragik der Allmende*, das sich in unseren Köpfen eingenistet hat und an vielen Debatten über unser Wirtschaften haftet wie ein klebriges Gespinst. Hardins Analyse glänzt zwar durch Bildstärke, nicht aber durch Präzision. Er beschrieb – in bemerkenswerter Unschärfe – das ungeregelte Niemandsland, in dem jeder sich nach Gutdünken bedienen kann, als Allmende. Die Allmende zeichnet sich aber gerade durch Nutzungsvereinbarungen aus.

Die kürzlich verstorbene Wirtschaftsnobelpreisträgerin Elinor Ostrom hat den Commons wieder zu Anerkennung und dem Begriff zu einer Revitalisierung verholfen. Gleiches gilt für die unzähligen Menschen, die täglich dazu beitragen, die Wissensallmende zu pflegen – so wie dies in der Bewegung für Freies Wissen und Freie Software zum Ausdruck kommt. Denn moderne Allmenden – oder Commons – umfassen mehr als die Komponenten einer Subsistenzwirtschaft (die allerdings nach wie vor Millionen von Menschen auf der ganzen Welt ernährt). Es geht nicht nur um Land, sondern auch um die Stadt. Es geht nicht nur um Wasser, sondern auch um Kultur. Ostrom hat über Jahrzehnte die Welt durchkämmt und unzählige Praktiken analysiert, in denen Menschen versuchen, Ressourcen gemeinsam zu nutzen und sie dabei zu erhalten. Dabei drehte sich ihre Forschung nicht um kleine, eng begrenzte Ressourcensysteme, sondern zunehmend um komplexe sozio-ökologische Systeme. Die wohl bekannteste Commons-Forscherin der Welt arbeitete, mit Kolleginnen und Kollegen, so genannte Design-Prinzipien für gelingende Commons heraus. Sie besagen im Kern: Je mehr Regeln der Ressourcennutzung von den Nutzern selbst vereinbart, permanent angepasst und kontrolliert werden und je klarer die Grenze der Ressourcennutzung ist, desto wahrscheinlicher ist die nachhaltige und faire Bewirtschaftung von Allmendressourcen. Im Grunde geht es in der Commons-Debatte also um die andauernde Suche nach lebensdienlichen Wirtschaftsformen.

Die Commonsbewegung entdeckt die Ostromschen Prinzipien nun überall. Denn Commons sind nicht einfach da, es sind keine Dinge oder Güter. Sie werden gemacht, entwickelt und gepflegt – oft ohne dass sich die Menschen dessen überhaupt bewusst wären. Wer immer sinnvoll zur Wikipedia beiträgt, pflegt die Wissensallmende, egal ob er dies so nennt oder nicht.

There is no Commons without Commoning, bringt Peter Linebaugh diese Situation auf den Punkt. Es gibt keine Allmende, wenn wir nicht ‚gemeinschaften'. Und Commoning – also sich auf ein Ziel verständigen und gemeinsam handeln – kann prinzipiell überall gelingen: von der Trinkwasserversorgung bis zur modernen Energieproduktion, von Bildung und Kultur bis zum Erhalt unserer Atmosphäre und der biologischen Vielfalt unseres Planeten. Überall stehen einander Einhegungsbefürworter und Commonsaktivisten gegenüber, und mit ihnen entsprechend konfligierende Menschenbilder und Entwicklungskonzeptionen. Die allgegenwärtige Auseinandersetzung um die Commons ist eine der großen soziokulturellen Auseinandersetzungen unserer Zeit.

In der Region Vorarlberg sieht man, wie facettenreich ein Commons-basiertes Wirtschaften sein kann. Fast fühlt man sich zurückversetzt in die Dorflandschaften Braudels; spürt, wie die Allmende beginnt, sich zu wehren, Terrain zurückzuerobern und den Spielern der globalen Märkte Widerstand entgegenzusetzen.

Die Beiträge in diesem Buch machen Mut. Sie zeigen, dass Commons (und Genossenschaften, die den Prinzipien des Commoning folgen) eine sinnvolle Struktur für das Leben und Wirtschaften der Zukunft sind. Sie machen denkbar, dass sich nicht allein das dörfliche Handwerken an der Idee orientieren kann, konsequent auf lokal verfügbare Ressourcen zurückzugreifen und ein Wirtschaften zu fördern, das an den Bedürfnissen der Menschen orientiert ist, ohne anderen oder der Natur zu schaden. Sie entwerfen eine Ökonomie, in der durch Kooperation mehr Unabhängigkeit ermöglicht wird; Unabhängigkeit von der globalisierten Nahrungsmittelproduktion, von ständig steigenden Strompreisen (auch die moderne Energieversorgung kann ein Ergebnis des Commoning sein) und von den Irrungen und Wirrungen der Märkte.

„Das macht doch richtig Lust, Vorarlberg zu durchwandern ... hörst du überhaupt noch zu?"

„Hm?"

„Ku-guh!"

Anmerkungen:

1 Fernand Braudel: Frankreich, Band 1: Raum und Geschichte. Stuttgart 1989, S. 71.

2 Ein Bannofen war ein Ofen, in dem die Dorfbewohner aus Feuerschutzgründen backen mussten.

3 Fernand Braudel: Frankreich, Band 1: Raum und Geschichte. Stuttgart 1989, S. 151.

4 In: Silke Helfrich/Heinrich Böll Stiftung (Hg): Commons. Für eine neue Politik jenseits von Markt und Staat. Bielefeld 2012

5 Karl Marx: Das Kapital, Band 1: Der Produktionsprozess des Kapitals. Hamburg 1872, S. 663.

6 Fernand Braudel: Sozialgeschichte des 15.–18. Jahrhunderts, Band 2: Der Handel. München 1986, S. 101.

7 Robert Owen, S. 14 in diesem Buch

Hildegard Breiner

GEMEINSCHAFTEN MIT UND IN DER NATUR

Hildegard Breiner, geb.1936 in Bregenz, Obfrau des Vorarlberger und Vizepräsidentin des Österreichischen Naturschutzbundes, Sprecherin der Vorarlberger Plattform gegen Atomgefahren, Aktivistin für die Erneuerbaren Energien.
Sie lebt in Bregenz und wirkt mit ihrem Engagement weit über die Landesgrenzen hinaus.
Eine erste Fassung dieses Textes erschien in: Vorum, Forum für Raumplanung und Regionalentwicklung in Vorarlberg Nr. 1/2012 14. Jahrgang, S. 8.

Gemeinwohl – was für eine edle Ansage! Jahrhundertelang der Inbegriff für generationentaugliches Wirtschaften örtlicher Gemeinschaften mit und in der Natur. Bewährt und verteidigt als Garant dafür, dass Naturräume und Naturgüter nicht übernutzt, sondern unbeschadet an die Nachkommen weitergegeben werden konnten.
Die Allmein bzw. Allmende ist das Vorzeigebeispiel dafür, dass das generationentaugliche Wirtschaften auch bei uns funktionierte. Bereits bevor Kolumbus in Amerika gelandet war, gab sich der Völkerbund der Irokesen das „Große Gesetz des Friedens". Ganz im Gegensatz zu unseren heutigen, oftmals gemeingefährlich kurzsichtigen Entscheidungen war einer der wichtigsten Grundsätze dieses Bundes, dass alle Handlungen so getroffen werden, dass bis in die siebte Generation niemand zu Schaden kommt. Die Priorität war auf die lebenserhaltenden Systeme zu legen, auf Gemeingüter wie reines Wasser, gesunden Boden, gute Luft.

Fehlentwicklungen und Missbrauch im Namen des Gemeinwohls

Aber wann war wohl der Kipppunkt? Seit wann wird das Gemeinwohl als „öffentliches Interesse" so missbraucht, dass in dessen Namen alle Schleusen für die wirtschaftlichen Begierden geöffnet werden können?
Schon in den 80er Jahren des vorigen Jahrhunderts stellte Prof. Hans Christoph Binswanger, Volkswirtschaftler an der Universität St. Gallen, fest: „Ständig wird Natur zu Geld gemacht. So funktioniert das System. Wir verkaufen bereits Menschenrechte für kurzfristigen Profit."
Wie oft waren wir von der Gegenseite , so titulierten Naturschützer, in den letzten Jahren machtlos und entsetzt vor der Tatsache, dass mit dem Begriff „Gemeinwohl" beziehungsweise dem pervertierten „öffentlichen Interesse" alle negativen Amtsgutachten niedergebügelt wurden?
Da kann zum Beispiel ein Projektbetreiber völlig ungerührt öffentlich sagen: „Von den über zehn nötigen Amtsgutachten im Verfahren sind ja nur drei negativ." Diese drei sind aber die, die für eine lebenswerte Welt der nächsten Generationen fundamental sind: Naturschutz, Wasserwirtschaft, Geologie.

Kinder haften für ihre Eltern

Die paradox scheinende Aussage „Kinder haften für ihre Eltern" ist bei unserem derzeitigen Lebensstil nur zu berechtigt. Fatalstes Beispiel ist die weltweit ungelöste Atommüll-Lagerung: ein Verbrechen an den künftigen Generationen. Warum nicht hinterfragen und weiterdenken? Die sogenannten „wirtschaftlichen Zwänge" sind doch kein eisernes Gesetz!
Je mehr Menschen auf begrenzten Räumen leben (müssen), desto nötiger werden Tabuzonen – „Seelenlandschaften", die im Sinne des sprichwörtlichen Gemeinwohls vor weiteren menschlichen Eingriffen bewahrt werden müssen. Für mein Engagement – bei allen Enttäuschungen – heißt jedenfalls das Schlüsselwort TROTZDEM!
Gemeinwohl basiert darauf, dass alle in ihrem kleinen oder großen Umfeld verantwortlich handeln. Oder wie Fulbert Steffensky es ausdrückt: „Hoffen lernt man auch dadurch, dass man handelt, als sei Rettung möglich."

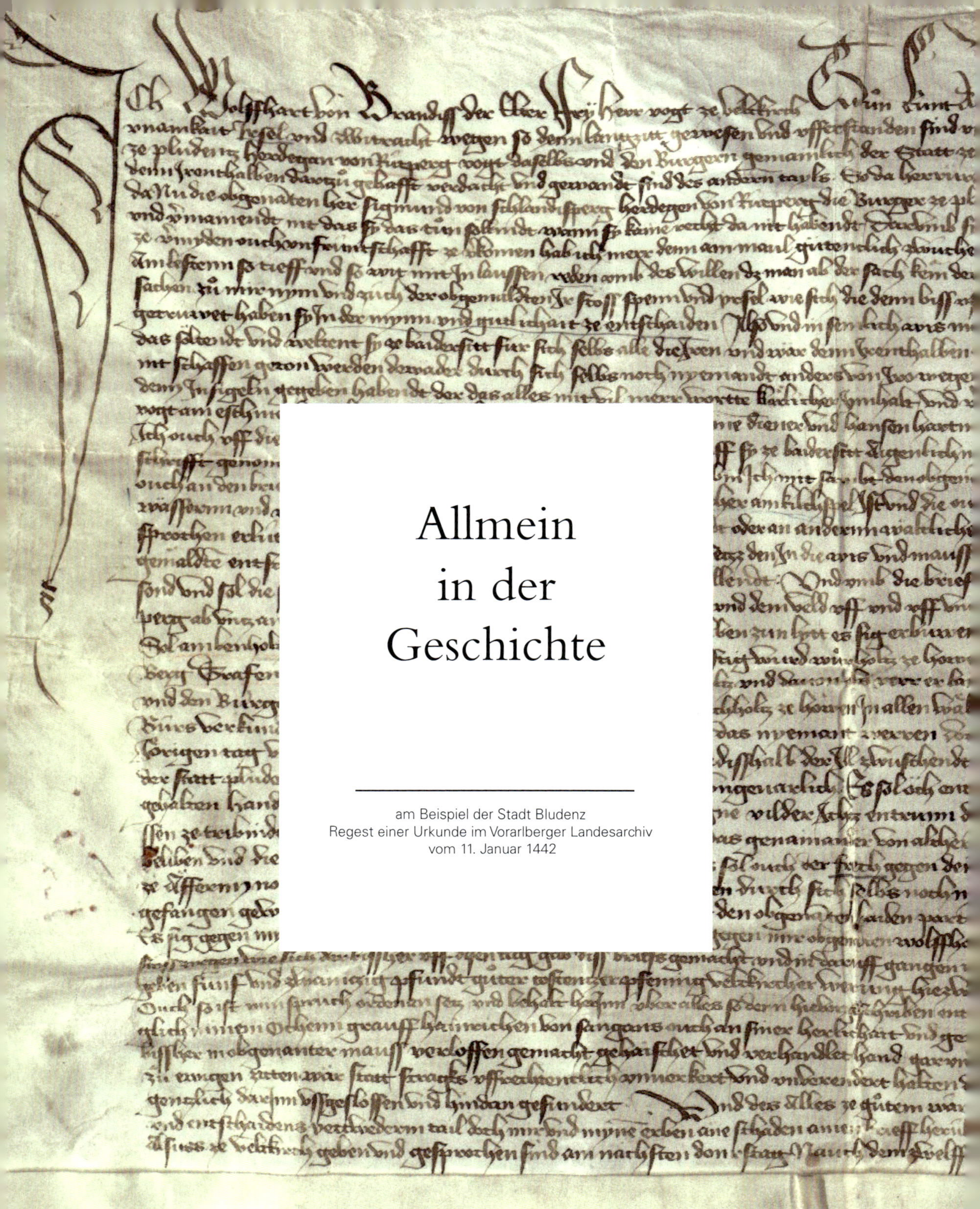

Allmein in der Geschichte

am Beispiel der Stadt Bludenz
Regest einer Urkunde im Vorarlberger Landesarchiv
vom 11. Januar 1442

Auf Grund knapper Ressourcen waren im Mittelalter Auseinandersetzungen über die Nutzung von Wäldern, Wiesen, Äckern, Wässern und Weiden an der Tagesordnung. Wie kompliziert die Verhältnisse waren, zeigt dieser Erlass aus dem Jahr 1442.

„Zwischen Sigmund von Schlandersperg, Ritter, Vitztum im Churer Bistum und Pfleger zu Bludenz, Herdegen von Rüdberg, Vogt daselbst, den Bürgern der Stadt Bludenz einerseits sowie den Nachbarn im Kirchspiel Bürs andererseits bestanden seit längerer Zeit Streitigkeiten, indem die Ansprüche der Ersteren auf gemeinsame Benützung von Holz, Feld, Wunn → S. 244, Weid, Wald und Au von Letzteren bestritten wurden. Auf Grund eines gütlichen Übereinkommens brachten die Parteien die Sache zur endgültigen Entscheidung vor Wolfhart Freiherrn von Brandis den Älteren, Vogt zu Feldkirch, welcher die ehrsamen und weisen Albrecht Vaistlin, seinen Vogt am Eschnerberg, Hans Rad, Landrichter zu Rankweil, seinen Diener, Hans Hartmann, genannt Ammann, Bürger zu Feldkirch, zuzog und die Parteien zu einem Tag nach Bludenz vorlud, wo folgendermaßen entschieden wurde."[59]

„ ... Da nach den vorliegenden Briefen Bludenz und Bürs ein Kirchspiel bildeten, welches jedoch vor Zeiten geschieden wurde, so sollen die Untertanen der „Kirchhöri" zu Bludenz dieser Scheidung wegen weder an Wäldern, Wiesen, Äckern, Hölzern, Wässern und Weiden noch an andern weltlichen Rechten einen Nachteil erleiden. Deshalb habe Folgendes zu Recht zu gelten: Es sollen alle jene Scheidung betreffenden Briefe der Bludenzer in Kraft bleiben, ebenso die, welche die Bürser Au, am Bürser Feld gelegen, belangen. Danach soll die Au zwischen der Ill und dem Felde auf und auf bis an den Berg, zum alten Feldzaun am Berge und von da bis an das Dorf Bürs, es sei erbaut oder erenntet, Allmein derer von Bludenz und Bürs bleiben. Das Bannholz ob Clauren-Weg bis an den Berg soll ein Bannholz bleiben, doch bleibt es den Bürsern vorbehalten, daselbst dem Wasser nach abhin bis an Clauren-Weg das für Wuhrung nötige Holz zu fällen. Der Berg Grafentschinen, welcher oben anstößt bis an das Bannholz und von da weiter das Wasser aufwärts reicht, soll ebenfalls gemeinsam sein. Der Vogt und die Bürger von Bludenz dürfen Zimmer- und Dachholz in allen in das Kirchspiel gehörigen Wäldern hauen, müssen jedoch, wenn das Fällen auf Bürser Seite, sei es von einem oder mehreren, geschieht, dies den Bürsern zu jeder Jahreszeit vor der Kirche verkünden. Des Weiteren sollten sie das Holz über die eingezäunten Eigengüter zwischen St. Gallen- und St. Jörgentag führen dürfen. Die Au diesseits der Ill zwischen Bludenz und Nüziders soll als Allmein aufgetan werden. Die Bludenzer haben das Recht, vor der Stadt und der Mühle, soviel als notwendig ist, zu wuhren. Es ist beiderseits gestattet, wie bisher mit Hirten auf die eigenen Felder zu treiben, ohne Schaden der andern; die Bludenzer können wie immer mit ihren Schweinen und Geißen herüber in den Forst treiben und fahren. In der Lorünser Au, zwischen den Wassern obenan gelegen, gehört das Holz den Bludenzern, während die Weide Allmein bleibt. Der Frech soll gegen den Vogt und die von Bludenz der Fangnusse wegen, ledig sein und den Genannten eine Urfende schwören, von der Sache nichts mehr zu äußern; die beiderseits gehaltenen Gefangenen sind frei. Die Frechen und alle ihre Mithelfer zu Bürs sollen die Frevel, sei es dass sie dieselben gegen den obgenannten Richter oder seinen Herrn, den Grafen Heinrich von Sargans, in welchem Gerichte auch immer zum Schaden der Bludenzer begangen haben, abtragen. Der infolge der eingangs erwähnten Stöße verursachte Schaden soll beiderseits zu gleichen Teilen getragen werden; ..."[60]

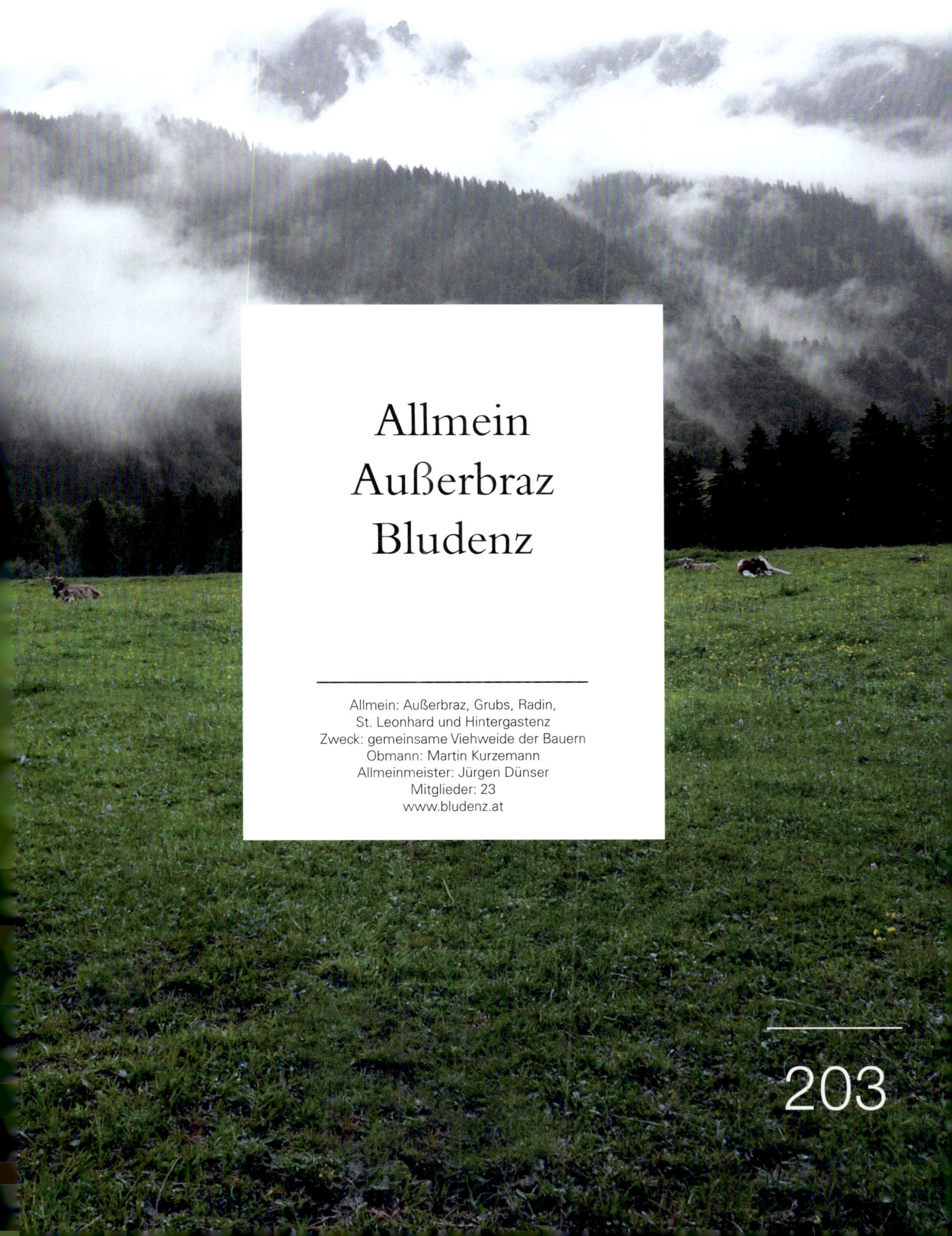

Allmein
Außerbraz
Bludenz

Allmein: Außerbraz, Grubs, Radin,
St. Leonhard und Hintergastenz
Zweck: gemeinsame Viehweide der Bauern
Obmann: Martin Kurzemann
Allmeinmeister: Jürgen Dünser
Mitglieder: 23
www.bludenz.at

Allmein
Außerbraz
Bludenz

Der Obmann
Martin Kurzemann
mit einer Stute
auf der Allmein.

Eine gemeinschaftliche Herausforderung

Jene Weide, die alle Bauern gemeinsam nutzen durften, nennt man hierzulande Allmende, Allmeinde oder Allmein. Der Name Allmeinde leitet sich vom mittelhochdeutschen „allgemeinde" ab. Der Zugang ist den Mitgliedern der Gemeinde nach bestimmten Regeln vorbehalten. Als im 14. Jahrhundert die grundherrschaftlich gesteuerten Siedlungsvorgänge zu Ende gingen, gewannen die bäuerlichen Genossenschaften die Oberhand. Die überlieferten Gewohnheitsrechte der Allmein-Nutzung wurden 1817 bei der Allmeinteilung des Kirchspiels Bludenz-Lorüns-Stallehr schriftlich definiert.[61] Während der vielen Jahrhunderte ihres Bestehens war die Allmein in Außerbraz stets ein klassisches Gemeingut, für dessen Nutzung die Weideberechtigten Regeln aufstellten, um Frevel zu verhindern und die Nachhaltigkeit zu garantieren: „Kein Nutzungsberechtigter darf auf dem Gemeindegut einen größeren Nutzen ziehen, als zur Deckung seines Haus- und Gutsbedarfes notwendig ist".[62]
Grundlage der heutigen Satzung bildet die erste Allmeinordnung von 1912. Das Eigentum hält die Stadt Bludenz, und die Allmeingemeinschaft regelt sämtliche Nutzungsbedingungen bis ins Detail, von den Weideterminen bis zur Stückzahl des aufzutreibenden Viehs.
Als 2001/02 ein Teil der Außerbrazer Allmein abgetrennt und als Golfplatz genutzt werden sollte, wurde dies zu einer gemeinschaftlichen Herausforderung für die Inhaber der bestehenden Weiderechte – also jene 23 Bauernfamilien, deren Vorfahren das Regelsystem zur Bewirtschaftung und Nutzung seit Jahrhunderten selbst definiert hatten. Alle Landwirte kämpften gemeinsam gegen den Verkauf einer Teilfläche durch die Besitzerin und für den Fortbestand der geltenden Rechte. Gemeinsam verhinderten sie, dass die Allmein für Nutzungen außerhalb einer Deckung des Eigenbedarfs zweckentfremdet wurde. Dass diese historische Allmein bis heute erfolgreich besteht, ist auf den Zusammenhalt ihrer Nutzer und den respektvollen Umgang mit dieser Gemeinschaftsressource zurückzuführen.[63]

Jeder Weideberechtigte kann jene Zahl und Gattung von Vieh auftreiben, die er zwischen 1. Oktober und 30. April überwintert hat. Stiere, Schafe, Ziegen und säugende Tiere sind allerdings auf der Allmein Außerbraz nicht zugelassen.

Die Servitute

Die Festlegung der Nutzungsrechte an der Brazer Allmein lässt sich bis ins Mittelalter zurückverfolgen, wie Urkunden des Pfarrarchives belegen.

Bei der Allmeinteilung

im Jahr 1817 wurde festgehalten: „... da Außerbraz mit Radin, Grubs und den zwei Häusern zu St. Leonhard, welche nie herauswuhrten, nie heraussatzten, und so zu sagen von jeher in ihren eigenen Gränzen waren, auch immer diesen Gränzen bleiben, und die Waiden, wie sie es bisher thaten, inner ihrer Gränzen benützen... “[64]

Am 6. Mai 1912

wurde die erste Allmeinordnung in der Gemeindeausschusssitzung beschlossen. Sie bildet die Grundlage der heutigen Satzung.

Die Satzung

enthält genaue Angaben über Erwerb und Verlust der Weiderechte, über Rechte und Pflichten sowie ein Verzeichnis der derzeit 23 Weideberechtigten. Dabei darf kein Nutzungsberechtigter aus dem Gemeindegut einen größeren Nutzen ziehen, als zur Deckung seines Haus- und Gutsbedarfes notwendig ist.

Die Allmein Außerbraz ist etwa 69 Hektar groß und befindet sich im Eigentum der Stadt Bludenz.

Allmein Ludesch

zugehörig zum Stocklosungsfonds Ludesch
Zweck: gemeinsame Viehweide der Bauern
Obmann: Josef Bischof
Allmeinmeister: Robert Fritsche
Mitglieder: etwa zehn Bauern üben derzeit die Nutzung aus

Im Mittelalter lassen sich mehrere Stufen zwischen kollektiver und rein individueller Bewirtschaftung unterscheiden:
Am Allmeingut hatte die Gemeinschaft das alleinige Nutzungsrecht. Beim Eschgut oder Feldrecht handelte es sich um Ackerland in beschränktem gemeinschaftlichen Eigentum, das dem Flurzwang mit Wechsel von Hafer und Brache unterlag. Das Bergrecht erlaubte dem Eigentümer freie Nutzung.[65]

Vorarlberger Allmeinden in der Gegenwart

Bartholomäberg
Allmein (Gemeindegut)

Bludenz
Allmein Außerbraz
Allmein Rungelin

Dalaas
Allmein

Gaschurn
Allmein Schafberg
Außerbacher Schafallmein
Schafallmein Sponna

Klösterle
Allmein Alpe Albona

Laterns
Allmein Tschuggen

Ludesch
Allmein

Nüziders
Allmein Muttersberg

Silbertal
Kristberger Allmein
Silbertaler Allmein

St. Gallenkirch
Allmein Gastauer
Allmein Gortipohl
Allmein Hottis
Allmein Hüttnerberg
Allmein Schaplersberg

Tschagguns
Allmein Mauren

Viktorsberg
Allmein Voralpe[66]

Allmein Ludesch, Mai 2012

Urkunde vom 11. November 1405, in welcher die Nutzung der Ludescher Allmein festgehalten wurde.

Allmein Ludesch

Gütliche Einigung

Über viele Jahrhunderte war die wirtschaftliche Nutzung der Allmeinde auf die Deckung des Eigenbedarfs ausgerichtet. Sie war ein klassisches Gemeingut, für dessen Bewirtschaftung sich die Menschen Regeln gaben. Aufgrund knapper Ressourcen waren Konflikte an der Tagesordnung. Kam es zu Streitigkeiten zwischen zwei Gemeinden, so entschied die Obrigkeit. Im Jahr 1405 wurde ein Konflikt zwischen den Gemeinden Ludesch und Raggal durch den zuständigen Freiherrn, Wolfhard von Brandis, geregelt. Seine Aufzeichnungen enthalten Anweisungen über den Viehtrieb, die Grenzmarken, den Holzbezug und die Nutzung der Allmein.[67]

Die genossenschaftlichen Strukturen schränkten den Spielraum des Einzelnen erheblich ein. Gab es keine Regeln über die Intensität der Nutzung, also die Fläche, die man benötigte, um eine Kuh zu füttern, kam es zu Übernutzung. Falls es keine Beschränkung der Zahl der zugelassenen Tiere gab, waren die reicheren Bauern im Vorteil, da diese größere Herden auf die Allmeinden auftreiben konnten. Mit der wachsenden Bevölkerung veränderten sich zu Beginn des 19. Jahrhunderts die alten Strukturen. Um die Ruinierung der gemeinschaftlichen Wälder und Wiesen zu verhindern, sah sich die Ludescher Gemeindevorstehung gezwungen, eine andere Ordnung für deren Nutzung einzuführen. „Zum Versuch über eine gütliche Einigung für die künftige Nutzung der Allmein"[68]. Gemeinsam bestimmten sie die neue Regelordnung, die eine Trennung zwischen Gemeinde und Nutzern zur Folge hatte. Der Preis für Trennung und Nutznießung waren Pflichten und Fronstunden für die Mitglieder. Die Ludescher Allmein überdauerte selbst die Zeit der beiden Weltkriege, und ihre Regeln sind bis in die Gegenwart gültig. 1963 wurde die Agrargemeinschaft Stocklosungsfonds Ludesch gegründet, die auch die Agenden der Allmein wahrnimmt. Der Umgang mit dem Allmeindegut ist Sache der Mitglieder. In Ludesch ist das Nutzungsrecht erblich.[69]

Siedlung
Allmein Ludesch

Für das Haus in der Siedlung musste Hans Burtscher viel Eigenleistung erbringen. In den Anfangsjahren wohnte die Familie sogar für einige Zeit im Rohbau.

Gemeinnützig

Hans Burtscher hatte drei Schwestern und einen behinderten Bruder. Die Familie war – wie viele in der Zeit der „großen Depression" – bitterarm. Um ein Familienmitglied weniger zu ernähren, musste sich der elfjährige Hans im Jahr 1941 auf „Heima-Hemat" am Ludescherberg das „Kostbrot" als Knecht verdienen. In den Nachkriegsjahren tauschte der damalige Ludescher Pfarrer Albert Ellensohn eine Bergwiese gegen einen Teil der Grundfläche der Ludescher Allmein. Dieser Allmeinteil wurde in beinahe gleich große Flächen aufgeteilt und zu günstigen Konditionen an Ludescher Familien weitergegeben, die dort eine Siedlung mit zwölf Häusern bauten. Hans Burtscher war einer von jenen, die ebenfalls auf diesem Gelände bauen wollten. Da er aber noch ledig war, erfüllte er die Richtlinien vorerst nicht. Um den Zuschlag zu bekommen, nahm er seine Eltern bei sich auf. Sieben Jahre baute er am Haus, das meiste in Eigenleistung. In den ersten Jahren wohnten die Burtschers für einige Zeit im Rohbau. Nach dem Hausbau gründete Hans mit seiner Frau Frida eine eigene Familie. Das Paar bekam drei Kinder. Auch der Sohn Reinhard wohnte später mit seiner Familie dort, bis diese schließlich im Jahr 2000 den Hof „Heima-Hemat" → S. 272 am Ludescherberg erwerben konnte. Hans und Frida Burtscher wohnen immer noch in der Siedlung, die auf dem ehemaligen Allmeingrund steht. Mit dem Erwerb von „Heima-Hemat" – wo Hans einst Knecht gewesen war – schloss sich letztlich für den Sohn Reinhard und dessen Frau Pauline der Familien-Kreis des Lebens und Wohnens.[70]

Wohnanlage Grafisweg 25-29 in Ludesch, Mai 2012.

Allmeinteilweg Ludesch

Auf einem Teilgrundstück der ehemaligen Allmein → S. 210 wurden ab 1993 von der gemeinnützigen Wohnbauvereinigung Vogewosi weitere Wohnungen – die Anlage am Allmeinteilweg sowie jene am angrenzenden Grafisweg und am Eichenweg – errichtet.

Die Wohnanlagen

bestehen aus insgesamt fünf Einheiten. Die Reihenhäuser der ersten Einheit im Allmeinteilweg 1-5 wurden in den Jahren 1993–1995 errichtet. Anfang 2002 bis 2007 entstanden die Holzbauhäuser am Grafisweg 25-29 und am Eichenweg.

Die Bewohner

der ersten Einheit am Allmeinteilweg haben sich teilweise gegenseitig beim Bau unterstützt oder konnten einen Teil in Selbstbauweise errichten. Die Mietkauf-Häuser sind heute großteils im Eigentum der Erstbezieher.

Die Vogewosi

ist Vorarlbergs größte gemeinnützige Wohnbauvereinigung und errichtet nur dort Wohnanlagen, wo auch Bedarf ist. Die Gewinne werden nur im gesetzlich vorgeschriebenen Rahmen erwirtschaftet und in neue Projekte investiert. Die Wohnungen der Vogewosi werden durch die Gemeinden vergeben.[71]

Gemeinnützige „Randsiedlungen“

In den 1930er Jahren, zur Zeit der Weltwirtschaftskrise, herrschten Armut und Arbeitslosigkeit. Gleichzeitig gab es einen großen Bedarf an Wohnraum.

Damals wurde durch den österreichischen Staat ein umfassendes Wohnbauprogramm auf genossenschaftlicher Basis ins Leben gerufen. Vielerorts in Vorarlberg entstanden sogenannte „Randsiedlungen“. Dabei wurden die verfügbaren Grundstücke in annähernd gleich große Flächen geteilt. Jede Familie musste zum Bau des Hauses Eigenleistungen im Umfang von etwa 1.200 Arbeitsstunden einbringen, ohne im Vorhinein zu wissen, welches ihr Haus sein würde. Erst als alle Häuser fertig waren, wurden diese unter den Mitgliedern der Bau- und Siedlungsgemeinschaften verlost. Die Häuser waren nach der Verlosung Privateigentum und sind es bis heute.

Josef Anton Fässler war einer der Initiatoren der Stadtrandsiedlung Birkenwiese in Dornbirn, die 1935 gebaut wurde.[72]

Als Genossenschaft werden die Baugenossenschaft in Feldkirch und die Wohnbauselbsthilfe in Vorarlberg geführt.

„Ätz Herdegat und Seplatbläß,
was machst jetzt du
für blöde Späß,
aus dera Schachtel musst ja du
zum Nümmerle do Nama gi dazu.“

Ella Fässler, die Tochter von Josef Anton Fässler, trug dieses Gedicht als Kind anlässlich der Verlosung bei der Dornbirner „Randsiedlerfeier“ am 14. April 1935 vor.

Stadtrandsiedlung Dornbirn-Birkenwiese, 1935.

Allmeinde Commongrounds Lech

Zweck: gemeinsam genutzter Denk-Raum
Architektur: Katia und Gerold Schneider
Gebaut: Bauetappen 2000, 2006
www.allmeinde.com

Allmeinde Commongrounds

Die Frage nach einer Kulturinstitution in Lech, dem Ort, in dem Katia und Gerold Schneider leben, reicht in die 1990er Jahre zurück. Auf der Suche nach einem geeigneten Namen für Katias Diplomarbeit „Ein Haus für die Alpen" ging es bereits 1994 um die Frage, welche Form und Inhalte ein Kulturinstitut in einem Alpendorf braucht. Die Idee war, eine Kulturinstitution zu schaffen, die sich mit dem eigenen Umfeld beschäftigt, ohne das Thema in verschiedene Disziplinen aufzuspalten. In einer ländlich geprägten Gegend gibt es nicht wie in der Stadt verschiedene Stätten, die sich unterschiedlichen Wissensbereichen widmen. Hier muss man eine mit vielen Wissensbereichen schaffen, die sich den aktuellen unterschiedlichen Fragen stellt, wissensübergreifend ist und in der es darum geht, interdisziplinär nachzudenken. In dieser Zeit fand Gerold Schneider den Begriff Allmende in einem Buch von Ivan Illich, das im Wesentlichen vom Unterschied zwischen den selbsterhaltenden Subsistenzwirtschaften und der heutigen arbeitsteiligen Wirtschaft sowie von der Bedeutung gemeinsamen Wissens handelt. Also Themen, die Katia und Gerold Schneider beschäftigten. Diese Allmeinde in Lech ist keiner bestimmten Funktion zugewiesen. Darum sind auch die Nutzungen des Hauses unterschiedlich. Hauptsächlich dient der Ort einem zeitgemäßen Dialog über Kunst und Architektur. Es werden Künstler, Autoren und Theoretiker eingeladen, einige Zeit hier zu verbringen und sich Gedanken über die alpine Bautradition zu machen. Im Rahmen des Artists-in-Residence-Programms waren bespielsweise Erwin Wurm, ein österreichischer Künstler der Gegenwart, oder der Komponist Alexander Moosbrugger zu Gast. Allmeinde Commongrounds ist ein gemeinsam genutzer Denk-Raum in einem Ort, wo Allmeinden knapp sind.[73]

Die Allmeinde Lech

bietet Künstlern und Wissenschaftern, die für die Institution eine ortsspezifische oder themenrelevante Arbeit schaffen, die Möglichkeit eines Aufenthaltes.

Konnex zur Kunst

Mit ihrer Allmeinde wollen Katia und Gerold Schneider das Potenzial an utopischer Hoffnung, das in Kunst aufgehoben ist, fruchtbar machen.

Künstler

die unter anderen in der Allmeinde zu Gast waren oder ausgestellt haben:
Margherita Spiluttini,
Natanel Gluska,
Bettina Komenda,
Adrian Bischoff,
Bas Princen.

Einrichtungen

Ausstellungs-, Konzert-, Tagungsraum, $150m^2$ im Obergeschoss sowie eine Bibliothek mit über 2.000 Bänden zu Kunst, Kunstgeschichte, Fotografie, Architektur, Architekturtheorie, Literatur, Philosophie, Alpen, Kultur der Walser, Lech/Arlberg und Wintersport, die den Besuchern während der Ausstellungen offensteht.

Katia und Gerold Schneider im Schopf der Allmeinde in Lech.

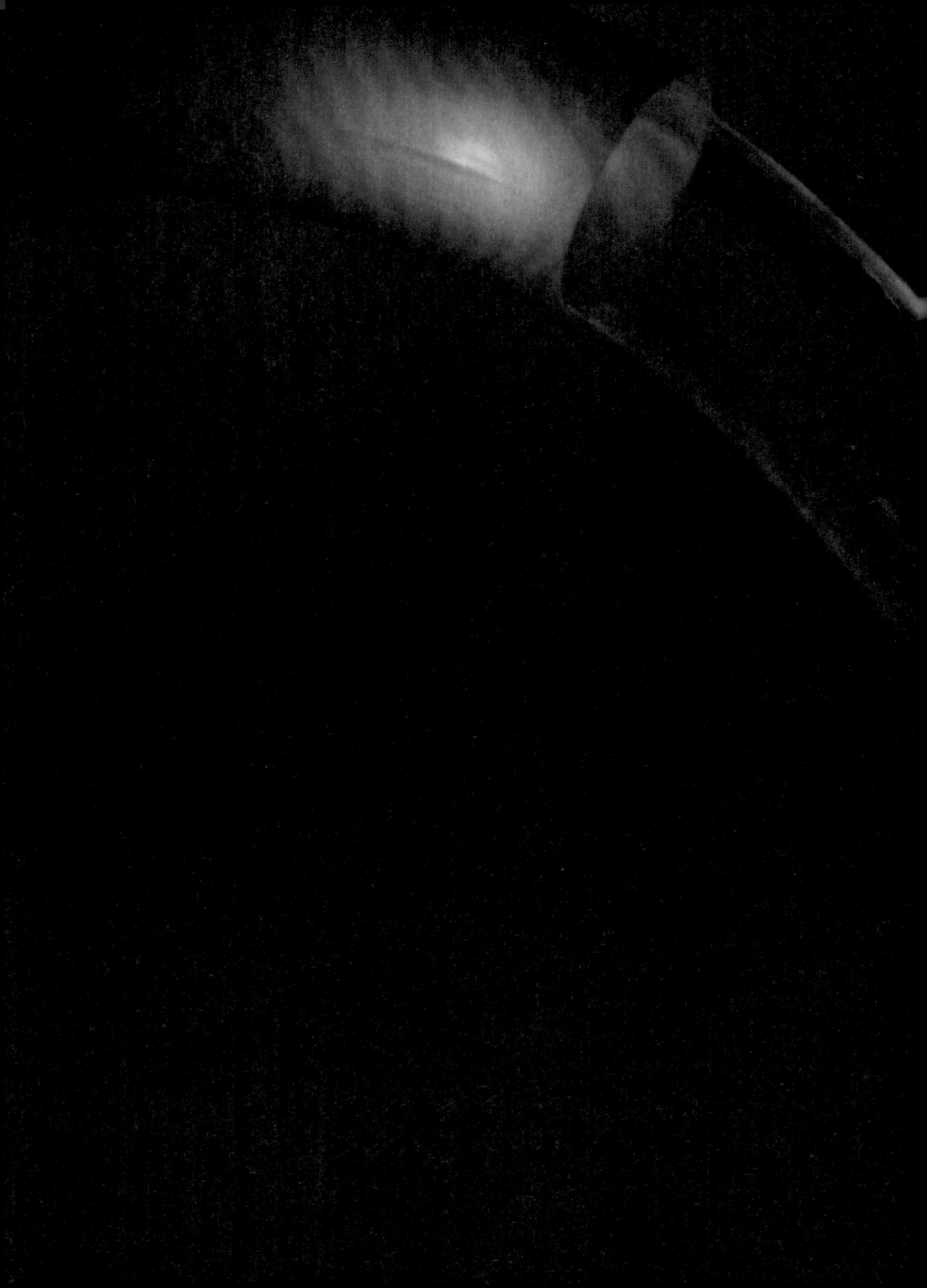

Wasser Genossenschaft Radin

Gegründet 1962
Zweck: Wasserversorgung des Ortsteils
Genossenschaftssitz: Radin, Bludenz
Obmann: Franz Burtscher
Mitglieder: 22
Wasserbezieher: 61

Lebensquellen

In den großen Talschaften Vorarlbergs ist ausreichend gutes und nutzbares Grund- und Quellwasser vorhanden. Dennoch hatten die Bauern von Radin in den 1920er Jahren nicht genügend Wasser zur Verfügung, um ihre Familien und das Vieh zu versorgen. Sie gründeten eine Wasserinteressentenschaft, die 1928–1931 die Brunnenstube neu errichtete. In den 1950er Jahren wurde die Wasserversorgung immer prekärer. Und die Jungen dachten an Abwanderung. Um der Entsiedelung des Ortsteils entgegenzuwirken, gründeten engagierte Familien 1962 die Wassergenossenschaft Radin, der Adolf Burtscher als Obmann über viele Jahre vorstand. Doch das Wasser der Quelle in Obergrubs war rar. Die Knappheit der lokalen Ressource konnte jedoch mit der Erschließung der Altoffa-Quelle ausgeglichen werden. Um das Allgemeingut zu nutzen, wurde eine Zuleitung in das etwa acht Kilometer oberhalb liegende Terrain geschaffen. Unzählige Fronstunden wurden hier von den Mitgliedern der Genossenschaft geleistet, und während der Bauphase gab es in den Haushalten einen Monat lang kein Wasser. Die Bewohner trugen das notwendige Gut vom Brunnen zum Haus, auch das Vieh wurde so versorgt. Mit der Inbetriebnahme eines zeitgemäßen Hochbehälters ist nun ein ausreichender Vorrat an Lösch- und Trinkwasser vorhanden. Dabei tragen die Genossenschaftsmitglieder im Gegensatz zu den später zugezogenen Wasserbeziehern die finanziellen Aufwände für die Errichtung des Wasserbehälters. Wasser ist ein Allgemeingut und darf, wenn ausreichend vorhanden, niemandem verwehrt werden. Das gesellschaftliche Engagement der Genossenschaftsmitglieder garantiert also, neben der Ressource selbst, eine ausreichende Versorgung aller Menschen im Wasserverbund von Radin.[74]

Um das drohende Absterben des gesamten Ortsteils in Radin zu verhindern, wurde bereits in den 1920/30er Jahren eine Wasserinteressentenschaft gegründet.

Da die alte Quelle nicht genug Überlaufwasser lieferte, wurde die Fassung der Altoffa-Quelle notwendig. Die Wassergenossenschaften Radin und Bings teilen sich je zur Hälfte das Wasser sowie die Kosten für den Hochbehälter.

Da die Kommune für das Löschwasser zuständig ist, war ein Wasserverbund der zwei Genossenschaften mit der Stadt Bludenz notwendig.

Um auch den später zugezogenen Wasserbeziehern die Möglichkeit der Mitverantwortung zu bieten, werden diese auf Wunsch in die Genossenschaft aufgenommen.

Trinkwasser

Die Trinkwasserversorgung in Vorarlberg wird zu etwa 70 Prozent aus Grundwasser und zu etwa 30 Prozent aus Quellwasser abgedeckt.

Die Versorgungsstruktur ist aufgrund der historischen Entwicklung dezentral und beruht auf 85 Gemeindeanlagen, drei Wasserverbänden und etwa 100 Wassergenossenschaften.

Rund 97 Prozent der Einwohner sind an kommunale oder genossenschaftliche Versorgungsanlagen angeschlossen.[75]

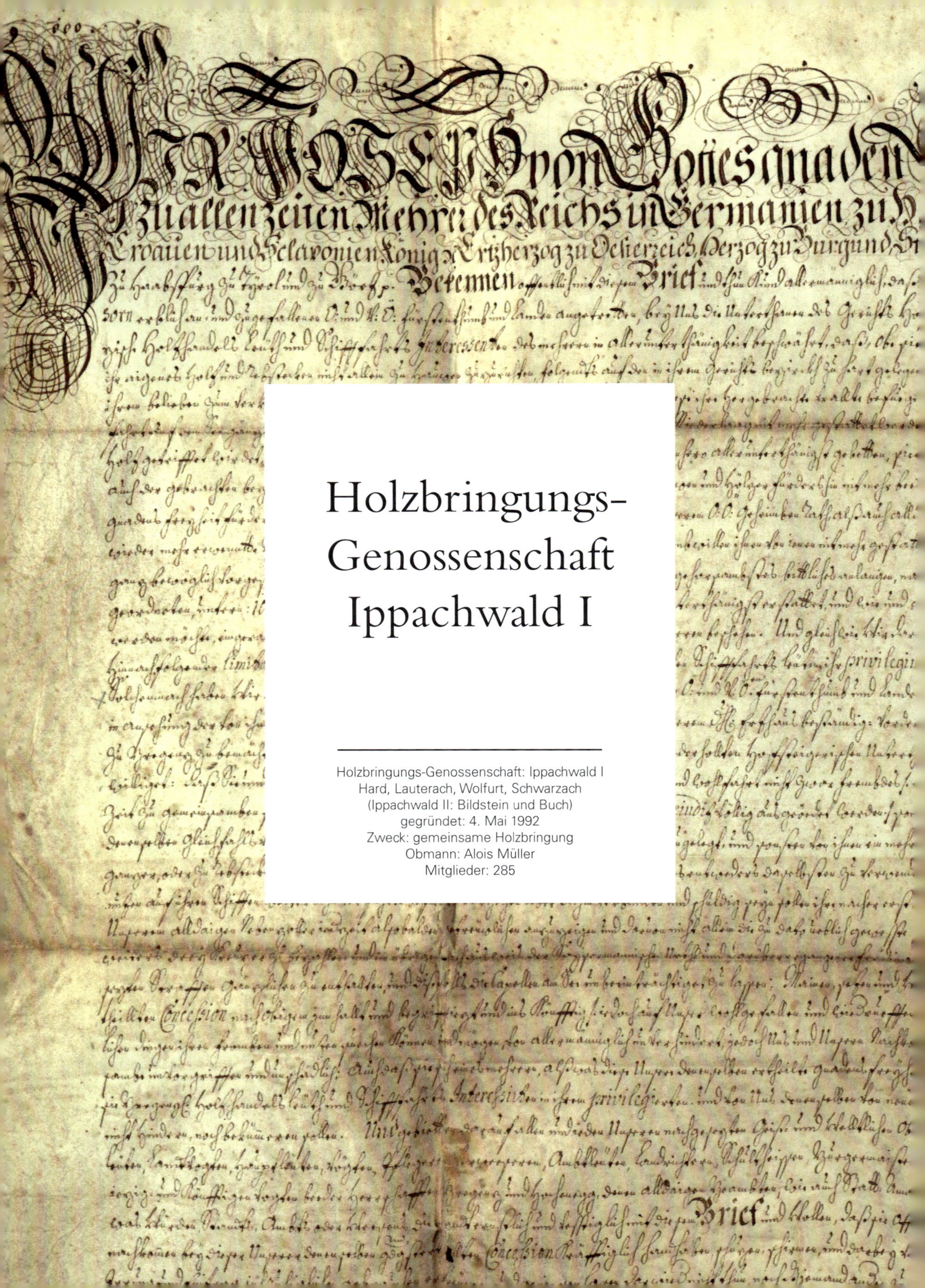

Holzbringungs-Genossenschaft Ippachwald I

Holzbringungs-Genossenschaft: Ippachwald I
Hard, Lauterach, Wolfurt, Schwarzach
(Ippachwald II: Bildstein und Buch)
gegründet: 4. Mai 1992
Zweck: gemeinsame Holzbringung
Obmann: Alois Müller
Mitglieder: 285

Zwischen 900 und 1200 rodeten die Hofsteiger Siedler die Wolfurter Bühel, die sonnigen Südhänge des Steußbergs in Bildstein und die flachen Ebenen und sanften Halden in Fischbach und Buch. Den schattigen, steilen und feuchten Nordhang des Steußbergs beließen sie jedoch in seiner ursprünglichen Bewaldung. So blieb dort der Ippachwald erhalten, dessen uralter Name vermutlich von den zahlreich vorkommenden Eiben (Iba) stammt. Der Wald lieferte den Siedlern das Bauholz für ihre Häuser und Brennholz. Lange Zeit bewirtschafteten die Bauern der alemannischen Markgenossenschaften und der sich daraus entwickelnden Dörfer den Wald und die Felder gemeinsam. Ein Hirte trieb das Vieh aller Höfe auf die Weide, und auch die Ernte von Beeren, Holzäpfeln, Eicheln und anderen Waldfrüchten erfolgte gemeinsam. Unter Aufsicht des Ammanns und Geschworener des Gerichtes Hofsteig wurden jedes Jahr vom Bannwart die zum Fällen bestimmten Bäume „gemalen", das heißt mit einem Mal versehen. Jedes Haus mit einer Feuerstelle bekam eine bestimmte Anzahl von Bäumen zugelost. Wer ein Haus oder einen Stadel baute, erhielt vom Gericht das notwendige Holz gratis. Regelmäßig kontrollierte der Ammann die Marken, mit denen die Gerichtswälder abgegrenzt waren, vermutlich um Holzfrevel vorzubeugen. Um 1544 geben strenge Anweisungen im Hofsteigischen Landsbrauch Auskunft über die Marken der Gemeindehölzer: Binnen eines Zeitraums von einem Jahr und sechseinhalb Wochen musste das gefällte Holz aus dem Wald entfernt sein, sonst konnten andere es wegführen. Das Tannenholz durfte nur als Zimmermannsholz und nicht als Brennholz verwendet werden. Das Eichenholz galt als besonders wertvoll; daraus wurden die Balken für die Brücken geschlagen. Aber auch die Küfer brauchten es für Fässer und Kübel. Mit dieser Holzordnung über die Aufteilung des Waldes fanden die Hofsteiger über viele Jahrhunderte ihr gutes Auskommen. Am Beginn des 18. Jahrhunderts häuften sich aber Streitigkeiten wegen des Gemeinschaftswaldes, und gegen Ende des 18. Jahrhunderts war das Misstrauen der sechs Dörfer gegeneinander und gegen die Obrigkeit so groß geworden, dass die Geschworenen des Gerichts Hofsteig schließlich am 3. Juni 1794 die Aufteilung der Wälder beschlossen. Der Kreishauptmann Ignaz Anton von Indermauer gab am 6. Oktober 1795 seine Zustimmung. Ein Gesetz mit 17 Paragraphen regelte den Ablauf der Teilung. Seit dieser Zeit bewirtschaften im Ippach mehrere hundert Grundbesitzer ihre oft sehr kleinen Waldparzellen.

Ab den 1950er Jahren veränderte die Umstrukturierung der Landwirtschaft auch die Waldbeschwirtschaftung – Maschinen ersetzten menschliche und

27. Mai 1706
Kaiser Josef erteilt den Untertanen des Gerichtes Hofrieden das Privilegium, das auf ihrem Grund und Boden gewachsene Holz auf der Ach zum Holzplatz nach Hard zu flößen und auf Schiffen weiterzuführen.[76] Flößen → S. 318 war bis zum Bau von Straßen oder Güterwegen das sehr gefährliche, aber gängige Transportmittel zur Holzbringung.

tierische Arbeitskraft. Mehrmals versuchten die Gemeinden, die Waldbesitzer zu einem gemeinsamen Straßenbau zu bewegen. 1965 legten Forstfachleute des Landes Vorarlberg zusammen mit dem zuständigen Waldaufseher bei einer Grundbesitzerversammlung baureife Pläne zum Straßenbau vor. Eine Einigung kam aber nicht zustande. Überall im Land wurden Wälder durch neue Güterwege erschlossen. In Wolfurt hingegen ließ man die alten Straßen verfallen, abrutschen, ausschwemmen und vermuren, sodass große Waldflächen – zumal für Traktoren – nicht mehr erreichbar waren. Erst im Winter 1988/89 wurden oberhalb von Frickenesch drei Waldwege saniert. Die Forstbehörde präsentierte für den Ippachwald ein neues Projekt, das den Ausbau von 5,2 km Waldstraßen vorsah. Am 6. April 1990 lud die Gemeinde alle Grundbesitzer zu einem Informationsabend ein. Schließlich wurde das aufgelegte Projekt am 4. Mai 1992 als Bringungsgenossenschaft Ippachwald gegründet. Zu deren Obmann wurde Helmut Schertler gewählt. Bereits 1995 hatte die Genossenschaft mit sechseinhalb Kilometern Straßen etwa 180 Hektar Bergwald für die Bewirtschaftung mit Maschinen erschlossen.[77]
Gegenwärtig sind die Güterwege der Bringungsgenossenschaft Ippachwald I etwa elf km lang.[78]

Plenterwaldstrukturen im Ippachwald. Bei einem Plenterwald existieren alle Entwicklungsstufen von Bäumen neben- und untereinander. Dadurch entstehen auf kleinster Fläche vielfältige Strukturen mit hohen Bestandesstabilitäten und großen ökologischen Werten. Diese naturnahe Waldbewirtschaftungsform wird in Mischwäldern mit Fichte, Weißtanne und Buche angewendet. Voraussetzung für die einzelstammweise Nutzungsform ist eine gute Walderschließung mit Forststraßen. Eine genossenschaftliche Organisation der vielen Kleinwaldbesitzer, wie im Ippachwald, ist daher sehr wichtig für die Erhaltung dieser traditionellen, aber gleichzeitig auch sehr zukunftsfähigen Form der Bewirtschaftung.[79]

Jagdgenossen

In Vorarlberg gibt es
179 Genossenschaftsjagden und 317 Eigenjagden.
Landesjägermeister: Ernst Albrich
Bezirksjägermeister:
Hans Metzler, Reinhard Metzler, Lothar Tomaselli
www.vjagd.at

Joseph Bucher, Jagdgesellschaft am Thüringer Weiher (Familie Griss), 1851, Öl/Leinwand.

Begrenzungen

Im Jahr 1059 verlieh Kaiser Heinrich IV. dem Bischof von Augsburg den Wildbann – also das ausschließliche Recht, in einem bestimmten Jagdbezirk zu jagen. Dessen Grenzen reichten bis ins heutige Vorarlberg. Die topografischen Verhältnisse der Region waren damals bereits bekannt. In der darüber ausgestellten Urkunde werden die Breitach, der Widderstein und die Üntschenspitze genannt.[80]

Im Mittelalter, als die Jagd zum Privileg der Adeligen wurde, entstand das Handwerk der Berufsjäger. Heute sind sie unter der Berufsbezeichnung „Jagdaufseher" bekannt. Sie üben jagdliche und hegerische Tätigkeiten aus, wie etwa tägliche Wildtierfütterungen → S. 233 im Winter. Bis in die erste Hälfte des 19. Jahrhunderts stand das Jagdrecht dem jeweiligen Landesherrn als Jagdregal zu. Nach der Aufhebung der herrschaftlichen Jagdrechte wurde eine Abnahme der Wildbestände aufgrund ungeregelter Jagdausübung befürchtet, sodass die Jagd erstmals einheitlich reguliert wurde. Grundstücke innerhalb eines Jagdbezirkes, die kleiner als 115 Hektar sind, werden in Jagdgenossenschaften zusammengeschlossen. Größere können grundsätzlich als Eigenjagden angemeldet werden. Ist ein Grundstück für die Eigenjagd zu klein, hat der Grundbesitzer einerseits das Recht auf die Jagd, kann aber andererseits wegen der gesetzlich geregelten Mitgliedschaft in einer Jagdgenossenschaft die Jagd durch andere auf seinem Besitz nicht verhindern.

In Vorarlberg gibt es derzeit 179 Genossenschaftsjagden und 317 Eigenjagden. Der Auslauf der Wildtiere wird durch die Faktoren Nahrung, Sicherheit, Witterung und Störungen bestimmt. Manche Tierarten müssen weite Wanderungen zwischen den Winter- und Sommereinstandsgebieten zurücklegen. Diese Wechselwirkungen im Dreiländereck Vorarlberg-Graubünden-Liechtenstein sind von erheblicher Bedeutung für das Wild und die Jagd.[81]

Rotwild in Böschis in Vandans, 2012.

Die „hohe Jagd“

war die Jagd auf das Hochwild und im Mittelalter das Privileg des Adels.

Jagdzubehör
Auf dem Signalhorn

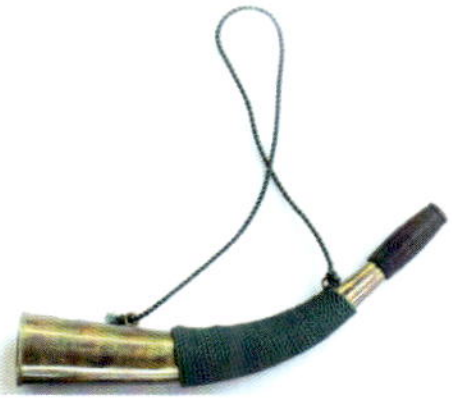

werden Tonfolgen geblasen, die Informationen für Jäger und Treiber vermitteln.

Die Pulverflasche

wurde früher zur Aufbewahrung von Schießpulver genutzt.

Kugelzangen

wurden zum Kugelgießen verwendet.

Die „niedere Jagd“

also das Jagdrecht auf kleinere Tiere wie Hasen und Federwild hatte der niedere Klerus inne.

Wildtierfütterung im Genossenschaftsjagdgebiet Böschis in Vandans, 2012.

Wildruhezonen

Immer mehr Wälder und Wiesen werden vom Menschen genutzt, auch für Erholungszwecke. Dadurch bestehen für viele frei lebende Wildtierarten kaum mehr ruhige, ungestörte Lebensräume.

Die Wildruhezonen sind notwendig, um den Lebensraum der Tiere zu erhalten. Diese Zonen werden behördlich festgelegt. Sie sollen den Lebensraum des Wildes erhalten und gleichzeitig waldgefährdende Wildschäden verhindern. Wildruhezonen dürfen von jagdfremden Personen nicht betreten werden.

Jagdbare Wildarten in Vorarlberg

Haarwild

Schalenwild,
Rot-, Reh-, Dam-, Gams-,
Stein- und Schwarzwild,
wildes Kaninchen,
Feldhase und Schneehase,
Bisamratte und Murmeltier.

Raubwild

Fuchs, Marderhund,
Dachs, Edel- oder Baummarder,
Haus- oder Steinmarder, Iltis,
Hermelin, kleines Wiesel,
Fischotter, Waschbär,
Wildkatze und Luchs.

Federwild

Wachteln, Fasane, Wildtauben,
Reiher, Brachvögel,
Rohrdommeln, Regenpfeifer,
Rallen, Taucher, Kormorane
und alle anderen
Sumpf- und Wasservögel,
Taggreifvögel, Eulen
und Rabenvögel.

Ein Platzhirsch

ist ein Hirsch, der seinen Platz verteidigt. Welchem Hirsch das Recht auf den Platz zusteht, wird durch die Kämpfe mit dem Geweih entschieden.

Forkeln

leitet sich vom Begriff Forke/Gabel ab; gemeint ist also die „gabelförmige" Verästelung des Geweihs.

Im Brunftkampf

stechen sich die Hirsche mit ihren Geweihen auch gegenseitig in die Weichteile. Dies kann zum Tod führen.

Verliert ein Hirschkalb

die Mutter, schließt es sich den Männchen und nicht den Weibchen an.

Jagdaufseher Gerhard Stampfer (rechts) und Werner Neher (links) bereiten die tägliche Wildtierfütterung vor.

Jagdgenossenschaft Vandans

Wildtierfütterung

Gerhard Stampfer ist Jagdaufseher der Genossenschaftsjagd in Vandans. Sein Lehrmeister in den Nachkriegsjahren war der damalige Vandanser Jagdaufseher und Tierpräparator Ignaz Thum → S. 234. Heute führt Gerhard Stampfer neben jagdlichen auch hegerische Tätigkeiten wie die Wildtierfütterung im Winter aus. Für diese Tätigkeiten kommen der Jagdaufseher und sein Kollege Werner Neher täglich von Mitte November bis Mitte April bei jeder Witterung zum Wildtiergehege nach Böschis in Vandans. Das Areal ist etwa ein Hektar groß und hat zwölf Freistände und zwei Tröge bei der Futterkrippe. Gefüttert werden die Tiere mit Apfeltrester (Pressrückständen der Apfelsaftherstellung), Heu und Kraftfutter wie Mais und Sesam. Eigentlich wird der Apfeltrester wegen des hohen Wassergehalts bei der Wildtierfütterung nicht bevorzugt. Auf diesem Gelände gibt es aber keine Quelle, sodass der Trester im Winter die einzige Flüssigkeitszufuhr für die Tiere darstellt.

Die Futterausgabe ist so gestaltet, dass alle der rund hundert Wildtiere etwas zu essen bekommen, auch die schwächeren. Die Rudel bilden Familien, die jeweils vom Muttertier angeführt werden. Dass sich die Tiere in Böschis sicher fühlen, belegen die Schlafstellen bei der Futterstelle. [82]

 Ignaz Thum beim Präparieren von Tieren.

Der Oberjäger

Ignaz Thum kam Mitte der 1920er Jahre als Oberjäger ins Montafon. Der aus Bezau stammende Thum ließ sich in Vandans nieder. Er war auch für seine Tierpräparationen bekannt. Für das Präparieren von Tieren sind besondere Fähigkeiten nötig: Die Tiere werden entsprechend ihrer Anatomie und natürlichen Haltung in Position gebracht. Danach wird die gegerbte Haut ähnlich wie in der Bildhauerei auf einen angefertigten Grundkörper aufgebracht. Dies bedarf umfangreicher Kenntnisse in Anatomie, Verhaltensforschung und Statik.[83]

Trophäen

nimmt der Jäger als Erinnerung an sein Jagderlebnis mit nach Hause.

Der Wert einer Trophäe wird in Gramm und Zentimetern nach einer bestimmten Punktezahl gemessen. Seit 1892 gibt es eine internationale Weltrangliste für viele jagdbare Tiere mit vermessbaren Trophäen.

Die abgeworfenen Geweihe werden auch Stangen genannt.

Die Gemeinschaftsvorsäße Eggatsberg und Hammeratsberg.

Vorsäße Maisäße Alpen

Das Gemeinschaftsvorsäß Schönenbach ist das größte Vorsäß des Hinterbregenzerwaldes.

Nomadenleben

Seit Jahrhunderten ist die Alpung von Vieh – besonders in der Rinderhaltung – für die Vorarlberger Landwirtschaft von großer Bedeutung. Bereits im Mittelalter bediente sich die Viehwirtschaft, ergänzend zum Ackerbau, aller Höhenstufen. Vorsäße und Alpen scheinen seit dem 15. Jahrhundert in den Quellen auf. Aufgrund des Klimawandels drängte die Vieh- und Milchwirtschaft den Getreideanbau zurück: Auf das milde Mittelalter folgten für das Korn nachteilige kühlere Perioden. Einen zusätzlichen Anstoß erhielt die Rinderhaltung durch die Fettsennerei, die höhere Gewinne abwarf.
Voraussetzung für die Rinderhaltung war meist die Mitgliedschaft in einer Dorfgemeinschaft und die Möglichkeit, die Tiere auch im Winter zu füttern. Eine Kuhwinterung war jene Fläche, die man benötigte, um eine Kuh über den Winter zu füttern. Die Diskrepanz zwischen sommerlichem und winterlichem Nahrungsangebot konnte selbst durch die Nutzung der Stufenwirtschaft nicht ausgeglichen werden. Deshalb wurde es üblich, die Kühe im Winter zu vermieten und nur jene zu behalten, die man den Sommer über auf den Allmeindeflächen halten konnte. Oft führten die knappen Ressourcen zu Konflikten über Nutzung und Erhalt von Wegen, Geh- und Viehtriebsrechten oder die Schneeflucht, also das vorzeitige Verlassen der Alpen bei frühem Wintereinbruch.[84]
Aufeinander angewiesen war man bei Brandkatastrophen. In den Alpen lassen sich seit dem 17. Jahrhundert frühe Brand- oder Bauernassekuranzen, also genossenschaftliche Organisationen zur gegenseitigen Vergütung von Feuerschäden, nachweisen.[85]
Das halbe Leben der Bauern spielte und spielt sich bis in die Gegenwart auf den Vorsäßen und Alpen ab.
Die Gemeinschaftsvorsäße sind als Siedlungen angelegt und verfügen meist über eine Gemeinschaftssennerei zur Verarbeitung der Milch. Im Gegensatz dazu gibt es auf den Gemeinschaftsalpen nur ein einziges Alpgebäude. Man unterscheidet zwischen Galt-, Melk- und Sennalpen.
Die Vorsäße und die bewirtschafteten Alpen haben sich zu einem prägenden Kulturgut entwickelt, das nicht mehr wegzudenken ist.
Das Alpleben kommt einem Nomadenleben gleich. Denn die rund eintausend Vorarlberger Älplerinnen und Älpler ziehen im Frühling mit den Tieren vom Heimgut (Dorf) auf die Vorsäße der mittelalpinen Berghänge und dann auf die Alpe. Im Herbst geht es denselben Weg zurück. In einer Drei-Stufen-Landwirtschaft wird also dem Futterwuchs „nachgefahren“. Dadurch erhalten die Tiere junges, nährstoffreiches Futter. Diese Tradition der Bewirtschaftung ist arbeits- und zeitintensiv.

Der Wanderführer Pius Feurstein in einem Schönenbacher Schopf, dem typischen Anbau an der Traufseite der Bregenzerwälder Bauernhäuser.

Das Vorsäß

ist ein Wohn- und Wirtschaftsgebäude mit „einmähdiger" Wiese (die also nur einmal im Jahr gemäht wird). Das Vor- oder Maisäß wird von Ende Mai bis Ende Juni und von Mitte September bis Mitte Oktober bewirtschaftet und als Weide genutzt. Die Alpbetriebe befinden sich auf 1.000 bis 1.800 m Seehöhe und werden nur während der Sommermonate bewirtschaftet.

In Vorarlberg wurden im Sommer 2010 531 Alpen selbstständig bewirtschaftet.

Mehr als 40.000 Tiere verbringen den Sommer auf den Alpen.

Eine Galtalpe

ist eine Alpe mit Jungvieh, das keine Milch gibt.

Eine Melkalpe

ist eine Alpe mit Kühen und Jungvieh, wobei die Milch nicht vor Ort verarbeitet wird.

Eine Sennalpe

ist eine Alpe mit Kühen und Jungvieh, wobei die Milch auf der Alpe zu Butter und Käse verarbeitet wird. Die Molke dient als Futter für die Alpschweine.

Alpkäse und Alpbutter

Die frische Milch wird zur Aufrahmung sofort in kleinere Behälter abgefüllt.

Alpbutter

Am Tag darauf erfolgt die Entrahmung zur Erreichung des gewünschten Fettgehalts des Käses durch das händische Abschöpfen des Rahmes (Alpbutter).

Aus der entrahmten Milch wird in kupfernen Sennkesseln mit Hilfe von Milchsäurebakterien-Kulturen und Labstoffen der Alpkäse hergestellt.
Die Milch wird etwa 45 Minuten gekocht, bis sie mit der Käseharfe zerschnitten wird.
Danach wird sie noch einmal 30 Minuten schonend gekocht.

Der Käsebruch

Nach dem Erwärmen schöpft man den Käsebruch mit Hilfe eines großen Tuches aus dem Sennkessel heraus und presst ihn für einen Tag in einer runden Form.

Salzbad

Der so entstandene Käselaib wird anschließend ins Salzbad gelegt und dort zur guten Ausbildung der Rinde regelmäßig behandelt.

Danach wird der Käselaib in ein Salzbad gelegt und mehrfach gewendet.

Reifekeller

Nach drei Tagen kommt er für etwa drei Monate bis zur Lochbildung in den Reifekeller.

Die Vollreifung dauert acht bis zwölf Monate.[86]

Sennalpe in Egg, 1926

Alpendrang

Früher waren die Alpen meist schwer zugänglich und oft mehrere Fußstunden vom Ort entfernt. Darum achtete jeder Bauer darauf, nur das Nötigste auf die Alpe mitzunehmen.

Der Alpauftrieb

wurde beim Kirchgang verkündet. Zuerst wandert man mit dem Vieh aufs Vorsäß. Da bleibt man in der Regel bis zum Kilianstag, danach folgt der Aufzug auf die Alpen.

Plunder

war der Hausrat, den vollgeladenen Pferdewagen mit dem Hab und Gut der Bauernfamilien nannte man Plunderwagen.

Bei Genossenschaftsalpen

bleibt das wichtigste Dokument – das Alpbuch, in dem alle Weiderechte vermerkt sind – im Tal.

Der Sennkessel

ist aus Kupfer. Er ist das wertvollste und zugleich schwerste Gerät auf der Alpe. Früher wurde er im Herbst nicht zurück ins Tal befördert, sondern vor dem Alp-Abgang einfach im Boden vergraben.

Im Surputsch

– einem Holzfass – wurden die Lebensmittel, die man den Sommer über auf der Alpe benötigte, transportiert. Hauptnahrungsmittel auf der Alpe sind jedoch die dort erzeugten Milchprodukte.

Eine mit Maien verzierte Kuh am Heiligkreuztag in Schwarzenberg.

Etwa eine Woche nach dem Schwarzenberger Alpabtrieb wurden bei der „Schafschood" (Schaftrennung) rund 900 Schafe von der Alpe Schadona nach Schoppernau getrieben.

Segoin und Sig

Segoin (Molke) ist die wässrige grünlich-gelbe Restflüssigkeit, die bei der Käseherstellung entsteht. Aus ihr wird durch langes Einkochen der Sig hergestellt.

Das Ref

ist eine Art hölzerner Rucksack, ein Tragegestell für Käse.

„ma schorat"

Die Tage für das Alppersonal – die Küher, Senner oder Pfister (Kleinhirten) – sind lang. Um vier Uhr in der Früh wird das Vieh auf die Weide getrieben und um acht Uhr abends zum Melken in den Stall geholt. Der Senner ist während des Großteils des Tages mit der Käseherstellung beschäftigt. Daneben muss der Stall täglich gereinigt werden: „ma schorat", „ma stoflat" bedeutet, dass man den Mist in die nächste Umgebung streut.

Schwenden

und Steine auflesen, Wegen und Hagen (Wege machen sowie Zäune errichten oder reparieren) gehören ebenfalls zu den Alparbeiten. „Littahöuo" wird das Abmähen steiler Hänge zwischen den Felsen genannt. Da es sehr gefährlich ist, wird es heute nicht mehr praktiziert.

Schneeflucht

Früher Wintereinfall auf der Alpe zwang die Älpler zum vorzeitigen Abgang. Der wird Schneeflucht genannt. Der allgemeine Abzug von den Alpen folgt zum Heiligkreuztag.[87]

Weide und Wunn

Die Weideflächen wurden im Mittelalter und in der Frühen Neuzeit auch Wunn genannt. Da die Tiere oft ab Mai auf die Weide getrieben wurden, entstand der Ausdruck „Wunnemonat". Welche Wonne mit schönen Weiden verbunden war, zeigt auch der Begriff „Augenweide".

Etwa 1.000 Älplerinnen und Älpler übernehmen derzeit alljährlich die Betreuung der Tiere auf der Alpe, sowie die Herstellung von Käse und Butter aus der Milch von über 9.000 Kühen.

Auf die Vorsäße zieht man um den 20.–25. Mai. Alpauftrieb ist meist an St. Kilian, dem 8. Juli.

Alpabtrieb

ist am Heiligkreuztag, dem 14. September.

Mit Maien

– also Sträußen – verziert werden Älpler und Tiere, wenn während der Alpzeit kein Unglück passiert ist.

V.l.n.r.: Carmen Fetz von der Alpe Hirschberg und Nicole Fenkart von der Alpe Mittelargen beim Alpabtrieb 2011 in Schwarzenberg.

Die Bergmähder auf Glong

Weil der Bodenertrag im Klostertal kärglich war, kultivierten die Bauern Jahrhunderte hindurch die Bergmähder auf Glong oberhalb des Dorfs Wald am Arlberg. Es ist ein Hochtal, das sich aufgrund seiner steilen Lage nicht zur Alpe eignete, jedoch gutes Gras aufwies.
Bis in die 1960er Jahre dienten die Bergmähder zur Gewinnung von Winterfutter.

Neben der Mahd

im Sommer und dem Abtransport des Heus im Winter mussten im Frühjahr die Flächen geräumt und die Heubargen ausgebessert werden. Zusätzlich zur Schwendearbeit wurden regelmäßig Steine zusammengelesen und damit Lesesteinmauern entlang der Besitzgrenzen gezogen.

Die Heuet

begann um den 10. August herum und dauerte je nach Wetterlage 14 Tage bis vier Wochen.
Bei gutem Wetter arbeitete die ganze Familie vom Kind bis zum Großvater in den Steillagen, die mancherorts so extrem waren, dass für die Arbeit Steigeisen verwendet wurden.

Der Glongheuzug

konnte nur gemeinsam geschafft werden. Er war bis in die 1960er Jahre der größte Heuzug im Klostertal. Alle verfügbaren Männer aus Wald am Arlberg und den Nachbarorten standen dafür im Einsatz.

Die traditionelle Art

der Bergmähder-Nutzung wurde um 1960 aufgelassen und ab 1998 mit einer Beweidung durch Schafe weitergeführt. Eine Änderung der Nutzung führt in den meisten Fällen zu einem Wandel des Landschaftsbilds.[88]

Heubarge auf Glong. V.l.n.r.: Albertina Mitterlehner, Hugo Mitterlehner, Daniel Mitterlehner, Wilhelm Thoma, Reinhold Thoma, Josef Bauer jun., Josef Bauer. Josef Bauer war der Fotograf dieser Abbildung.

Agrargemeinschaft Nenzing

Gegründet am 1. Jänner 1965
Zweck: Selbstverwaltung Talweiden, Alpen und Waldungen
Obmann: Bruno Hummer
Aufsichtsrat: Dr. Hans Meier
aktuelle Mitglieder: etwa 680
www.agrar-nenzing.at

Hüttenkolonie im Nenzinger Himmel, 2012.

Allen gehört alles, niemandem gehört etwas Bestimmtes – nach diesem Leitgedanken agieren die Mitglieder und Nutzungsrechte-Inhaber der größten Agrargemeinschaft Vorarlbergs. Die Nenzinger Agrargemeinschaft umfasst Talweiden, Alpen und Waldungen, die seit vielen Jahrzehnten in Selbstverwaltung genutzt werden. Aus dem historisch verbrieften Gemeindegut ging am 1. Jänner 1965 die nach dem Flurverfassungsgesetz neu geregelte Agrargemeinschaft Nenzing hervor, an der die Gemeinde Anteile hält.
Die größte Alpe der Agrargemeinschaft ist Gamperdona – oder Gamperdond, wie die Nenzinger sagen – und liegt im Gamperdonatal (Nenzinger Himmel). Verschiedene Ordnungen regelten bereits im 16. Jahrhundert die Alp- und Waldnutzung im Gamperdonatal. Durch die große Entfernung und Steilheit wurde der Wald hauptsächlich für die Maisäß-Hütten im Gamperdona und deren Alpen verwendet. Ein „Waldhirte" (Förster) überprüfte die Einhaltung der Waldordnung.
Zu Beginn des 19. Jahrhunderts versuchte der Staat, sich die Wälder im Tal anzueignen. Trotz heftiger Proteste der Nenzinger Bürger wurden im Jahr 1826 vom Bludenzer Gericht die Waldungen im Nenzinger Himmel endgültig dem Ärar, also dem Staat (heutige Bundesforste) zugesprochen. Als Zugeständnis bekam die Allmendgemeinde jedoch in diesen Waldungen das Weiderecht und für die Alpen das Holzbezugsrecht. Bis Ende der 1960er Jahre brachten Flößer das Holz in gefährlicher Arbeit durch die heute noch unbegehbare, wilde Mengschlucht nach Nenzing, zum sogenannten Triftplatz. Dabei gab es immer wieder Tote zu beklagen.
Bis 1972 blieben die Waldungen im Staatseigentum. Streitigkeiten um die Servitutsbelastungen, die mit dem Staatsbesitz im Gamperdonatal verbunden waren, konnten erst mit deren Kauf durch die Agrargemeinschaft Nenzing gelöst werden.
Voraussetzung für eine Nutzung von Weiden und Wald war früher das „Gemeinderecht". Heute ist es die Mitgliedschaft bei der Agrargemeinschaft. Das „Gemeinderecht" konnte man durch Abstammung, Einkauf oder Verleihung erhalten. Nicht nutzungsberechtigte Bürger der Gemeinde Nenzing wurden als Personen mit Domizilrecht oder auch als „Fremde" bezeichnet. Schon im 18. Jahrhundert wurden Nutzungsrechte aufgrund von besonderen Leistungen vergeben, andere Interessierte konnten sie käuflich erwerben.
Die Verantwortung für den Großteil des Wegs ins Gamperdonatal, vor allem für seine Erhaltung, lag bis Anfang der 1950er Jahre bei der Alpgenossenschaft Nenzing. 1969 wurde die Güterweggenossenschaft Gamperdona gegründet. Diese rechtliche Änderung nach dem Güter- und Seilweggesetz regelte die Haftungsfrage.
Gegenwärtig hat die Agrargemeinschaft Nenzing etwa 680 nutzungsberechtigte Bürger. Dieses Recht ist im Prinzip ein Hausrecht: Pro Haushalt kann nur eine Person (ohne Unterschied des Geschlechts) die Nutzungsberechtigungen erhalten, z. B. das jährliche Holzlos oder das Recht auf den Bau einer Gamperdondhütte. Jedes Mitglied leistet jährlich einen Arbeitstag als Frondienst in Form von Aufforstungen oder Ähnlichem.[89]

Gamperdond

(Gamperdona)
wird auch Nenzinger Himmel genannt.
Auf der Kuhalpe Gamperdona werden etwa 130 Kühe gesömmert. Jeden Tag werden in der Gemeinschaftssennerei etwa 3.000 Liter Milch zu Alpkäse verarbeitet.

Der gesamte Nenzinger Himmel mit seinen einzigartigen Alpenpflanzen ist unter Pflanzenschutz gestellt. Eine Besonderheit stellt auch der Spirkenwald bei der Bärarüfe dar.

Weitere Alpen

der Agrargemeinschaft Nenzing:
Alpe Setsch, Alpe Vermales, Alpe Stafeldon, Alpe Güfel, Alpe Panül, Alpe Vals, Alpe Alpila, Ochsenalpe.

Zur Agrargemeinschaft Nenzing gehören auch die Alpen:
Gurtis Mittelberg
Alpe Parpfienz,
Alpe Furkla,
Alpe Valscherina, Alpe Sattel,
Alpe Galina.

Der Weg ins Gamperdonatal

und seine Erhaltung liegen bei der Güterweggenossenschaft Gamperdona – die 1969 gegründet wurde.

Auf dem Gebiet der Agrargemeinschaft Nenzing gibt es zehn Eigenjagden und zwei Genossenschaftsjagden.[90]

Hüttenkolonie im Nenzinger Himmel, um 1900.

Allmein- und Alpgeschichten

Berichte aus dem Archiv

Regesten von Urkunden
im Vorarlberger Landesarchiv –
eine Auswahl

Eugen Jussel, Junger Almhirte an der Tränke, 1940, Öl auf Holz, 62,5 x 78 cm

28. November 1383
Ulrich und Hugo die Rigler, Andreas von Bürs, Heinz und Henni, genannt die Kobel, Rudi vom Bach zu Schlins, Heinz Ambrül, Ulrich Peschif, Gaudenz Kindli und des verstorbenen Welz Buschins Sohn von Bangs verkaufen um 100 Pfund Pfennig Herrn Ulrich dem Triesner, Kirchherrn zu Nüziders, und einer Reihe namentlich aufgeführter Genossen die Alpe Inner-Formarin → S. 386.[91]

14. Januar 1388
Graf Rudolf von Montfort, Herr zu Feldkirch, entscheidet in Streitigkeiten zwischen seinen Leuten im Kirchspiel zu Rankweil an einem und denen von Tufers und von Unterfelden mit ihren Genossen am anderen Teil „von der waid und gemeinde wegen und och von dez buws wegen an dem berg und der kilchen zu Rankweil".[92]

27. Mai 1399
Jakob Hartmann, Landammann zu Rankweil, Hermann von Sigavis, Johann Gremblich und Frick Töltsch treffen über Ersuchen eine Vereinbarung in Streitigkeiten zwischen Jos und Hans, den Söhnen des verstorbenen Peter Ammann von Düns; Peter, Heinrich und ihren Geschwistern, Kinder des verstorbenen Martin Ammann; Peter, Heinrich, Christian und Hans, Söhne des verstorbenen Walter Wallisers von Düns wegen Grenzen und Weiderechten in der hinteren Alpila → S. 360, gelegen am Dünserberg, und Nutzung der Allmein an einem und den Bewohnern von Schnifis am anderen Teil.[93]

4. Dezember 1470
Ulrich, Freiherr von Brandis, Vogt zu Feldkirch, entscheidet in Streitigkeiten, welche zwischen den Bewohnern des Dorfes und Kirchspiels Götzis wegen Nutzung der Allmein ausgebrochen sind.[94]

21. Juni 1479
Sigmund Vonbun, sesshaft zu Bürs, der im Auftrag Junker Jakobs von Ems, Vogt zu Bludenz und Sonnenberg, zu Nüziders zu Gericht sitzt, entscheidet in Streitigkeiten zwischen den Bergleuten auf Gurtis und denen von Nenzing → S. 250 wegen der Ross- und Schafweide, des Einschlagens der Güter und des Viehbetriebs auf der Allmein dahin, dass beide Teile ihre vermeintlichen Rechte durch Zeugen zu erweisen haben.[95]

19. Juni 1482
Die Alpgenossen der Alpe genannt „Prann" (Zalim) setzen eine neue Alpordnung, da diese Alpe „wüstlich und unordentlich gebraucht, gehalten und genossen worden ist".[96]

12. Dezember 1496
Die Bürser Alpgenossen der Alpe zum See, in Lün → S. 370 und im Maisäß Rells in Unser-Frauen-Kirchspiel im Montafon (Tschagguns) vertauschen ihre Rechte daselbst mit den Rechten der Vandanser Alpgenossen in der Alpe Salonien.[97]

9. Juni 1506
Sigmund, Freiherr von Brandis, Herr zu Blumenegg, setzt auf Bitten der Gemeinden Ludesch, Thüringen und Bludesch neue Artikel: 1. dass niemand außerhalb der drei Dörfer ein Haus bauen solle, es wäre denn Hofstattrecht. 2. Niemand soll Holz aus der Herrschaft Blumenegg ausführen. Walliser Hintersassen dürfen das auf der Lutz geflößte Holz nur gegen bestimmte Abgaben aus der Herrschaft bringen. 3. Über den Holzschlag in den Bannhölzern. 4. Vom Einkauf in die Herrschaft und in eines der Dörfer. 5. Vom Sandholz auf der Lutz und Vallstaren. 6. Vom Nachfloß. 7. Von der im Zug befindlichen Ausmarkung zwischen Allmein- und Eigengütern. 8. Von der Pflicht der Geschworenen, die Bußen einzuziehen und ihren Nachfolgern zu überantworten. 9. dass niemand neben den Wegen oder über Äcker und Wiesen anderer fahre.[98]

25. Mai 1534
Wolf Tschol der Obere zu Dalaas und seine Ehefrau Elsa Schneiderin verkaufen der St. Nikolauskapelle zu Braz ein Viertel Sommeralpschmalz, Kuhmolken, Bludenzer Gewichts, jährliches Martini-Schmalzgeld → S. 277 ab ihrem Maisäß oberhalb von Braz, genannt Bolfon, stößt an Berchtold Purtschers Gut, an Brazer Gut und an die Allmein → S. 202. Die genauere Markenbeschreibung führt die Weiße Platte, das darob gelegene Töbelin, den großen weißen Eggstein und Gafar [Alpe in Braz] an. Die Geschworenen und eine ganze Gemeinde zu Braz haben ihnen ihr Eigengut und Allmein in den angegebenen Marken zu kaufen gegeben.[99]

21. Mai 1543
Hans Gantner, sesshaft zu Dalaas, und seine Ehefrau Grete Steubin verkaufen dem Hans Pfeifer und seiner Ehefrau Barfla ihr eigenes Haus, Hofstatt, Stadel und Gut um 173 Pfund Pfennig, alles ob der Landstraße gelegen, genannt Göttschlin, stößt einwärts an Glongbach, auf- und auswärts an die Allmein, abwärts an die Landstraße. Item ein Stück Gut daselbst unter der Landstraße, samt dem Wald darin, wie es die Verkäufer von Hans Gell erkauft haben, der es wieder von Grünermel an sich gebracht hat. Holz und Laub hat sich der Gell vorbehalten (Grenzen genannt). Item ein Wald auf Glong → S. 246 gelegen. Lasten genannt.[100]

7. Dezember 1570
Die Stände und Genossleute allgemeinlich, derzeit Genossen unter der Brugg, die eine genannt Sonnenberger Genoss, die andere die der alten Österreicher, genannt Ramschwags Genoss, schließen in einem Streithandel wegen des „Uffangs" diesbezüglich einen Vergleich, wonach der Auffang oder die Aufnahme von zuziehenden steuerbaren Personen von beiden Genossenschaften abwechselnd zu geschehen hätte.[101]

16. Januar 1577
Landammann, Rat und ganze Gemeinde des Hinterbregenzerwaldes befreien zu Gunsten des Grafen Jakob Hannibal von Hohenems für seine Lebenszeit gegen Revers die Jagd auf das Federwild im Restnerberge, soweit er in ihrem Land liegt. Die Jagd auf Federwild ist im Bregenzerwald frei; aus Rücksicht auf die Verdienste des Grafen und seiner Vorfahren um das Land, und um ihn zu ehren, wird nun beschlossen, dass, so lange er lebt, niemand außer demselben im Restnerberg auf Federwild jagen darf. Die Grenzen des befreiten Gebietes gehen bis an den Kalten Brunnen, an die Herrschaft Bregenz stoßend, von da bis an die Lorena → S. 332 und um den ganzen Bezirk des Restnerbergs.[102]

12. April 1580
Die Alpgenossen der neuen Alp, die Hinter Önsch genannt, verkaufen dem Merk Muxel in der Au ihr Eigengut, genannt Hinter der Önscher, das vor etlichen Jahren, als man die Alp geteilt hat, zu ihrer, der hinteren Alp, geteilt worden war, mit allen Mähdern, Geißweiden und Gerechtigkeiten, belastet mit Herrenzins und -dienst, um 100 Gulden.[103]

11. Mai 1608
Alpbrief über das Alprecht Valzifenz → S. 380 im Montafon, so jetzt etlichen blumeneggischen Untertanen, in den Dörfern Bludesch, Thüringen und Ludesch sesshaft, zugehörig und derselben Häuser und Hofstätten zugeschrieben ist.[104]

11. November 1608
Konrad Stark, Ulrich Böckle und Genossen in der Mäder reversieren dem Georg Rudolf von Altmannshausen als Hubmeister zu Feldkirch um die inserierte Verleihung des Wasserflusses und Mühleschlags am Rhein zwischen der Illmündung und der vormaligen St. Nikolauskapelle zu Mühle, Stampf und Pläuel gegen jährlich fünf Viertel Weizen oder Kernen. Der inserierte Verleihbrief, vom Hubmeister besiegelt, ist vom gleichen Datum.[105]

10. November 1609
Die Brüder Hans und Peter die Zündel an dem Schwarzenberg im Bregenzerwald verkaufen dem Grafen Kaspar von Hohenems

um 23 Pfund Pfennig einen jährlich ablösbaren Martinizins von einem Pfund 3 Schilling von anderthalb Rindsrechten zu Britterberg, an den Geißkopf → S. 332, an den Gugelstein, an die Mühlach und an die Maiern stoßend, belastet mit dem rechten Herrenzins und -dienst.[106]

9. Juli 1618
Der Hinterwälder Landammann Galle Greussing, Jörg Egender, Michael Schwarz, Hans Aberer, Melcher Bader und Landschreiber Kaspar Feurstein schlichten einen Streit zwischen Heinrich Stöckler, Adam Greber und Jos Feurstein als Vertreter der Alpgenossen der unteren Alp Falz → S. 331 und Hans Helbock, Hans Greber und Kaspar Schmied, Alpgenossen der Alp Bulersch, wegen Markens zwischen diesen Alpen auf Isewart.[107]

25. September 1641
Markenbrief: Zwischen der Gemeinde Nenzing und der Gemeinde Triesenberg werden in Betreff der Alpe Gamperdona → S. 248 nach Laut der Briefe und Siegel im Beisein des Landammanns der Grafschaft Vaduz, Adam Walter, und des Hans Jakob Wehinger des Gerichts Sonnenberg als Vertreter des Landammanns Johann Nasal zu Sonnenberg die Stellen bezeichnet, wo die Grenzmarksteine zu stehen kommen sollen.[108]

30. November 1645
Christian Türtscher/Deurtscher, sesshaft in der äußeren Fontellen → S. 362 im Damülser Kirchspiel, und Katharina Fetzlin, seine Ehefrau, geben dem Zeilfest/Silvester Türtscher, auch daselbst gesessen, und Katharina Bertholdin, seiner Ehefrau, um 5 Pfund Pfennig Konstanzer Münze Feldkircher Währung ein immerwährendes Almosen oder Stiftung von 5 Schilling Pfennig Spend jährlich auf Martini. Als Unterpfand geben sie ein Kuhheuland, auf der Stelli [Unterstand oder Flurname] gelegen; stößt aufwärts an das Alprecht, auswärts an Kasper Bertholds Gut, abwärts an Christian Nigschs Mahd, einwärts an das Alprecht.[109]

1. März 1646
Pfarrer Christian Kraft zu Bürs vergleicht sich mit der Gemeinde Bürs in Zehentstreitigkeiten, die ihm an Stelle des Zehenten in den neuen Weingärten und Auländern das Recht zugesteht, sein Vieh in den Alpen Rells → S. 370 und Salonien sömmern zu dürfen.[110]

8. März 1655
Die Steuervögte und Genossen des Gerichts Jagdberg beurkunden dem Eitel Bernhard, Untervogt zu Feldkirch, seine Entlassung und Ledigsprechung aus ihrer Genoss.[111]

29. Oktober 1658
Johannes Waldner, Landammann im Hinterbregenzerwald, urteilt auf Klagen einiger Alpgenossen im Ostergunten gegen die anderen Alpgenossen wegen Übersatz [zuviele Tiere auf der Alpe] und Streueheuen in der Alp dahin, dass die Alpgenossen im Ostergunten die Streue in ihrer Alp wohl heuen mögen, wenn man von der Alp gezogen ist; wer selbst nicht heut, kann es vergeben. Die Übersatzung soll zur Hälfte auf das Gut, zur Hälfte auf die Kühe und die Alpunkosten gelegt werden.[112]

20. Februar 1740, Bürstegg
Partikulartestament des Johann Jochum, Leonhards Sohn, aus Schröcken, in welchem er der Kapelle zum hl. Martin und Anton auf dem Bürstegg → S. 348 seine Alpe oder Sommerweide „auf dem Gletscher" unter bestimmten Bedingungen vermacht.[113]

5. September 1740
Nikolaus Melchior Aberer, alter Landammann, entscheidet als Obmann eines Schiedsgerichts in Streitigkeiten zwischen den Teilgenossen des Maisäßes Schönenbach → S. 336 und den Alpgenossen der Alpe „Neiffer"/Ifen bezüglich Viehtriebrechten aus Ifen über den so genannten „Honstig".[114]

11. Februar 1743
Kaspar Fink, Stabhalter respektive Landammann im Hinterbregenzerwald, urteilt am Fasnachtgericht an der Egg über Fahrrechte zu Widum und am Ittersberg (Pfarre Egg) bis gegen Schmarreute ob der Gass auf Klage von Johann Kaspar Meusburger, Kaspar Berlinger und Genossen.[115]

Junghirte Christoph Moosbrugger auf der Alpe Lün, Juli 2012

Jakob Franz Zipper, Flirt in der Küche, um 1705,
Öl/Leinwand, 110 x 120 cm

Tischgenossen

Allmeingut Essen

259

Bernhard Tschofen

GESCHMACK DER BERGE? MUTMASSUNGEN ÜBER DIE ALPEN-LÄNDISCHE KÜCHE

Bernhard Tschofen, geb. 1966 in Bregenz, ist seit 2004 Professor für Empirische Kulturwissenschaft am Ludwig-Uhland-Institut der Universität Tübingen mit den Schwerpunkten Regionale Ethnographie und Kulturanalyse des Alltags. Zu seinen Arbeitsgebieten in Forschung und Lehre gehören die Berührungsflächen von Alltags- und Wissenskulturen (in Tourismus, Kulturerbe und Museum) sowie raumkulturelle Fragen in Geschichte und Gegenwart.

Vergangenen Generationen musste weder das Kochen in den Bergen erläutert werden, noch hatten sie ein Interesse am „Alpenländischen". Den Bewohnerinnen und Bewohnern der Gebirgsregionen wäre ihr eigener (Essens-)Alltag zu unspektakulär erschienen, als dass sie ihn mit einem ordnenden Adjektiv versehen hätten; und auf dem flachen Land und besonders in der Stadt galt die Kost der Gebirgstäler lange Zeit ohnehin nur als roh und unverfeinert. Was in den Bergen gekocht wurde, trug noch nicht das Etikett des Alpinen, und sollte es sich von den Küchengewohnheiten anderer Regionen unterschieden haben, so verband sich damit zumindest noch keine besondere Qualität des Geschmacks.

Wo sich jedoch kulturelle Unterschiede zu verändern und zu verwischen drohen, wächst das Bedürfnis, das einmal als typisch und eigen Erkannte festzuhalten und zu „labeln". „Alpenländische Küche" ist so ein Label: Es verspricht Orientierung und Verständigung, weil wir heute gewohnt sind, mit dem Kochen in den Bergen spezifische Qualitäten zu verbinden; und als homogenisierender Singular vereint es in sich, was zwar generelle Gemeinsamkeiten haben mag, sich aber in Zeit und Raum sehr differenziert darstellt – wobei Unterschiede zu den Küchen manch anderer (Berg-)Regionen vielleicht gar nicht sonderlich ins Gewicht fallen.

Die alpenländische Küche: Konstrukt und gewachsene Tradition

Aber auch wenn es *die* alpenländische Küche ebenso wenig gibt wie *die* italienische oder *die* chinesische, so haben sich doch – zumal in der Retrospektive – Merkmale herausgebildet, die sich zu einem Gesamtbild fügen und heute unsere Vorstellungen bestimmen. Geprägt vom touristischen und gastronomischen Angebot und seiner medialen Aufbereitung, sind diese Merkmale zunächst auf einer im weitesten Sinne ästhetischen Ebene angesiedelt – schließlich handelt es sich dabei stets um ein ganzes *setting* sinnlich erfahrbarer *Werte*, die einerseits mit Geschmack, Geruch und Aussehen der Speisen selbst und andererseits mit Faktoren wie Präsentation und Ambiente zu tun haben. In solcher ästhetischer Anmutung vermittelt sich Kost aber auch deshalb, weil sich mit all den kleinen Geschichten und Erzählungen, die sich mit Speisen und Rezepten verbinden, spezifische Erlebnisse und Erfahrungen – des Natürlichen, des Unverfälschten und des Konkreten etwa – verknüpfen lassen.

Es lohnt sich also, danach zu fragen, unter welchen Bedingungen sich Geschmack und Struktur der Nahrungsgewohnheiten des Alpenraums zu einem heute unverwechselbar erscheinenden Format entwickeln konnten. Wenn dabei mit Vorarlberg jene Region im Mittelpunkt stehen soll, deren vom alpinen Wirtschaften geprägten traditionellen Alltagen dieses Buch gewidmet ist, dann muss allerdings gleich vorausgeschickt sein, dass viele als typisch erscheinende Gerichte bloß quasi lokal gewordene Varianten einstmals weit verbreiteter Kosttypen darstellen. Das gilt auch und vielleicht sogar besonders, wenn Speisen unter einer regionale Herkunft beschwörenden Ortsbezeichnung firmieren.

Salopp gesagt: die (Vorarlberger) Kässpätzle haben es mit den Grenzen ebenso wenig genau genommen wie die Tiroler Knödel, die Kärntner Kasnudeln oder die Pinzgauer Kaspreßknödel. Und wenngleich für manche Alpengebiete bereits die Kochbücher des 19. Jahrhunderts Landes- bzw. Regionaltypisches zu registrieren begonnen haben, verdanken sich die allermeisten Herkunftsbezeichnungen mehr dem Regionenmarketing der jüngeren Vergangenheit als einer ungebrochenen Speisetradition.

Die Nahrungsgewohnheiten haben, wie der Geschmack auch, die realen Lebensverhältnisse überdauert – und dann unter veränderten Bedingungen ihr spezifisches Profil erhalten. Erst auf dem bürgerlichen Mittagstisch oder auch durch die Kontrasterfahrungen des Tourismus werden Bauernbrot- und Bauernkrapfen „bäuerlich" – in der Agrargesellschaft haben sie wohl einfach nur zu den mehr oder weniger selbstverständlichen Speisen gehört, die Feld und Stall im Rahmen der bäuerlichen Selbstversorgung hergaben. Dabei ist allerdings die Autarkiewirtschaft, also ein auf weitgehender Selbstversorgung gründendes Leben und Wirtschaften, gerne überschätzt (und nostalgisch verklärt) worden. Denn tatsächlich war gerade der Alpenraum spätestens seit dem Hochmittelalter in ein System europäischer Wirtschaftsbeziehungen integriert, und bereits in der frühen Neuzeit dominierte eine marktorientierte (also auf die Nachfrage der angrenzenden Gebiete und alpennahen Städte abgestimmte) Landwirtschaft mit einer vergleichsweise komplexen Arbeitsteilung zwischen den Regionen. Vorarlberg war allein schon durch seine Lage und die weitläufigen Alpgebiete dazu prädestiniert, die angrenzenden Gebiete mit Vieh zu versorgen. Die Produktion von Milchprodukten gewann dagegen erst mit der Durchsetzung der marktorientierten Hartkäserei in der Zeit um 1800 jene Bedeutung, die heute im Gedächtnis des Landes und angesichts EU-zertifizierter Käsespezialitäten eine so zentrale Rolle einnimmt.

Sicherheit im Alltag: Die Eintönigkeit der traditionellen Küche

Die neben Selbstversorgung früh entwickelte Arbeitsteilung der Regionen hatte nach heutigen Vorstellungen recht widersprüchliche Konsequenzen. Sie wollen auch schwer ins gängige Bild einer alpenländischen Küche passen, demzufolge Käse und Speck, Lamm und Kalb, Gerste und dunkles Brot gleichzeitig auf die bäuerlichen Tische gekommen sind. So mangelte es etwa auch in den auf intensive Viehzucht spezialisierten Tälern des Landes besonders zur Alpzeit an Milchprodukten, während in den Milchwirtschaftsgegenden der Fleischkonsum noch bis weit ins 20. Jahrhundert herein unvorstellbar gering blieb. In weiten Alpengebieten machten Rinder ohnehin einen verschwindenden Anteil des Viehbestandes aus, weil hier lange die Schafzucht (Wollproduktion) dominierte – und was dabei gemeinhin an Fleisch anfiel, hatte mit der zarten und verfeinerten Lammküche der Gegenwart nichts zu tun. Dementsprechend oft klagen denn auch die Alpenreisenden des 19. Jahrhunderts über das allenthalben servierte „Schöpsene“: Osterlamm und Osterkitz waren nur angenehme Festtagserscheinungen und Nebenprodukte der Zuchterfordernisse. Und auch das Schwein – und mit ihm der vielleicht für typisch alpenländisch gehaltene Geschmack von Speck und Geselchtem – war längst nicht überall gleichermaßen zu Hause. Solange es an Futterpflanzen für die Mast fehlte, war seine Haltung in den Alpen weitgehend an die Eigenwirtschaft gebunden. So lag noch zur Mitte des 19. Jahrhunderts in Vorarlberg die Zahl der gehaltenen Schweine bei einem Bruchteil sowohl der heutigen Zahlen als auch der damals gehaltenen Schafe und Rinder. Doch nicht nur in solcher Hinsicht bestimmten die natürlichen Ressourcen früher die Speisezettel – auch die technischen Möglichkeiten beeinflussten Zubereitungsarten und Speisen. Wie in weiten Teilen des Alpenraums kannte man über Jahrhunderte nur das Kochen auf dem offenen Herdfeuer, in der Pfanne und im Topf, während in holz- und steinärmeren Gebieten der schnell zu heizende – und nur für die Zubereitung bestimmter Speisen taugliche – Lehmofen der Nahrungsbereitung diente. Das Kochen im Ofen blieb in den Alpen die Ausnahme: Allenfalls diente er dem Backen beziehungsweise versuchte man, seine Restwärme zu nützen. Die steirische Volkskundlerin und Nahrungsforscherin Anni Gamerith hat vor rund vierzig Jahren als erste systematisch auf solche Zusammenhänge hingewiesen und vor allem auch eine Erklärung für das Nachleben gewisser „unerklärlicher“ Traditionen mit dem Hinweis geliefert, dass die Speisen ihre Kochtechniken und Feuerstätten überdauern. Erst mit der Erfindung des Sparherdes jedenfalls („Kochmaschine“ nannte man das ausgeklügelte und vielseitige Gerät seinerzeit auch) waren differenzierte Zubereitungsarten möglich geworden. Jetzt ließen sich etwa im „Rohr“ auch Strudel und Mehlspeisen bereiten, ganz zu schweigen vom Vorboten einer verfeinerten Fleischküche, dem „bürgerlichen“ Braten, der nach konstanter Rundumhitze verlangte. Viele der Speisen, die aufwendigeres Hantieren am Herd erforderten und den parallelen Einsatz von mehrerlei Kochgeschirr voraussetzten, waren so erst in den vergangenen hundert Jahren möglich geworden. Und länger noch lebte die einfache Herdstelle dort fort, wo man sich im Rahmen der extensiven Weidewirtschaft nur temporär aufgehalten hat: generell auf den Alpen, in Vorarlberg aber auch auf den Vor- oder Maisäßen.

Bergküche? Was auf der Alp in die Pfanne kam

Nehmen wir aber die Frage nach der alpinen Küche einmal ganz wörtlich und erkundigen wir uns danach, was in den Bergen selbst – also etwa auf den Alpen – von all denen, die berufsbedingt längere Zeit im Gebirge zuzubringen hatten, gekocht und gegessen worden ist. Hier war es noch wichtiger als im Tal, mit dem Vorhandenen auszukommen und den Aufwand für Transport und Lagerung der heranzuschaffenden Lebensmittel möglichst gering zu halten. Zudem galt es wegen des dichtgedrängten und anstrengenden

Arbeitstages, rasch und (zumindest auf den Hochalpen) auch holzsparend sättigende und kräftige Speisen zu bereiten, für die nach Möglichkeit nicht mehr benötigt werden sollte als eine universell einsetzbare Pfanne. So erklärt sich die Dominanz der Teig- und Breispeisen, die, in verschiedenen Konsistenzen und Verfeinerungsgraden, gewissermaßen das Rückgrat der alpinen Küchen bildeten. Sie konnten aus verschiedenen Getreiden in Milch oder Wasser gekocht werden, mit Fett versehen oder überhaupt im Schmalz gebacken sein. Auch die diversen Küachle, Nocken und Krapfen gehören diesem Ernährungssystem an, in dem oft erst wechselnde Zugaben von Geschmacksbringern und verfeinernden Zutaten Unterschiede schufen. Wobei die Vorstellung, dass man in Käse schwelgte, ein ebenso verbreiteter Irrtum ist wie jene, dass Wildkräuter und Beeren eine besondere Rolle gespielt hätten. Und wenn Pilze in weiten Alpengebieten bis in die jüngste Zeit völlig auf den Speisezetteln fehlten, dann erscheint das nur aus heutiger Sicht als Paradox: Besitzverhältnisse und „Mentalitäten" standen dem entgegen, und das Sammeln von Pilzen und Schwämmen ist in den Nord- und Zentralalpen weitgehend erst mit den städtischen Sommerfrischlern populär geworden.

Käse, Gewürze, Beeren und Pilze – wie auch die meisten Gemüsesorten – sind also nicht mehr als gelegentliche geschmackliche Glanzlichter in einem mitunter recht eintönigen Alltag gewesen: Grundnahrungsmittel blieben lange allein die (durch tierische Fette und Eiweiße) ergänzten verschiedenen Getreide. Doch spielte längst nicht überall das Brot eine dominante Rolle, und selbst dort, wo die ofengebackenen Teige die älteren Breispeisen (Mus, Sterz, Schmarren) verdrängten, ist die Art des Brotkonsums nicht mit heutigen Gewohnheiten zu vergleichen: Zum geringsten Teil wurde es frisch genossen, sondern in der Regel, der besseren Ergiebigkeit halber, als „Hartbrot". Daneben fand Roggenbrot auch als Suppeneinlage Verwendung, während Weizenbrot die Grundlage für Knödelgerichte und andere Reste verwertende Speisen bildete. In den klimatischen Grenzzonen, in denen der Weizen schwer oder nicht mehr gedieh, behaupteten sich lange Gerste und Buchweizen („Schwarzplenten", „Heiden") als Hauptfrucht. Bilder aus den Vorarlberger Bergtälern zeigen noch in der ersten Hälfte des 20. Jahrhunderts das Grünland bis in große Höhen hinauf von kleinen Korn- und Gerstenäckern durchsetzt.

Wie abhängig man vom – noch dazu arbeitsintensiven und technisch aufwendigen – Getreidebau gewesen ist, das zeigen die europäischen Hungersnöte, die noch bis zum Beginn des 19. Jahrhunderts die Alpen nicht nur nicht verschont, sondern ganz besonders hart getroffen haben. Aber gerade diese Notperioden läuteten auch eine andere Zeit ein, weil sie die Suche nach geeigneten neuen Grundnahrungsmitteln intensivierten. Solche Umstellungen betrafen nicht nur die ökonomischen Strukturen und den Arbeitsalltag, sondern auch die Nahrungskultur und den Geschmack: So konnte etwa der Mais bereits im Laufe des 18. Jahrhunderts in den Alpenländern rasch Fuß fassen, während sich die Kartoffel zunächst nur zögerlich, dann aber rasch nach der Hungersnot 1771/72 und noch rascher in den Jahren nach 1800 durchsetzte.

Jedenfalls wurden Mais und Kartoffel bald zu den bestimmenden Grundnahrungsmitteln in weiten Teilen der Alpen, besonders aber dort, wo bäuerlicher Kleinbesitz dominierte und schon deshalb eine Existenzsicherung durch einen Zusatzverdienst im frühindustriellen Sektor notwendig wurde: Mais und Kartoffel sind also zugleich die Vorboten der Auflösung der Agrargesellschaft wie auch des Aufkommens der Agrarindustrie. Es ist somit kein Zufall, dass dem „Riebel" (oder „Stopfer") aus Maisgrieß gerade im früh industrialisierten Vorarlberger Rheintal eine so bedeutende Rolle zukam. Er prägte die Ess-Erfahrungen von Generationen sowohl der bäuerlichen Bevölkerung als auch der Arbeiterschaft.

Newcomer „Riebel": Flexible Traditionen im Modernisierungsprozess

Wie flexibel in diesen Modernisierungsprozessen Traditionen gehandhabt worden sind, zeigt sich dort, wo Grundelemente gängiger Speisen durch andere Zutaten ersetzt beziehungsweise jahreszeitlich variiert worden sind. So gibt es mitunter eng verwandte Speisen auf Kartoffel- und Getreidebasis –Nudeln und Spätzle etwa, aber auch Schmarren und Sterze –, die durch Zugabe von Käse oder anderen Milchprodukten, von Kraut oder anderem Gemüse geschmacklich variiert werden konnten. Das gilt für viele Mehlspeisen und Pfannengerichte, das gilt aber in ähnlicher Weise für die Gemüse selbst, bei denen allein schon durch die Konservierungstechniken der Spielraum der Zubereitungsarten und Geschmacksrichtungen beschränkt war. Die Hauptrolle in den bäuerlichen Hausgärten der österreichischen Alpenländer und damit auch in der Vorratswirtschaft spielte jedoch das Kraut, zumal das weiße, das durch Milchsäuregärung haltbar gemacht werden konnte. Geschnitten als Sauerkraut war es weit verbreitet, und so kannte man es auch in Vorarlberg. Mit Zucht und Anpassung an die örtlichen Verhältnisse haben sich in manchen Regionen – wie bei Obst oder Kartoffeln auch – lokale Sorten entwickelt. Sie sind heute gefragte Produkte einer wachsenden alpinen Nischenökonomie, die mit „alten" Sorten und „überlieferten" Rezepten auf die wachsende Nachfrage nach „authentischen" und „gesunden" Lebensmitteln zu reagieren weiß. Für biologische Landwirtschaft, für Direktvermarktung und für eine regionale Küche bieten die Alpen in mehrfacher Hinsicht ideale Voraussetzungen: Zum einen vermitteln sie als natürlich gedachter Kulturraum oft ersehnte emotionale und ästhetische Werte; und zum andern hat der wachsende Druck des europäischen Agrarmarktes hier die Suche nach alternativen Modellen allein schon aus ökonomischen Gründen forciert. In weiten Teilen der Alpen sieht man sich heute gezwungen, Strategien für einen aus der Ressource Landschaft schöpfenden Mehrwert zu entwickeln – nicht überall allerdings unter den dafür geeigneten gleichen Bedingungen. Als eine der wichtigsten Voraussetzungen für ein erfolgreiches regionales Labeling gilt hier jedenfalls der Tourismus als Sinnagentur und Mittler zwischen Produzenten und Konsumenten – wie sehr auch immer die Bilder, die jene ersehnte emotionale Nähe zu den Regionen und ihren Produkten hervorrufen sollen, verzerrende Stereotypen sein mögen. Aber damit hat die Öffentlichkeit in den gut zweihundert Jahren der touristischen Entdeckung und Erschließung der Alpen zu leben gelernt: Das kulturelle – und damit auch kulinarische – Erbe der Alpen ist gerade durch solche modernen Austauschprozesse zu dem geworden, als was es heute präsentiert werden kann.

Wir Touristen?
Geschmack als Frage des Blicks

Wie stark unsere Wahrnehmung der Alpen, ihrer Geschichte und Kultur von touristischen Bildern geprägt ist, zeigt sich überall dort, wo Alpenbewohner zumindest temporär zu Touristen im eigenen Umfeld werden. Und das geschieht immer öfter und in immer mehr Bereichen unserer spätmodernen Alltage: an Wochenenden und Feierabenden, in der Gastronomie und Freizeitwirtschaft, selbst beim Blick in den heimischen Kühlschrank. So appellieren viele „Ländle"-Produkte nicht nur an einen dem Prinzip der Nachhaltigkeit verpflichteten Konsum und an regionale Wertschöpfung, sondern rufen auch touristische Erlebnismuster ab, in denen Ernährung und landschaftlicher Genuss zusammenfließen.

„Alpenländische Küche" ist auf diese Weise von einer Besonderheit zu etwas Selbstverständlichem geworden. Doch soll das nicht die ungeraden Wege übersehen lassen, denen sich ihr gegenwärtiger Zustand verdankt. Zumal die heute für gesteigerte Ursprünglichkeit stehende und als Qualitätsmerkmal geltende Formel des (ehemaligen) „Arme-Leute-Essens", die sich als Zusatz typischer Gerichte auf Speisekarten und in Kochbüchern findet, erinnert daran: Was in den neuen alpenländischen Küchen zelebriert wird, hatte einst mehr mit „Überleben" denn mit „Erleben" zu tun, und was als „vormodern" und „bäuerlich" auftritt, hat erst in der Auseinandersetzung mit den Veränderungen des Industriezeitalters seinen Charakter gewonnen. Anders und akzentuierter gesagt: auch das traditionell erscheinende Hand- und Hausgemachte gehört der Logik der Jetztzeit an. Und Zusätze wie „nach Großmutter Art", „wie hausgemacht" oder auch weniger vertraute Formeln wie „al contadino", „d'antan" oder „domestica" erscheinen in diesem Lichte als Ausdruck der Dialektik industrialisierter Produktions- und Konsumtionsweisen.

Die Krise, in die mit der Agrarwirtschaft der gesamte Alpenraum ab dem letzten Drittel des 19. Jahrhunderts geschlittert ist und von der er sich, wie manche behaupten, in sozialer und kultureller Hinsicht nie mehr erholt hat, hat deutlich gemacht, dass es fortan keine von den Verwerfungen der Moderne unberührt bleibenden Refugien mehr geben wird. Dennoch oder gerade deshalb funktionieren in den Alpen vielleicht mehr als andernorts unterschiedliche Ökonomien und mit ihnen unterschiedliche Kulturen und Geschwindigkeiten der Alltage nebeneinander. Vorarlberg als alpin geprägte Wohlstandsregion ist dafür ein gutes Beispiel, weil hier im selben Raum ein hochmoderner Tourismus praktiziert und – zumal auf Alpen und

Vorsäßen – an alten Wirtschaftsformen und Produktkulturen festgehalten wird. Das zeigt, wie bedeutsam das Nebeneinander des vermeintlich Ungleichzeitigen in unserer Gegenwart ist: Nicht ohne Grund wird diese historisch gewordene innere Gegensätzlichkeit zusehends als Kapital für einen qualitätsorientierten Tourismus ebenso wie für die allgemeine Lebensqualität entdeckt.

Allmeinde: Das kulinarische Gedächtnis als Ressource

Dieses Buch interpretiert die ländlich geprägte Lebenswelt aus dem spezifischen Blickwinkel einer neuen Wahrnehmung der Schönheit des Alltäglichen. Es knüpft damit an einem Vorstellungsgewebe an, an dem sehr unterschiedliche Kräfte – nicht erst seit der in den vergangenen beiden Dezennien spürbar gewordenen Wertschätzung der Regionalküche – wirken. Für die traditionelle Kost haben sich in der Vergangenheit Historiker und Volkskundler, Gastrosophen und Landwirtschaftslehrerinnen, Bio-Agenten und Öko-Initiativen interessiert. Sie alle haben eine Prise ihrer eigenen Sehnsüchte zugegeben, mit der die Kost einmal mehr rechtschaffen-sparsam, ein andermal mehr ländlich-derb und wieder ein andermal auch ein wenig widerspenstig und rebellisch werden sollte. Sie haben jedenfalls die Voraussetzungen dafür geschaffen, dass eine zeitgenössische Erlebnisküche heute aus einem Fundus von Rezepten und Bildern schöpfen kann, die keine erstarrten Kulturschichten präsentieren, sondern sich problemlos in zeitgemäße Alltage einfügen lassen. Und wenngleich sich heute die wirtschaftlichen Bedingungen und physiologischen Erfordernisse verändert haben und etwa die alte häusliche Vorratshaltung ebenso ihre Grundlagen verloren hat wie ein auf harte körperliche Arbeit abgestimmtes Mahlzeitensystem (mit je nach Jahreszeit und Tätigkeit fünf und mehr Mahlzeiten), scheint der Geschmack der hier versammelten Gerichte die Bedürfnisse der Gegenwart passgenau zu treffen: Sie präsentieren sich als „konkret" gemachte Produkte, und dank der kleinen Erzählungen von Herkunft und Bedeutung, die sie transportieren, kommen sie manchen Sehnsüchten entgegen – eben weil sie nicht nur nach Kartoffeln, Kraut und Käse (oder was immer) schmecken, sondern nach den „Bergen" und nach dem, was wir an Positivem mit der Natur und Kultur der Alpen zu verbinden gelernt haben.

Weiterführende Literatur:

Amann, Fanny: Meine Küche: Eine Auswahl von 1060 Rezepten für den bürgerlichen Tisch. Schwarzach 1931

Concini, Wolftraud de: Museen schmackhaft gemacht Gastronomische Sammlungen in den Alpen, von Frankreich bis Slowenien. Torino 1998

Gamerith, Anni: Feuerstättenbedingte Kochtechniken und Speisen. In: Ethnologia Scandinavica, 1971, S. 78-86.

Gasser, Stephan u. a.: Appetit statt Transit. 70 Rezepte aus den Alpen (Alpen-Initiative). Zürich 1997

Haid, Hans und Barbara: Biogourmet in den Alpen. Ein kulinarisch-kultureller Wegweiser. Bad Sauerbrunn 1998

Helbok, Claudia: Die Küche und die volkstümlichen Speisen in Vorarlberg. Diss., Wien 1931

Maier-Bruck, Franz: Vom Essen auf dem Lande. Das große Buch der österreichischen Bauernküche und Hausmannskost. Wien 1981 (div. Auflagen, zuletzt 1999)

Mutter, Bettina (Hg.): Es kocht in den Alpen. Was Transitverkehr und Köchinnen in den Alpen anrichten (Alpen-Initiative). Zürich 1992

Sandgruber, Roman: Die Anfänge der Konsumgesellschaft. Konsumgüterverbrauch, Lebensstandard und Alltagskultur in Österreich im 18. und 19. Jahrhundert (Sozial- und wirtschaftshistorische Studien 15) Wien 1982

Sieberer, Martin und Christa Engstler: Von allen Sinnen. Kochkunst in den Alpen. Innsbruck 2001

Kleines Küchen Lexikon

Kulinarische Mund-Art

Allmeingut-Sprache
Alemannisch-Deutsch

Bambbelewasser—Limonade
Bäradreck—Extrakt der frischen Wurzel von Glyrrhiza ritia (Lakritze)
Bluascht, d'Bluascht—Blütezeit, die Blüten
Blunza—dicke Blutwurst
Bodabira/Grumbera—Kartoffeln
Bosniak—kleiner Roggenwecken
brauto Grumbera—gebratene Kartoffeln
Briselesuppo—Milchsuppe mit Mehlbröseln
Brokkat—Brotschmarren
Budel—Trinkgefäß für Schnaps
Budele—Trinkflasche für Kleinkinder
Bümmel—Lebkuchenlaib
Buttormodel—kunstvoll verzierte Butterform aus Holz
Diges—Geselchtes
Dohs—Tannen-/Nadelholzzweige, Wacholderzweige, früher zum Räuchern des Specks verwendet
döra, dörren—Dörrobst. Äpfel wurden geschält, in Scheiben geschnitten, auf Schnüre aufgefädelt, außen an der Hauswand wie Girlanden unter die Fenster gehängt und von Sonne und Wind getrocknet. Birnen hingegen wurden meist in Blechen auf dem Holzherd oder dem Kachelofen gedörrt.
düors Flosch—Dörrfleisch, Geselchtes
Eappr—Erdbeeren
Firggar—Ausguss, Abwasch, Waschbecken
Flädle—Frittaten
Funka-Küachle—ähnlich wie Polsterzipfel in Fett ausgebacken, werden am Funkensonntag gebacken.
fuurig—ausgiebig
galle—Obst einsammeln nach dem Gallustag. Mit dem Spruch: „Galletag ischt gsi, was i find, ghört mi!" zogen die Kinder mit einem Sack über die Felder und nahmen alles Obst, das noch auf den Bäumen hing oder auf dem Boden lag, mit nach Hause. Der Brauch verschwand während des Zweiten Weltkrieges.
galt, Galtveah—milchlos, Jungvieh
Gebse—flaches Holzgefäß, um die Milch zu entrahmen
Gogummera—Gurke
Greular—trüber Most mit Grauschimmer
Gruba—Grammeln
gsottane Grumbera—gekochte Kartoffeln
Gsottes, Igsottes—Gesottenes, Eingesottenes (z.B. Marmelade, gesottene Kartoffeln)
Gsuff—schlechtes Getränk
Guattele—Kekse, Bonbons
Guttera—Flasche
Habermuas—Haferspeise
Hafaloab—großer Knödel aus Türka-, Schildmehl, Salz und gekochter Fleischbrühe
Harass—Obst-, Kartoffelkiste aus schmalen Brettern
Herralöable—Herrenlaibchen, kleine Weißbrote
Himbr—Himbeeren
Höübira—Birnensorte
Hoadla—Heidelbeeren
Holdersuppa—Holunderkompott
Husbira—Birnensorte
Imba—Bienen
Kaserol—Kochtopf
Käsknöpfle—Spätzle und Käse abwechselnd übereinander geschichtet und mit Röstzwiebeln garniert
Kaiserbira—Birnensorte
Kaiserbolla—Mehlspeise
Kastättera—Esskastanien
Kear—Keller
Kella—Kelle (Werkzeug)
Kesslar—Kesselflicker, gehörten zum „fahrenden Volk"; Schimpfname
Kichera, kichera—Bohnen, lachen
klöbarle—wenig
Kratta—geflochtener Korb, „Öpfelkratta", „Kriasekrättle", „Krättlemachar" – Korbmacher
Kräwürschtle—Krenwürstchen
Krazat—Mehlspeise, Kaiserschmarren
Kriacha—Wildform der Pflaume
Kriase—Kirschen
Krömle—kleines Geschenk, Süßigkeit (von Kram)
Krud—Kraut, meist sauer eingelagert
Küachle—aus dem Fett gebackene Bäckerei
Kürbsa—Kürbis
Kuttla—Eingeweide, als Speise geröstet oder sauer
lis, lützol—zu wenig, bei Speisen zu wenig gewürzt, ohne Geschmack
loabe, Loabat—nicht aufessen, übriggebliebene Mahlzeitreste; „des Loabat ischt besser as des Geasse" – es ist gut, etwas Übriggelassenes zu haben.
Löable—Brotlaibchen, „Herralöable"oder „Schildlöable"
mahr—abgelagert, reif, mürbe, weich, z.B. bei Obst, Käse
mampfa—unschön und viel essen
Marend—Jause

Momele—Süßigkeiten
Murra—kleines, weckenförmiges Brot
Oachlakaffee—Kaffeeersatz aus gebrannten Eicheln
Ofakatz—Mehlspeise
Oggsaoug—Spiegelei (Ochsenauge)
Oier—Eier
otrlos—nichtssagender Geschmack bei Speisen; farblos, langweilig
pfluddere, pfludderig—Verspritzen einer breiigen Masse, Aufkochen einer dicken Suppe
Pumerantscha—Pomeranze – Orange
räß—würzig, starkgesalzen, „räße Käs"
Roagbira—Birne, die abgelagert, weich und innen braun ist, zu unterscheiden von „mahr" (siehe dort)
Rongga—Stück, Teil z.B. von Brot
Schittarhufa—Mehlspeise
Schnitzbrüah—Brühe gesottener Dörrbirnen; wird auch abwertend für vielerlei Getränke und Flüssigkeiten gebraucht.
Schnitzkichera—Gericht aus gedörrten Birnen und Bohnen
schnögga—naschen
Schupfnudla—gerollte Nudeln, die aus Roggen- und Weizenmehl, Eiern sowie seit der Einführung der Kartoffel im 17. Jahrhundert auch mit Kartoffelteig hergestellt werden.
Schwartemaaga—Preß-Sack mit Sülze
Schwozarmuas—Mehlspeise
Stopfar—Riebel
Südfleisch— Siedfleisch, Kesselfleisch
Sugarle— Lutschbonbon
Sura Kees mit Grumbera—Sauermilchkäse mit Kartoffelpüree und Röstzwiebeln garniert
Tratar—Trichter aus Holz oder Metall
Tratar-Küachle—Mehlspeise
Trub—erster Brand beim Schnapsbrennen, trübe, unsauber
Trumm—Stück
Türggo-Brätscha—Türken (Maiskolben) werden von den „Brätschen" (Blätter) getrennt.
Türka—Mais, wurde früher „Welschkorn" (Polentamehl) oder „Türkewoaze" (Türkenweizen) genannt.
Wälzat—(Überbleibsel) in Butter gewendet
Zapferäs—sich in Gärung befindlicher Most
Ziegera—Nebenprodukt bei der Käsebereitung, Quark, Topfen
Zübela—Zwiebeln

— **Pumerantscha** —
Pomeranze, Orange

— **Bümmel** —
Lebkuchenlaib

— **Kastättera** —
Esskastanien

— **Harass** —
Obst-, Kartoffelkiste aus schmalen Brettern

Allmeingut Essen

Einfache Rezepte
aus dem alemannischen Alpenraum

Allmenda. Die Talente Genossenschaft → S. 90
Porträt einer Annahmestelle
der „Walsertaler Talente"
Pauline Burtscher
www.paulinarium.at

„Heima-Hemat"

bei Pauline Burtscher

„Heima-Hemat" wird das typische Walser Doppelhaus am Ludescherberg in dessen Umgebung genannt. Früher war hier einmal die Schule untergebracht, vermutlich weil das Haus die größte Stube im Ort besaß. Als Pauline Burtscher diese Stube zum ersten Mal betrat, spürte sie, dass „Heima-Hemat" → S. 210 ihre Heimat werden würde. So kam es auch. Anfänglich bewirtete sie hier ihre Gäste. Dies änderte sich 2004 mit dem Umbau des angrenzenden Stallgebäudes zu einem Seminarraum. Doch bevor es soweit war, wurde das Brotbackhaus gebaut. Pauline und ihr Mann Reinhard zogen über viele Jahre den Sommer hindurch auf verschiedene Vorarlberger Alpen. Dort war Pauline als Sennerin tätig und musste als Selbstversorgerin das Brot selber backen. Dies ist heute ihr Markenzeichen, denn dass ihr Brot erstklassig schmeckt, wissen auch die Seminarbesucher zu schätzen. In der Mittagspause kredenzt Pauline Selbstgekochtes. Dass sie dabei auf regionale Produkte zurückgreift, ist für sie selbstverständlich – ebenso wie die Annahme der regionalen „Walsertaler Talente".[116]

Voranmeldungen und Buchungen von Seminarräumen auf „Heima-Hemat" sind unter www.paulinarium.at möglich.

Allmenda. Die Talente Genossenschaft → S. 90
Porträt einer Annahmestelle
der „Walsertaler Talente“
Pauline Burtscher
www.paulinarium.at

Die Brotbäckerin

Pauline Burtscher war viele Jahre hindurch während der Sommermonate auf der Alpe tätig. Damals begann sie mit dem Brotbacken. Das tut sie bis heute, und sie gibt ihr Wissen in Brotbackkursen weiter. Sie backt helles und dunkles Brot, das Mehl wird natürlich selbst hergestellt.

Der Teig besteht aus Mehl, Wasser und Hefe. Er wird geknetet, und die Teiglinge werden anschließend in Gärkörbe gegeben, um sie gehen zu lassen. Die Oberfläche wird eingeschnitten, dann werden die Teiglinge mit einem Schieber zum Backen in den Ofen geschoben.

Pauline Burtscher beim Brotbackhaus auf „Heima-Hemat".

Buttermodel sind kunstvoll verzierte Buttermformen aus Holz, die der Butter nach ihrer Herstellung eine kompakte, ansehnliche Form geben.

Die Butter

von Pauline Burtscher wird auf traditionelle Weise gefertigt.

Der Rahm dafür kommt von den Kühen, die Reinhard Burtscher, Paulines Mann, hält. Dafür wird die frische, noch warme Milch bereits im Stall zentrifugiert. Hergestellt wird Sauerrahmbutter. Dem Rahm werden Sauerrahmbakterien beigefügt, dann wird er zwei bis drei Tage zum Reifen stehen gelassen. Anschließend wird von Hand gebuttert.

Das Butterfass

wurde im 19. Jahrhundert zur Erzeugung von Butter eingesetzt.

Schmalzzins

Im Mittelalter gab es zahlreiche Arten von Zinsen – das waren Abgaben an Grundherrn wie den Landesfürsten oder ein Kloster. Der Kornzins war dabei von Grundstücken mit Kornanbau zu entrichten, der Schmalzzins von Viehweiden.

Zinsen wurden aber auch nach dem Datum ihrer Fälligkeit bezeichnet, wie zum Beispiel der Martinizins (11. November) oder der Georgizins (23. April).[117]

Brisele-Suppo

Herzhafte Milchsuppe
½ Liter Milch
½ Liter Buttermilch
2 Eier
Mehl
Salz und Pfeffer
Liebstöckel

Die Milch mit Salz und Pfeffer aufkochen. Mehl, Eier, Salz, Pfeffer und gehackten Liebstöckel in eine Schüssel geben, Wasser tropfenweise unterrühren und kleine Teigbrösel („Brisele") formen. Diese in die aufkochende Milchsuppe geben.

As stoht a Wib am Herd und kochot Briselesuppo
und schnünzt atanamol i'd Schoß und antanamol i'd Juppo;
do denke bi meor sealb, ischt das do hean dor Bru
odor ischt das deonora grosse Hol'd Juchu?[118]

Hans Waldner (Holdo Hanso Wise 1900–1988), „Briselesuppo"

Grießknödel-suppe

30 g Butter
1 Ei
Salz
70 g Grieß
1 l klare Rindssuppe

Butter schaumig rühren, Ei, Grieß und Salz dazurühren. Die Masse 5 Minuten stehen lassen. Mit 2 Teelöffeln kleine Knödel formen. Die Knödel in siedendem Salzwasser oder auch gleich in der Rindssuppe 5 Minuten kochen lassen und danach etwa 15 Minuten ziehen lassen.

Hafaloab

200 g Mehl
Salz
Wasser
Gerstensuppe

Mehl und Salz in einer Schüssel vermengen. Wasser unterrühren, bis der Teig zäh wird. Diesen in der Suppe etwa 10 Minuten ziehen lassen. Wird oft zu Gerstensuppe oder Sauerkraut mit Selchfleisch serviert.

Flädlesuppe

75 g Mehl
125 ml Milch
2 Eier
Salz
Butter zum Backen
1 l Rindssuppe

Mehl, Milch, Eier und Salz mit einer Gabel gut verquirlen. In einer Pfanne etwas Butter zerlassen und den Teig beidseitig zu schönen gelben Palatschinken ausbacken. Jede Palatschinke einzeln zusammenrollen und mit einem scharfen Messer feinnudelig schneiden. Flädle auf den Suppentellern verteilen und mit heißer Rindssuppe übergießen.

Südfleisch mit Grumbera

1 kg Rindfleisch
(Tafelspitz)
Olivenöl
Salz
Wurzelgemüse

Das Fleisch kalt abwaschen und in einen Topf mit kaltem Wasser (ohne Salz) geben.
Das Fleisch sollte mit Wasser bedeckt sein, ohne darin zu schwimmen.
Bei hoher Hitze stark aufkochen lassen, bis sich Schaum auf der Wasseroberfläche bildet.
Diesen Schaum mit einer Kelle abschöpfen und entsorgen.

Danach die Temperatur reduzieren.
Je nach Wassermenge 2-4 Teelöffel Salz sowie das Wurzelgemüse zugeben und 1-2 Stunden köcheln lassen.

Dazu Grumbera/Röstkartoffeln, Apfelkren und Spinat servieren.

Mit Wib und Kind seozt Koleba
bim Tisch am Ostorfest,
düors Flosch und brauto Grumbera
und Krud dunkt ea am best.[119]

Gebhard Wölfle (1848–1904), „Dor Gogoschou"

Düors Flosch, brauto Grumbera und Krud

„Düors Flosch" ist geräuchertes Selchkarree; oft wird es als fleischige Einlage für Gerstensuppe verwendet. Das „Flosch" kann aber auch zuerst gekocht und anschließend angebraten werden. Die Garzeit ist durch das Pökeln und Räuchern kurz. Es wird zusammen mit Sauerkraut (Krud) und Bratkartoffeln (brauto Grumbera) serviert.

Die Bäuerin Maria Wohlgenannt aus Dornbirn beim Putzen von Krautköpfen.

Wurschtnudla auf Gamperdond

1 Zwiebel
Speck
Butter
Nudeln

Zwiebel und Speck fein hacken und in Butter anrösten. Zwischenzeitlich die Nudeln kochen und gemeinsam im Topf schwenken. Dazu Salat servieren.

Käsknöpfle

½ kg Mehl
3 Eier
1 Prise Salz
300 ml Wasser
80 g Räßkäse, gerieben
80 g Bergkäse, gerieben
2 Esslöffel Butterschmalz
2 Zwiebeln

In einer Schüssel Mehl, Eier und Salz mit so viel Wasser vermengen, dass ein kompakter Teig entsteht.
Diesen Teig in mehreren Partien durch einen Knöpflehobel in siedendes Salzwasser ziehen, die Knöpfle bis an die Oberfläche aufkochen lassen und kalt abschrecken.
Jede Knöpfle-Partie mit einem Schöpf-Sieb in die „Gebse“ heben und diese abwechselnd in Lagen mit dem geriebenen Käse auffüllen (erste Lage Knöpfle, letzte Käse).
Parallel dazu Butterschmalz in eine Pfanne geben und die geschnittenen Zwiebeln darin goldbraun anrösten.
Diese am Schluss über die fertigen Käsknöpfle verteilen.
Dazu serviert man Kartoffelsalat oder frischen Blattsalat.

Sura Kees uf Grumberapüree

Sura Kees
Kartoffeln
Milch, Butter
Salz, Muskatnuss
2 Esslöffel Butterschmalz
2 Zwiebeln

Die Kartoffeln schälen, schneiden und in heißem Salzwasser kochen. Kartoffeln durch eine Presse drücken und zusammen mit Milch und Muskatnuss zu Püree verrühren. Darüber den geschnittenen Sura Kees geben und kurz im Backrohr erhitzen. Parallel dazu Butterschmalz in eine Pfanne geben, die geschnittenen Zwiebeln darin goldbraun anrösten und am Schluss über das Kees/Käse-Püree verteilen. Keespolt nennt sich die Variante mit Polenta.

Oskar Neher, der Obmann der Alpe Lün → S. 370 im Sura Kees Keller, Juli 2012.

gsottane Grumbera

1 kg Kartoffeln
Bergkäse
Butter
1 Zwiebel
Salz, Pfeffer

Kartoffeln zu Pellkartoffeln kochen. Dazu serviert man Bergkäse, Butter, rohe Zwiebelringe, Salz und Pfeffer und Ziegera (Molkekäse).

„Wälzate mit Pilzen“

200 g Steinpilze oder Seitlinge
1 Zwiebel
etwas Butter
Salz und Pfeffer
125 ml Schlagrahm
Preiselbeeren

Die Pilze putzen, nicht waschen, und vierteln.
Die feingehackte Zwiebel in Butter glasig anbraten, Pilze dazugeben und mit Salz und Pfeffer würzen.
Mit Schlagrahm aufgießen und das Gericht etwa 5 Minuten fertig dünsten.
Dazu werden Preiselbeeren gereicht.

Serviettenknödel

Knödelbrot
125 ml lauwarme Milch
1 Ei
Salz und Pfeffer
Muskatnuss und Liebstöckel

Alle Zutaten gut vermischen und 5 Minuten rasten lassen. Die Masse anschließend in eine Stoffserviette rollen. Diese an beiden Enden zubinden und im Wasser 20 Minuten ziehen lassen (nicht kochen). Zur „Waldpilz-Wälzate“ servieren.

Hasenbraten

Hasenkeulen
(restlicher Hase für die Soße)
Wurzelgemüse:
Zwiebeln, Karotten, Sellerie
Kalbsfond
Gewürze
Rotwein

Reichlich Wurzelgemüse anbraten.
Hasenkeulen würzen (Meersalz, Pfeffer)
und mit Mehl bestäuben, beidseitig anbraten.
Mit reichlich Kalbsfond und ½ l Wein
aufgießen und mit Gewürzen
(Rosmarin, Lorbeerblätter,
Wacholder) verfeinern.
Im Backrohr unter dem Siedepunkt
etwa 2 ½ Stunden ziehen lassen.
Dazu Schupfnudla mit Rotkraut servieren.

Schupfnudla

½ kg Kartoffeln
250 g Mehl
1 Ei
Salz
Butterschmalz

Kartoffeln schälen, vierteln und kochen, anschließend passieren und mit Mehl, Eiern und Gewürzen gut vermengen. Den Teig etwa 20 Minuten ruhen lassen. Die Hände in Mehl tauchen und fingerlange, an beiden Enden spitz zulaufende Nudeln formen (schupfen). Danach im kochenden Salzwasser einige Minuten ziehen lassen. Abschütten und in Schmalz anbraten.

Hirschgulasch mit „Welschkorn“ (Polenta)

1 kg Gulasch vom Hirsch
3 Esslöffel Butterschmalz
5 Zwiebeln, fein gehackt
1 Gelbe Rübe und 1 Sellerie
1 Esslöffel Tomatenmark
Salz und Pfeffer, 3 Nelken
6 Wacholderbeeren, Thymian
¼ l Rotwein
400 ml Wildfond
1 Esslöffel Rotweinessig
Preiselbeerkompott

Zwiebeln, Gelbe Rübe und Sellerie in Butterschmalz goldgelb anbraten, die Gulaschstücke in Portionen dazugeben und scharf anbraten. Mit Rotwein und Wildfond ablöschen, salzen und pfeffern, Wildgewürze, Rotweinessig und Tomatenmark dazugeben und im Backrohr unter dem Siedepunkt etwa 2 ½ Stunden ziehen lassen. Kurz vor Ende der Garzeit die Preiselbeeren dazugeben.

„Welschkorn“

Polenta wurde in Vorarlberg auch „Welschkorn“ genannt. Die italienischsprachigen Migranten aus Welsch-Tirol/Trentino brachten die Speise Polenta mit der ersten Einwanderungswelle um 1880 nach Vorarlberg.

Den Maisgrieß langsam in kochendes Salzwasser einrühren und die schwere Masse beständig bis zu einer Stunde lang rühren, damit sie eine glatte Konsistenz erhält und nicht zu stark anbrennt.
Die fertige Polenta wird auf einem Holzbrett mit einer Schnur in dicke Scheiben geschnitten.

Gemeinsames Tun
Brauchtum
Türggo-Brätscha

Zwei möglichst gleich große Maiskolben werden zum Trocknen zusammengebunden.

Türggo-Brätscha

Der Maisanbau spielt im Vorarlberger Rheintal seit jeher eine große Rolle. Über 350 Jahre war er für die Selbstversorgung bäuerlicher Familien enorm wichtig. Der Dornbirner Raum wurde zusammen mit Hohenems in der zweiten Hälfte des 17. Jahrhunderts zum vorrangigen Maisanbaugebiet Vorarlbergs. Gegessen wurde der Mais oder das „Türkisch Korn" vornehmlich als Riebel aus einer Mischung von hellem Mais- und Weizengrieß, meist zusammen mit Kaffee oder Milch zum Frühstück, aber oft auch am Abend. Aus Erzählungen der Großeltern kannte man früher in Vorarlberg das Sprichwort: „Zwölfmal Riebel, dann ist wieder Sonntag." Die Ernte im Herbst und die damit verbundenen Arbeiten wurden in der Vergangenheit oft gemeinsam mit den Nachbarn durchgeführt – zum Beispiel das „Türggo-Brätscha". Zuerst musste der Türken, auch „Türkewoaze" oder später „Welschkorn" genannt, auf dem Acker mit einer Sichel zehn Zentimeter über dem Boden abgeschlagen werden. Anschließend wurde er in großen Fuhren nach Hause gebracht, wo die vollen Wagen der Pferdefuhrwerke einfach vor dem Hausplatz umgekippt wurden. Jung und Alt fand sich zusammen, um die „Brätschen" (Blätter) vom Türken zu trennen und jeweils zwei gleich große Kolben zusammenzubinden. Diese Kolbenpaare wurden zum Trocknen auf Stangen aufgehängt und im Winter entkernt und gemahlen. Die abgerissenen leeren Blätter, die „Brätschen" also, wurden im Kachelofen verheizt oder zu Hausschuhen geflochten. Nach dem Zweiten Weltkrieg verlor der Mais-Anbau an Bedeutung, und mit ihm das Brauchtum rund um den „Türken". Der Riebel wird in Vorarlberg wie eh und je geschätzt und gegessen.[120]

Türggo-Brätscha in Dornbirn im Oktober 2011

Beim Türggo-Brätscha

wird der Türken „ausgezogen" – die abgerissenen leeren Blätter werden „Brätschen" genannt.

Für das Saatgut

des nächsten Jahres wird nur weißer Mais verwendet.

Bündelweise

werden die Maiskolben entkernt und die Körner in die Mühle gebracht oder für den eigenen Bedarf vor Ort gemahlen.

Türgga-Riebel

300 g Türgga Riebel/Maisgrieß
600 ml Milch,
½ Esslöffel Butter
1 Teelöffel Salz
1 Esslöffel Butter zum Anbraten.

Butter sowie Salz in die kochende Milch geben und den frischen Türgga-Riebel einrühren. Zugedeckt ohne Hitze etwa 2 Stunden aufquellen lassen. Mit Butter auf mittlerer Hitze rund 15 Minuten knusprig braten. Wird meist mit Kaffee verzehrt; früher wurde er oft zum Frühstück gegessen.

Kaiserbolla

120 g Butter
120 g Zucker
200 g Mehl
½ Teelöffel Backpulver
6 Eier
Vanillezucker

Alle Zutaten in eine Schüssel geben und zu einem Teig vermengen.

Butter in einer Pfanne erhitzen. Aus dem Teig mit zwei Kaffeelöffeln „Nocken/Bolla" formen und die „Bolla" in Butter ausbacken.

Tratar-Küachle

125 g Butter
125 g Zucker
150 g Mehl
½ Teelöffel Backpulver
6 Eier
Vanillezucker

Alle Zutaten in eine Schüssel geben und zu einem Teig vermengen.

Butter in einer Pfanne erhitzen. Den Teig mit einem „Tratar" (Trichter) spiralenförmig einfließen lassen und als „Küchle" ausbacken.

Öpfel-Küachle

120 g Mehl
Salz
2 Eier
125 ml Milch oder Bier
1 Esslöffel Rum, 1 Esslöffel Zucker
4 Äpfel
Fett
Puderzucker und Zimt

Aus Mehl, Salz, Eiern und Milch einen Teig zubereiten. Statt Milch kann auch Bier verwendet werden. Beim Milchküchleteig gibt man Rum dazu, damit der Teig beim Backen weniger Fett anzieht. Die Äpfel werden in Scheiben geschnitten, in den Küchleteig getaucht, in heißem Fett ausgebacken und mit Puderzucker und Zimt bestreut.

„Ofokatz“

300 g Mehl
150 g Zucker
1 große Kartoffel
Dörrobst: Zwetschken, Rosinen, Birnen
2 Eier
Milch, Butter, Salz

Das Mehl mit der gekochten, geriebenen Kartoffel in eine Schüssel geben. Die Eier aufschlagen, mit Zucker, einer Prise Salz und der Milch zu einem zähflüssigen Flädleteig verrühren. Das klein geschnittene Dörrobst unter den Teig heben, die Masse in ein ausgefettetes Ofengeschirr geben und Butterstücke darauf verteilen. Bei 200 Grad etwa 1 ½ Stunden backen. Mit Kompott servieren.

Funka-Küachle

250 g Mehl
80 g Butter
1 Ei
Salz
75 ml Rahm
etwas kalte Milch

Die Zutaten zu einem festen Teig vermengen und kneten, bis Bläschen entstehen. Den Teig messerdick auswalken, in kleine viereckige Blätter schneiden und schwimmend in Fett goldgelb ausbacken. Vor dem Servieren mit Zucker und Zimt bestreuen.

In Vorarlberg ist der Funkensonntag auch der Küachlesonntag. Er ist der erste Sonntag nach dem Aschermittwoch (Sonntag invocavit; erster Fastensonntag), der Termin steht also am Beginn der Fastenzeit bzw. am Ende der (alten) Fastnacht.

Winzer Raritäten

Am 25. April 1563 werden die Weingärten am Fuschgel erstmals urkundlich erwähnt. Dort wurden von sieben Dünser Bauern je 800 m^2 mit etwa 300 Rebstöcken angepflanzt. Im 19. Jahrhundert gab es in Feldkirch 32, in Schlins sieben und in Düns zwei Weinpressen – Torggel genannt (vom mittellateinischen „torcula"). Der Vorarlberger Jahresertrag lag in dieser Zeit bei 4.000 bis 8.000 Hektoliter Wein. Die Einnahmen aus dem Weinbau trugen wesentlich zum Wohlstand des Feldkircher Bürgertums bei. Zwei Drittel des Weins wurden als Haustrunk verwendet, der übrige an Wirte oder in die benachbarte Schweiz verkauft.

1819 wurde die Dünser Torggelgenossenschaft gegründet, die 1827 mit 738 „Viertel" Wein ihren höchsten Ernteertrag erzielte.

Siebzig Jahre später kam das Ende: Nach mehreren Missernten wurden alle Reben ausgerissen. 1989 startete Kurt Schneider einen erfolgreichen Neuanfang – er bepflanzte drei Wingert (Weingärten) mit 450 Reben – Blauburgunder, Weißburgunder und Gutedel. Ein weiterer Wingert mit 800 m^2 wurde 1992 von Dietmar Gohm im Riefis angelegt.[121]

Die Walgauer Winzerfreunde in ihrem Rebgarten in Düns, v.l.n.r.: Silvana Gohm, Robert Gohm, Raimund Dünser, Dietmar Gohm, Almud Gohm und Maria Dünser.

Weggenossen

Wanderungen auf freien Wegen

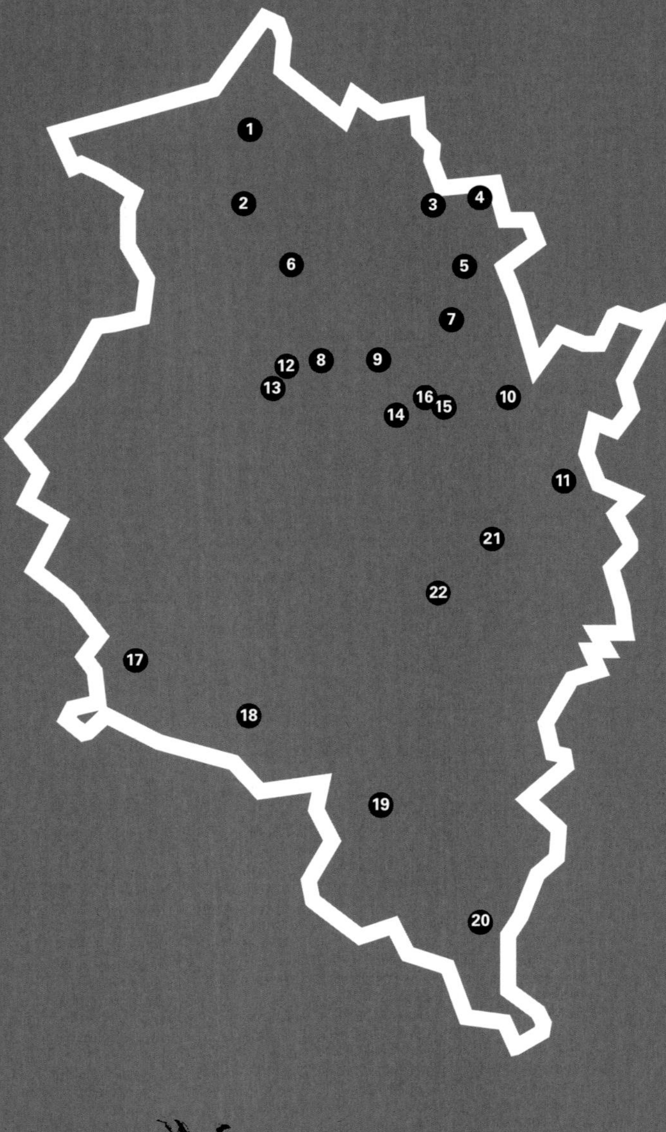

WANDERUNGEN

Rudolf Berchtel

WEGE ZUR ALLMEIN

Rudolf Berchtel, geb. 1961 in Mittelberg, studierte Geografie und Kunstgeschichte sowie Orgel, Klavier und Kirchenmusik. Seine Doktorarbeit schrieb er über die Alpwirtschaft im Bregenzerwald. Er ist im Auftrag des Landes Vorarlberg bei der Umsetzung des Wanderwegekonzeptes tätig.

Interessentschaften und Agrargemeinschaften in Vorarlberg

Als gegen Ende des 5. Jahrhunderts die Alemannen nach Vorarlberg eindrangen, brachten sie eine für die heutige Besitzstruktur der Alpen wichtige Grundlage mit: die Markgenossenschaften als erste Vorläufer der späteren Alpgenossenschaften sowie die Allmende, also gemeinschaftlich geführte Weide- und Waldflächen. Vor und nach der Alpzeit bekam das Vieh auf den im Tal liegenden Allmendflächen und Waldweiden sein Futter.

Daneben gab es auch klösterliche Einrichtungen und Stützpunkte, die Landwirtschaft betrieben und Alpweiden nutzten. Der nördliche Landesteil bis zur Kummenbergregion gehörte bis ins 19. Jahrhundert zum Bistum Konstanz, der südliche zum Bistum Chur. Um die erste Jahrtausendwende entstanden auch die grundherrlichen Höfe, und im angehenden Mittelalter standen in Vorarlberg schon ausgedehnte Alpgebiete im Besitz der Adelsgeschlechter und der Kirche. Sie nutzten die Alpen durch ihre eigenen Viehherden oder vergaben sie als Lehen.

Als ab der Mitte des 14. Jahrhunderts die Herrschaften vor dem Arlberg nach und nach durch die Vereinigung mit den vorderösterreichischen Erblanden der Habsburger zu Österreich kamen, wurden die grundherrschaftlichen Besitzungen in weitgehend freie Bauerngemeinden umgewandelt. So kamen die Alpgenossenschaften in die Hand von Bauerngemeinden oder von Gruppen von freien Bauern. Es entstanden somit Gemeindealpen und Interessentschaftsalpen.

Unter der Herrschaft der Kaiserin Maria Theresia kam es in der zweiten Hälfte des 18. Jahrhunderts im Vorderbregenzerwald zu Güterzusammenlegungen („Vereinödung"), welche zur Entstehung von Streusiedlungen führten, und zur Auflösung von genossenschaftlichen Talweiden. In diesem Zusammenhang entwickelten sich im Vorderbregenzerwald Privatalpen, während sich im Hinterbregenzerwald Gemeinschaftsalpen erhalten haben. Diese Gemeinschaftsalpen waren im Laufe ihrer Geschichte auch immer wieder Teilungen unterworfen.

Der nördliche Teil Vorarlbergs bis zur Kummenbergregion, in den auch die Alemannen eingewandert sind, gehörte bis ins 19. Jahrhundert zum Bistum Konstanz, der südliche zum Bistum Chur. Historisch bedingt gibt es daher heute in Vorarlberg zwei verschiedene Typen von Gemeinschaften.

Im nördlichen Teil Vorarlbergs, der von den Alemannen in Besitz genommen wurde, gibt es *Interessentschaften (Genossenschaften)* mit eigenen, schriftlich oder mündlich geregelten Rechten. Insgesamt existieren in Vorarlberg noch rund 380 Alpgenossenschaften. Im Bregenzerwald sind bei den Interessentschaftsalpen sowohl Grund und Boden als auch die Gebäude Gemeinschaftseigentum. Ebenso finden Weidegang und Verarbeitung der Milch gemeinsam statt. Anders ist es aber bei den Interessentschaftsvorsäßen im Bregenzerwald. Hier sind Grund und Boden und der Weidegang gemeinsam, jeder Berechtigte hat aber seine eigene Hütte mit Wohntrakt und Stall.

Ähnlich wie bei den Interessentschaftsvorsäßen im Bregenzerwald ist es bei den Alpen der ab dem 14. Jahrhundert eingewanderten Walser. Auch bei ihnen sind Grund und Boden sowie der Weidegang gemeinsam, und das Vieh wird in privaten Gebäuden versorgt, die jeder Berechtigte errichten durfte. Dies führte vor allem im Großwalsertal zur Entstehung von Alpsiedlungen mit bis zu 12 Hütten. Bei den Walsern bestehen die Maisäße aber meist nur aus Ställen ohne Wohngebäude, da sie oft in der Nähe des Hofes liegen.

Im südlichen, ehemals churrätischen Landesteil Vorarlbergs hingegen hat sich die gemeindeweise Nutzung von Weiden und Wäldern (Gemeindegut) erhalten. So gibt es hier Alpen, die im Besitz von Gemeinden sind (z.B. die Alpen Brazer Spullers und Dalaaser Spullers). Land- und forstwirtschaftlich nutzbare Flächen wurden aber auch vom Gemeindegut getrennt[1] und an sogenannte *Agrargemeinschaften* übertragen. So haben sich bis heute im südlichen Vorarlberg 34 Agrargemeinschaften und 23 Gemeinschaftsgüter erhalten. Diese besitzen über 50 Prozent der Landesfläche, und zwar Talflächen, Wälder und Alpen. Große Talflächen zur Weide- und Heunutzung haben zum Beispiel die Agrargemeinschaften von Nenzing (größte AG Vorarlbergs), Schlins, Satteins, Bludesch und Ludesch. Im Besitz von Alpen sind zum Beispiel die AG Bludesch (Valzifenzalpe in St. Gallenkirch), die AG Nenzing (Nenzinger Himmel) und die AG Satteins (Gulm- Gävisalpe).

In Vorarlberg haben die Allmeindflächen unterschiedliche Bezeichnungen. So gibt es im Montafon die *Ausschlagflächen*. Das sind gemeinschaftlich beweidete Flächen im Maisäßgebiet (z.B: Netza, Garfrescha, Sarottla). Im Walgau gibt es die *Allmeind- oder Auflächen* im Tal, die im Besitz der oben beschriebenen Agrargemeinschaften sind. Im Rheintal und im Bregenzerwald gibt es die *Viehweiden*, das sind gemeinschaftlich beweidete Flächen im Tal- und im Vorsäßgebiet (z.B. in Dornbirn die Viehweiden Schwende und Kehlegg, im Bregenzerwald gibt es mehrere in Bezau, Bizau, Reuthe, Mellau, Au, Schnepfau und Schoppernau). Geregelt sind auch verschiedene Viehtriebsrechte – zum Teil auch mit Übernachtungsplätzen für das Vieh – sowie Holzbezugs- und Schneefluchtrechte vieler Alpen.

Straßen und Wege

Von großer Bedeutung waren schon im Mittelalter die Wege durch das Gebirge. Viele Passübergänge wurden intensiv benutzt. Heute dienen diese Bergwege neben der Land-, Forst- und Alpwirtschaft vor allem dem Tourismus. Viele der ins Vorarlberger Wanderwegekonzept aufgenommenen und markierten Wege werden von Alp- oder Güterweggenossenschaften verwaltet, gepflegt und erhalten. Durch die „Wegefreiheit im Berggebiet", die gesetzlich geregelt ist, sind diese Wege auch der Allgemeinheit zur Benützung freigegeben. Aber bei den Straßen und Wegen gibt es rechtlich viele Unterschiede, je nachdem, ob es sich um eine Landes- oder um Gemeindestraße, einen Forst- oder Güterweg etc. handelt.

Entwickelt hat sich die alpine Wegefreiheit aus der Allmendfreiheit des Mittelalters. Sie sicherte vor allem die verkehrsmäßige Verknüpfung des Dorfes mit entlegenen land- und forstwirtschaftlichen Liegenschaften[2]. Die Wegefreiheit hat heute für den Zugang zu den Bergen eine große Bedeutung. Der Wanderer weiß dabei oft nicht, dass er sich auf rechtlich sehr unterschiedlichen Wegen bewegt. So betritt zum Beispiel ein Bergwanderer, der von Au hinauf auf den Toblermannskopf marschiert, bis zu neun rechtlich unterschiedlich geregelte Flächen: Bundesstraße, Gemeindestraße, öffentliche Privatstraße, Forststraße, Güterweg, Genossenschaftsstraße sowie Wald, land- bzw. forstwirtschaftliches und unproduktives Gebiet. Aus diesem Grund führen auch die Wanderungen im folgenden Kapitel dieses Buches auf unterschiedliches Terrain. Wichtig ist die Unterscheidung zwischen öffentlichen und privaten Wegen. Dies auch deshalb, weil sie sich auf verschiedene Gesetzesgrundlagen stützen. Entscheidendes Merkmal einer öffentlichen Straße ist, dass die Benützung nicht nur einzelnen Personen zusteht, sondern jedermann. Dabei ist es egal, für welchen Zweck der Weg gebaut wurde oder ob sich die öffentliche Nutzung erst später entwickelt hat. Die Straßengesetze Vorarlbergs definieren die öffentlichen Straßen und Wege als die „dem Gemeingebrauch gewidmeten Straßen und Wege". Das Benützungs- und Betretungsrecht eines Bergweges hängt somit davon ab, ob dieser den öffentlichen Wegen oder den Privatwegen zuzuordnen ist. Lediglich im Bereich des öffentlichen Wegerechts besteht eine umfassende gesetzliche Wegefreiheit, während im privatrechtlichen Teil eine solche fehlt[3].

1995 wurde von der Landesregierung das Vorarlberger Wanderwegekonzept beschlossen. So gibt es heute eine einheitliche Markierung und Beschilderung für fast 6.000 Kilometer Wanderwege in Vorarlberg. Besonders wichtig ist deren laufende Betreuung durch geschulte Wegwarte. Diese sind meist im Auftrag der Gemeinden oder alpiner Vereine tätig. Die Gemeinden koordinieren die Aktivitäten von Wegerhaltern und Tourismuseinrichtungen und entwickeln in Abstimmung mit der Region und dem Land Vorarlberg das eigene Wanderwegekonzept weiter.

Ein Zukunftsszenario für die Benutzung der Bergwege und der alpinen Region hat der Kärntner H. Jungmeier in einem Leitartikel zum Thema „Massenhaft Besuch" folgendermaßen skizziert:

„Alpines Wachpersonal regelt weit im Vorland zu- und abfließenden Verkehr, der Zugang zum Aufstiegsweg ist nur mit Magnetkarte über Drehkreuz möglich. Computer kontrollieren die Berechtigten bei der Besteigung des Berges nach Datum und Uhrzeit, sie verfällt bei Schlechtwetter und muss neu beantragt werden. Zeitlimits für Auf- und Abstieg; bei unbegründeter Überschreitung Pönale bzw. teilweiser Entzug der Wanderlizenz; Kontrollpunkte garantieren, dass die vorgesehenen Routen eingehalten werden. In Abständen angebrachte Leuchttafeln informieren über aktuellen Belegungsstand der Hütten, bei voll leuchtet rotes Blinklicht, Ausweichmöglichkeiten werden angeboten: Einbahnregelungen für besonders stark frequentierte Wegabschnitte, Gipfelsieg mit Magnetkarte registriert."[4]

Dieses Szenario ist natürlich übertrieben. Die uneingeschränkte alpine Wegefreiheit könnte aber bei zu starker Nutzung und touristischer Überbeanspruchung durch lenkende Maßnahmen eingeschränkt werden. Es wird in Zukunft sicherlich eine gewisse Steuerung notwendig sein, um einerseits die Bergregion zu schützen, aber auch, um andererseits dem Wanderer, unter Bedachtnahme auf die alpine Wegefreiheit, einen möglichst schonenden Naturgenuss im Bergland zu ermöglichen.

Anmerkungen:

1 Siehe den Beitrag von Meinrad Pichler in diesem Band, S. 189 f.

2 Eugen Kanonier: Rechtliche Aspekte der Wegefreiheit im Bergland. (Institut für Föderalismusforschung, Schriftenreihe Verwaltungsrecht, Band 6). Diss., Wien 1997, S. 78.

3 Ebenda, S. 48.

4 aus: H. Jungmeier: Horror oder Zukunft? In: OEAV-Mitteilungen 4/93, S.3.

Weiterführende Literatur:

Berchtel, Rudolf: Alpwirtschaft im Bregenzerwald (Innsbrucker Geographische Studien, Band 18). Diss., Innsbruck 1990

Kühne, Josef: Die Agrargemeinschaften in Vorarlberg. In: Jahrbuch des Vorarlberger Landesmuseumsvereins. Bregenz 1961

Pfänderrundwanderung zum Hirschberg

Beim Wasserschlössle

wurde am 11. August 1899 in goldenen Lettern das Wort „Reservoir" angebracht. Als sich ein Redakteur des „Vorarlberger Volksblatts" über diesen Luxus beklagte, da Bregenz schließlich keine französische Stadt sei, waren die Lettern Geschichte.[122]

Der Pfänder kann mühelos mit der Pfänderbahn ❶ erreicht werden. Unweit der Pfänderspitze befindet sich das Gasthaus Schwedenschanz ❷, dessen Name daran erinnert, dass 1647 während des Dreißigjährigen Krieges schwedische Truppen in die Stadt Bregenz einfielen, nachdem sie am Pfänder – über den später so genannten Schwedenhang – die Befestigungen der Klause bei Bregenz umgangen hatten. Vom Pfänder zieht sich der Weg (etwa eineinhalb Stunden) über Moos, Hub und zu Sepples Kreuz ❸. Nach einer Wiesenmulde geht es auf einer Forststraße bis zur alten Dampfsäge weiter. Über die Hirschbergalpe gelangt man schließlich auf die Kuppe des Hirschbergs ❹. Dort reicht die Rundsicht vom allgäuischen Alpenvorland südwärts in den Bregenzerwald und ins Rheintal und westwärts zu den Schweizer Bergen. Der Rückweg führt auf Genossenschaftswegen zu den Berggütern Ahornach und Geserberg ❺. Weiter geht's zum Stollen im Wirtatobel, in dem früher Braunkohle abgebaut wurde. Es folgt ein kurzes Waldstück zur Langener Straße. Von dort kann man mit dem Bus zurück nach Bregenz fahren oder weiter auf die Fluh marschieren. Von der Fluh führt ein Waldweg am Wasserschlössle ❻ vorbei und über den Bergisel (und das ehemalige Schützenhaus) zum Ausgangspunkt zurück.

Einkehrmöglichkeit ganzjährig und Jause während der Alpzeit
Dauer: 5 ½ Stunden
↗ 400 Höhenmeter, ↘ 900 Höhenmeter

Die Kapelle am Hirschberg

Das Bregenzer Wasserschlössle 6

Stille und Beschaulichkeit

zeichnen die Gegend um den Hirschberg aus. Unweit des Gipfels erinnert eine Kapelle an das ehemalige Waldkloster der Beginen.

Im Mittelalter

sprach man von der „via contemplativa" – dem mystischen Weg. Durch die kontemplative Lebensweise wollte man eine besondere Bewusstseinserweiterung erreichen. Nach dieser Art lebten vor allem sozial engagierte klösterliche Gemeinschaften.

Die Beginen

waren eine Gemeinschaft christlicher Frauen, die als Laien einer kontemplativen, spirituellen und mystisch geprägten Lebensweise folgten. Um 1422 ließ sich eine Gruppe in der Abgeschiedenheit des Hirschbergs nieder. Nachdem das Kloster am Hirschberg zweimal abgebrannt war, zog die Gemeinschaft weg.
Im Jahr 1464 gründeten Dominikanerinnen das Kloster Hirschthal in Kennelbach.[123]

Ausblick vom Hirschberg 4

Tour 2
Holzbringungsgenossenschaft
Ippach I → S. 222

Ippachwald

Rundwanderweg

Schloss Wolfurt

Die letzten Schmiede

in der Alten Schmiede im Holz (Gemeinde Wolfurt) waren zwei Onkel des weltberühmten Unfallchirurgen Dr. Lorenz Böhler. Sie bestritten hier noch ihren Lebensunterhalt mit der Anfertigung von Werkzeug und dem Beschlagen von Pferden.[124]

Hinweistafeln erklären die verschiedenen Vogelarten im Wald – vom Zaunkönig über die Elster bis zur Rabenkrähe.

Bis zum Bau von Güterwegen war die Holzbringung aus dem Ippachwald bei Wolfurt eine gefährliche Angelegenheit. Man musste die Stämme die steilen Hänge hinab in die Bregenzerach rutschen lassen. Dann brachten Flößer das Holz zum Schwellwuhr nach Kennelbach oder zum Rechen nach Hard. Zahlreiche Männer kamen beim Flößen ums Leben, wie im Sterbebuch des Ortes Buch vermerkt ist. Die letzten großen Holztriften auf der Ach fanden um das Jahr 1950 statt. Gegenwärtig sind die Wege der Holzbringungsgenossenschaft Ippachwald I → S. 222 etwa elf Kilometer lang. Sie bieten viele Wandervarianten durch den größten Wald im nördlichen Teil Vorarlbergs. Am besten startet man unweit von Schloss Wolfurt, bei der Alten Schmiede ❶ Holz. Sie ist heute das Vereinslokal des Wolfurter Alpenvereins und war bis in die 1950er Jahre in Betrieb. Eine der Wandervarianten ist der Pilgerweg, der bei Ippach-Ebne ❷ nach Bildstein abzweigt. Der älteste Weg jedoch ist ein Saumweg, der schon seit mehr als tausend Jahren vom Wolfurter Kirchdorf über das Holz durch den Ippachwald hinauf nach Buggenegg ❸ auf den Steußberg führt. Von dort geht er weiter nach Alberschwende und auf die Lorena. Auf diesem Pfad kamen die ersten Siedler in den Bregenzerwald. Direkt am Wanderweg liegt der Steurerhof in Buch, ein Bauernhof, der eine Einkehrmöglichkeit bietet. Über Ippach-Steg führt der Weg zurück ins Holz und damit nach Wolfurt.

Einkehrmöglichkeit beim Steurerhof in Buch und in Gasthäusern in Bildstein.
Gehzeit: 3 Stunden, ↗280 Höhenmeter

Grenzmarke im Ippachwald. Solche Marken sind ebenso wichtig wie die Holzmale. Sie werden ausschließlich im Beisein der betreffenden Besitzer gesetzt.

Flößen

war bis zum Bau von Straßen oder Güterwegen das übliche, aber sehr gefährliche Transportmittel zur Holzbringung. Die Waldbesitzer markierten ihr Holz mit einem Malhammer oder mit der Axt, damit sie die Stämme am Ziel wieder erkennen konnten.

Der „Flötzarhoggo"

war eine lange Stange mit einem eisernen Stoßhaken. Damit stießen die Flößer die Stämme vom Ufer aus in die Strömung und zogen sie auch wieder an Land.

Holzmale

Anschlagmal

Kennzeichnung der zum Fällen genehmigten Bäume durch den Waldaufseher.

Für die von der Bezirkshauptmannschaft Bregenz zur Flößerei auf der Bregenzerach genehmigten Bäume:

Kaspar Steurer, Schwarzach

Johann Schertler, Lauterach

Norbert Hartmann, Hard

+

Rudolf Bösch, Lustenau

VII

Kalb und Heim, Wolfurt

XVI

Baltus Scheffknecht, Wolfurt-Ach[125]

→ Tour ❷ Ippachwald Rundweg,
über den Höhenweg nach Bildstein
spirituelle Einkehrmöglichkeit
Barockpfarrkirche Mariä Heimsuchung

Bildstein

Kirche „Zu Unserer Lieben Frau Mariä Heimsuchung“

Der Säumerweg über Bildstein war früher eine wichtige Verbindung vom unteren Rheintal in den Bregenzerwald. Der Name Bildstein wurde 1379 erstmals urkundlich erwähnt. Zu Bedeutung kam Bildstein als Wallfahrtsort. Die Pestjahre 1629 und darauf folgende Missernten kosteten in manchen Gemeinden Vorarlbergs die halbe Bevölkerung das Leben. Zudem kam es im Dreißigjährigen Krieg durch die Belagerung der Schweden zu Plünderungen, zu Mord und Totschlag. In der größten Not blieb oft nur die Hoffnung auf Hilfe von oben. In der Mitte des 16. Jahrhunderts hatte der Bauer Gallus Höfle auf seinem Grund eine einfache Holzkapelle errichtet, in der ein Marienbild verehrt wurde. Immer öfter pilgerten im Laufe der Zeit Hilfesuchende zum Bildstock am Steußberg, wie die Hanglagen oberhalb von Wolfurt genannt wurden. Michael Kuen lieferte 1662 die Entwürfe zur Barockkirche, die 1676 fertiggestellt wurde. Nun nahmen die Wallfahrten stark zu, und für den Ort wurde der Name Bildstein gebräuchlich. 1792 wurde Bildstein eine von Wolfurt unabhängige Pfarre und 1806 auch eine eigene Gemeinde.

Baumeister
Michael Kuen

lieferte 1662 die Entwürfe

zur Wallfahrtskirche Maria Bildstein, deren Bau 1676 fertiggestellt wurde. Bereits zu seinen Lebzeiten wurde von Kuen berichtet, dass er „viele vornehme Kirchen" gebaut habe.[126]

Tour 3
Güterwegegenossenschaft
Hittisau-Bolgenach

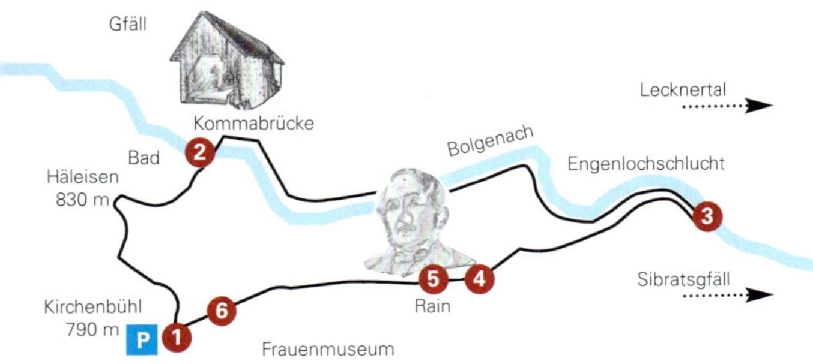

Engenlochschlucht

Wasserwanderweg Hittisau-Bolgenach

Beim Hittisauer Dorfplatz ❶ beginnt die Rundwanderung, die zunächst zu einem Aussichtspunkt – dem Känzele in der Parzelle Häleisen – führt. Danach geht es hinunter zur Bolgenach, wo sich die Kommaschlucht befindet. Sie wird auf der ältesten gedeckten Holzbrücke Vorarlbergs, der Kommabrücke, ❷ überquert. 2009 wurde die 1720 errichtete Brücke ausschließlich mit alten Zimmermannstechniken – ohne Nägel und Schrauben – renoviert. Anschließend führt ein Wasserwanderweg mit Informationstafeln flussaufwärts. Bald wird die Engenlochschlucht ❸ erreicht: Nach der letzten Eiszeit hat hier die Bolgenach über Jahrtausende einen Fels aus Nagelfluh und Sandstein durchschnitten. Auf diese Weise entstand die wildromantische Klamm mit ihren riesigen überhängenden Felsformationen. Zurück nach Hittisau wandert man auf einem ebenen Feld. Dabei kommt man in der Parzelle Rain am Gasthaus Sonne ❹, dem Geburtshaus des Geschichtsforschers und Numismatikers Josef Ritter von Bergmann (1796–1872), ❺ und schließlich an der Heimstätte von Johann Peter Sutterlüti ❻ vorbei.

Dauer: 1 ½ Stunden, ↗ 80 Höhenmeter

2

5

6

3

 Blick aus der Kegelbahn in den Gastgarten des Gasthaus Sonne.

Das Gastwirtepaar der Sonne
Josef Anton Bechter und seine Frau Magdalena.

→ Tour 3 Engenlochschlucht
Einkehrmöglichkeit
Gasthaus Sonne

Beim „Sonnenwirth“

am Wasserwanderweg Hittisau

Am 28. Jänner 1850 vermählten sich Magdalena Fink und Josef Anton Bechter.[127] Er war ein Sohn Johann Konrad Bechters, der 1814 das Gasthaus „Sonne“ erwarb, neu aufbaute und im ersten Stock einen Tanzsaal hinzufügte. Der untere Teil des Hauses ist bis heute erhalten. An erster Stelle aber war Konrad Bechter Bauer.
Besonderes Glück hatte er auch, als er Alpanteile von seiner kinderlosen Verwandtschaft erwerben konnte. Nach und nach wurde Bechter zum größten Landwirt und Alpbesitzer im ganzen Bregenzerwald. Er betrieb Käsehandel in der gesamten österreichisch-ungarischen Monarchie. Zusätzlich übernahm er das Amt des Bürgermeisters von Hittisau und setzte sich für Neuerungen im Verkehrswesen ein. So forcierte er mit großem Eifer den Bau der Gschwendtobelbrücke über die Subersach, deren Bauingenieur Alois Negrelli war. Schließlich sind es zwei Bauten direkt am Hittisauer Dorfplatz, die für Bechters nachhaltigen Ruhm sorgen: zum einen die Pfarrkirche (1843–1845) und direkt gegenüber der Gasthof Krone (1838), den Bechter ursprünglich als Sitz eines Landgerichts vorgesehen hatte.[128]

Im Gasthaus Sonne

wird nach vorheriger
Anmeldung gewirtet.
Sonne.Hittisau@gmx.at
Rain 176, 6952 Hittisau

Die Gaststube in der „Sonne“.

Tour 4
Viehzucht-Genossenschaft Lustenau → S. 174
Koppach

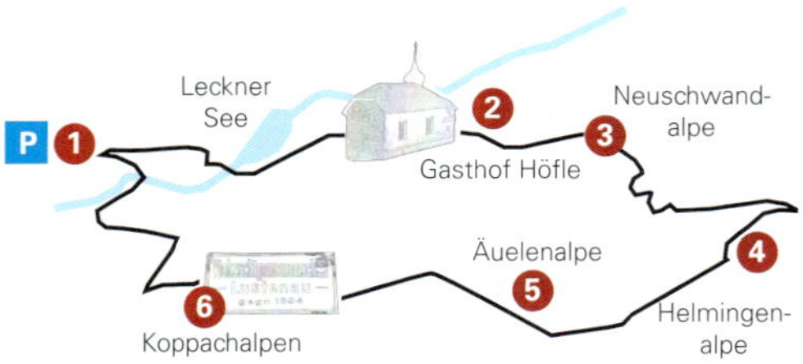

Koppach

Rundwanderweg Lecknertal

Vom Wanderparkplatz (980 m) ❶ geht es vorbei am Lecknersee zur Höflealpe. ❷ Hier steht die 1936 fertiggestellte Kapelle Mariä Heimsuchung, deren Altarbild vom Egger Kunstmaler Alois Waldner → S. 279 mit der Szenerie der umgebenden Bergwelt gestaltet wurde. Über die Neuschwandalpe ❸ führt ein Güterweg zur Helmingenalpe ❹, die sich bereits auf deutschem Staatsgebiet befindet. Der Weg zurück nach Österreich führt über den höchsten Punkt der Wanderung, hinauf zur Äuelealpe (1.240 m). ❺ Nach einem Streifzug durch sumpfiges Gebiet gelangt man zu den Koppachalpen ❻ . 1931 erwarb die Viehzucht-Genossenschaft Lustenau → S. 174 die Alpe Koppach für die Sommeralpung des Jungviehs. Auf einem Güterweg kehrt man zum Ausgangspunkt zurück.

Einkehrmöglichkeit: www.hoeflegasthof.com
Verpflegung auf Koppach während der Alpzeit
Dauer: 2 Stunden, ↗ 260 Höhenmeter

Am Wegrand

Kümmel

ist ein klassisches Gewürz: passt zu schweren Speisen, Brot und gesottenen Grumbera → S. 291 (Pellkartoffeln)

Die Pfister (Junghirten) Manuel und Nadine Giselbrecht.

Im Vorderbregenzerwald

dominieren etwa 150 kleinere Privatalpen, die vermutlich im Zuge der Vereinödung entstanden sind. Davon liegen über 100 Alpen in Österreichs alpenreichster Gemeinde Hittisau. Durch den geringen Höhenunterschied zwischen Bauernhof und Alpe entwickelte sich hier keine Drei-Stufen-Alpwirtschaft mit Vorsäßen, auch die Alpzeit ist bei Privatalpen nicht geregelt. Jeder Bauer kann, solange es genug Futter auf der Alpe gibt, die Alpzeit selbst bestimmen.

Eine Rundwanderung ins Lecknertal beginnt am besten beim Parkplatz nach der Mautstraße der Alpweggenossenschaft Lecknertal Hittisau. Durch ein idyllisches Waldstück entlang des Leckenbachs wird der Lecknersee erreicht. Hier beginnt der Rundwanderweg → S. 326 Neuschwandalpe–Helmingenalpe–Äuelealpe–Koppachalpen.

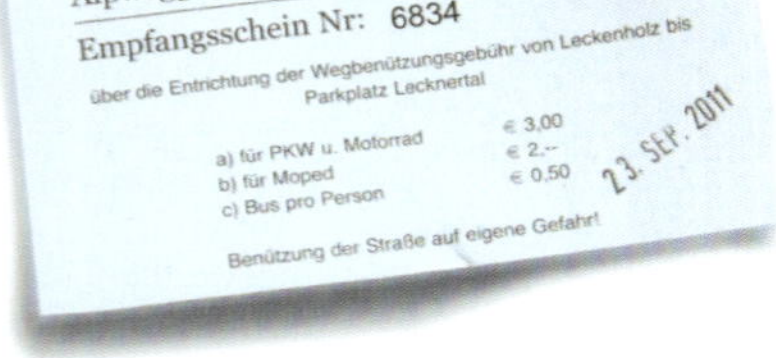
Alpweggenossenschaft - Lecknertal Hittisau

Empfangsschein Nr: 6834

über die Entrichtung der Wegbenützungsgebühr von Leckenholz bis Parkplatz Lecknertal

a) für PKW u. Motorrad	€ 3,00
b) für Moped	€ 2.--
c) Bus pro Person	€ 0,50

23. SEP. 2011

Benützung der Straße auf eigene Gefahr!

Im Lecknertal

„In' Eggar Bergo"

Das große Vorsäß- und Alpgebiet von Egg liegt nördlich des Winterstaude-Bullerschkopf-Höhenzugs. Die Wanderung beginnt in Schetteregg und führt zu den schön gelegenen Vorsäßsiedlungen von Eggatsberg und Hammeratsberg (1.100 m). Direkt auf der Grenze zwischen beiden Vorsäßen liegt eine gemeinschaftlich genutzte Sennerei. Hier wird die Milch der beiden Vorsäße verarbeitet. Die Egger Gemeinschaftsvorsäße haben zahlreiche Häuser und je eine Kapelle und weisen den Charakter eines Dorfes auf. Nach rund 20 Minuten erreicht man – mit wunderbarem Blick auf die Winterstaude (1.877 m) – das Gebiet der Falzalpen und wandert danach über die höher gelegene Ochsenhofalpe zur Brongenalpe. Von dort ist es nicht mehr weit zum Ausgangspunkt Schetteregg.

Einkehrmöglichkeit: in Schetteregg
Verpflegung während der Alpzeit auf den Alpen
Dauer: 2 Stunden, ↗ 230 Höhenmeter

Alpe Untere Falz

Statt der Alpbücher gab es früher Alptafeln – Schiefertafeln, auf denen die jeweiligen Nutzungsrechte einer Alpe aufgezeichnet waren. Für die Alpe Falz wurde die Alptafel in der Sakristei der Kirche Lingenau aufbewahrt. Dort galt sie als fälschungssicher.[129]

Tour 6
Güterwegegenossenschaft
Schwarzenberg-Geißkopf,
Egg-Gropper-Elias-Brügel

Geißköpfe

Vom Bödele über die Lorena nach Egg

Pfarrer Elias Brügel

hatte sich bei der Versehung der Kranken mit der Pest angesteckt.

1635

sollen allein in Egg 250 Menschen an der Pest gestorben sein, mit ihnen Elias Brügel.

Seit 1928

erinnert ein Grabstein an die Verstorbenen

2002

wurde die Gedenkstätte Elias Brügel nach den Plänen von Hubert Kutzer errichtet.

Von der Alpe Lose ❶ beim Bödele schweift der Blick über den gesamten Mittelbregenzerwald. Der Weg führt rasch durch einen kleinen Wald hinauf zum Alp- und Vorsäßgebiet am Geißkopf. Weiter geht es auf einem Waldweg zur Lorena hinauf ❷, dem ältesten Zugang vom Rheintal in den Bregenzerwald. Vermutlich benutzten schon die Kelten und Römer diesen Weg für ihre Jagdausflüge. Der Dichter Franz Michael Felder → S. 20 empfand, aus dem Bregenzerwald kommend, den Ausblick ins Rheintal befreiend: „Ich hatte die schönste Aussicht über den Innerbregenzerwald gehabt, aber ich mochte sie nicht genießen. Mich drängte es fort aus diesem Tale ..."[130] Unweit der Lorena befindet sich der Gasthof Berchtoldshöhe ❸, in dem Elfriede Berchtold ganzjährig bewirtet. Eine weitere Einkehrmöglichkeit bietet der Gasthof Alpenrose am Kaltenbrunnen ❹, ehe der Weg zur Andachtsstätte Elias Brügel ❺ und weiter nach Egg ❻ führt.

Einkehrmöglichkeit ganzjährig.
Dauer: 2 ½ Stunden,
↗ 220 Höhenmeter, ↘ 675 Höhenmeter

Auf einem Genossenschaftsweg im Alp- und Vorsäßgebiet am Geißkopf führt der Weg zur Lorena.

Am Wegrand

Hagebutten

werden auch
die Wildrosen genannt.

Jakob Bobleter, der Betriebsleiter-Stellvertreter, der Bregenzerwaldbahn – Museumsbahn.

Das Wälderbähnle

Viele Jahrhunderte wurde der Warentransport in den Bregenzerwald über schmale Saumpfade und später mit Pferdefuhrwerken abgewickelt. Doch im Jahr 1900 begannen die Bauarbeiten für die Bregenzerwaldbahn, eine Schmalspurbahn, die 1902 mit einem Volksfest in Egg eröffnet wurde.

18 Bahnhöfe

säumten die 35,4 Kilometer lange Strecke von Bregenz nach Bezau, die bis Egg durch das Bregenzerachtal angelegt war. Infolge von Murenabgängen und Steinschlägen wurde der Bahnverkehr 1980 eingestellt.

1985

gründeten Bahnenthusiasten einen Museumsbahnverein. Dieser nahm 1987 den Zugverkehr auf der fünf Kilometer langen Strecke zwischen Bezau und Schwarzenberg auf – heute stehen zwei Dampf- und drei Diesellokomotiven sowie sechs Personenwagen zur Verfügung. Fahrbetrieb ist an allen Samstagen sowie Sonn- und Feiertagen von Ende Mai bis Anfang Oktober. www.waelderbaehnle.at

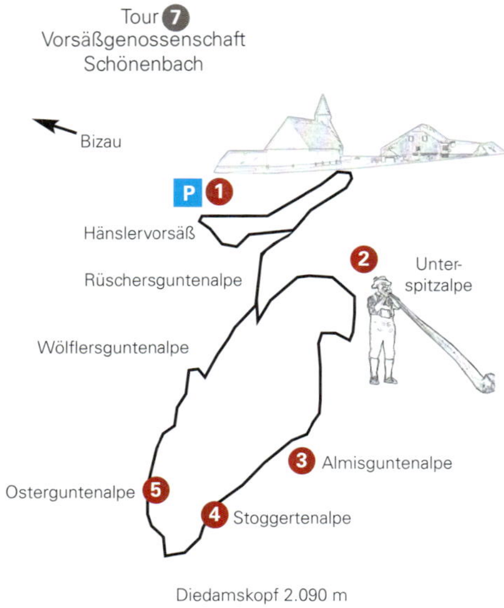

Schönenbach

Ausgehend von Bizau erreicht man auf einer sattgrünen Ebene zwischen den Bergen die Vorsäßsiedlung Schönenbach (1.025 m) ❶. Schon der Spaziergang vom außerhalb gelegenen Parkplatz zum Vorsäß vermittelt die Besonderheit dieses Ortes. Von hier aus führt die Wanderung in das nördlich des Diedamskopfs gelegene Alpgebiet, wobei der Mohrenkopf umrundet wird. Nach der Unterspitzalpe ❷ wird die Almisguntenalpe (1.477 m) ❸ erreicht. Sie ist eine Sennalpe mit rund 40 Kühen und liegt unterhalb des steilen Abhanges des Diedamskopfs → S. 346. Über einen kleinen Sattel gelangt man weiter zur Stoggertenalpe (1.498 m), ❹ ebenfalls eine Sennalpe. Diese Alpe befindet sich im Gemeinschaftsbesitz und wird mit rund 50 Kühen bestoßen. Entlang des Osterguntenbaches führt der Weg über die Osterguntenalpe ❺ wieder talwärts. Wenn man am Ende der Wanderung nicht mehr ins Vorsäß Schönenbach gehen will, kommt man direkt über das Hänslervorsäß zum Parkplatz.

Einkehrmöglichkeit: Gasthof Egender in Schönenbach
Verpflegung während der Alpzeit auf den Alpen
Dauer: 3 ½ Stunden, ↗ 470 Höhenmeter

Das Vorsäß

Mit einer Fläche von 260 Hektar ist das Gemeinschaftsvorsäß Schönenbach das größte Vorsäß des Hinterbregenzerwaldes. Erstmals wurde es im Jahr 1491 urkundlich erwähnt. 1837 werden 228 Weiderechte, 28 Hütten, ein Gasthof, eine Säge, eine Kapelle und insgesamt 29 Besitzer festgestellt.

Heute bewirtschaften 16 Bauern das Vorsäß – jeweils für vier Wochen – im Frühjahr und im Herbst. In dieser Zeit wird die Milch der Kühe in die gemeinsame Sennerei gebracht. Etwa 200 Kühe liefern jeden Tag rund 4000 Liter Milch, die zu 12 Laib Käse mit je etwa 25 kg verarbeitet werden.[131]

Der Alphornbläser, Wanderführer und Wegewart Pius Feurstein → S. 68 in Schönenbach.

Lesesteinmauer

Gemeinschaftsprojekt
Lesesteinmauer
Schönenbach-Halden

Bis in die Gegenwart sind Trockenmauern ein fester Bestandteil mitteleuropäischer Kulturlandschaft. Oft dienten sie zur Flurbereinigung und hatten gleichzeitig die Funktion einer Grenzmauer. Darüber hinaus sind sie ökologisch wertvolle Lebensräume für Kleinlebewesen und Pflanzen. Für die Lesesteinmauer in Schönenbach haben Freiwillige zusammen mit Fachleuten die Mauern nach den klassischen Regeln des Trockenmauerverbundes wiederhergestellt. Sie wurden ohne Zement und Mörtel ausgeführt und sind mehr als ein Naturdenkmal: Sie sind stumme Zeitzeugen vergangener Handwerkskunst.

Tour 8
Ziegenalpe Buchen
witus-Genossenschaftsmitglied → S. 56
Güterwegegenossenschaft
Mellau-Mellental

Ziegenheld

Mellau, Dös, Buchen, Mellental

Von der Mellauer Dorfmitte 1 spaziert man durch Übermellen und wandert entlang einer schön angelegten Waldstraße in etwa 20 Minuten auf Dosegg 2 hinauf. Beim Wegweiser verlässt man die Straße dort, wo es durch eine Wiese leicht abwärts geht. Nach einem schmalen Waldweg wird ein Bachbett überquert. Schließlich gelangt man, begleitet von schönen Ausblicken, auf das Vorsäß Dös. 3 Der Weg führt weiter über eine gedeckte Holzbrücke 4 zur Ziegenalpe Buchen, 5 die von der Familie Held aus Schwarzenberg bewirtschaftet wird. Die Ziegenalpe ist eine Privatalpe, deren Besitzer Mitglieder der Genossenschaft witus → S. 56 sind. Gäste mit Kindern sind ausdrücklich erwünscht. Empfehlenswert ist der frische Ziegenkäse mit Olivenöl. Der Rückweg nach Mellau führt entlang des Mellenbachs an einem Wasserfall 6 vorbei.

Weitere Infos: www.ziegenheld.at
Einkehrmöglichkeit während der Alpzeit
Dauer: 3 ½ Stunden, ↗ 350 Höhenmeter

Im Schneapfouar Wauld
ist a Brugg mit am Dah;
a Ma mit am Huod
stoßt üboral a.[132]

Gebhard Wölfle

→ Tour 8 Ziegenheld
Einkehrmöglichkeit
Naze's Hus, Mellau
witus-Genossenschaftsmitglied
Albert Hager → S. 70
www.nazes-hus.at

Der Besitzer von „Naze's Hus", Albert Hager aus Mellau, beim Ziegenstall. Er ist Handwerker und Touristiker und seit der Gründung von witus Mitglied der Genossenschaft.

„Naze's Hus"

Das einstige Bauernhaus in Mellau stellt in seiner unveränderten Form und seiner Fassadengestaltung heute ein bedeutendes Beispiel für die Bregenzerwälder Baukultur des 18. Jahrhunderts dar. Bevor Albert Hager das Haus erwarb, gehörte es Ignaz Dietrich, der in einer kleinen Stube des Hauses eine Küferwerkstatt betrieb. Umgangssprachlich wird der Vorname Ignaz mit „Naze" abgekürzt, wodurch das Gebäude in Mellau als „Naze's Hus" bekannt wurde. Nach Ignaz Dietrichs Tod blieb das Haus lange Zeit unbewohnt und verfiel beinahe. Der Handwerker Albert Hager hat das Haus in den Jahren 2004/05 in Zusammenarbeit mit dem Bundesdenkmalamt aufwändig renoviert und den Charakter des ursprünglichen Wälderhauses beibehalten. Heute ist „Naze's Hus" eine Ferienpension und ein beliebtes Gasthaus. In der Küche spielen regionale Produkte und in der Gaststube das Musizieren eine große Rolle. Ein besonderes Erlebnis für Kinder ist der von innen durch eine Glasscheibe getrennte Ziegenstall, dessen Bewohner vom Restaurant aus beobachtet werden können.[133]

Die Gaststube in „Naze's Hus".

Das Gastwirtepaar Christiane und Albert Hager mit Hund Rio in der Gaststube von Naze's Hus in Mellau.

Tour 9
Erwin Metzler
witus-Genossenschaftsmitglied → S. 56
www.kulinariummetzler.at

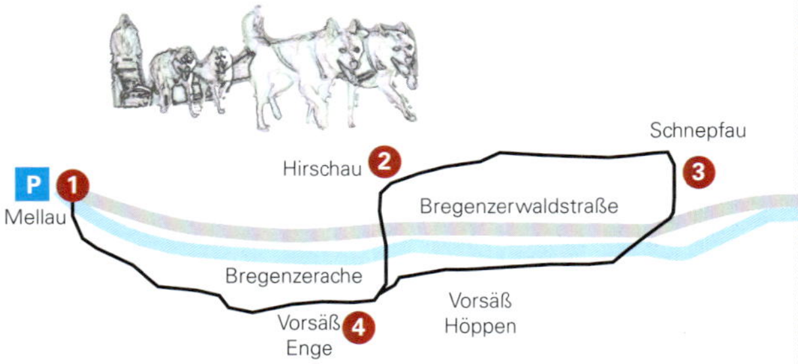

Schlittenausfahrt

Mellau–Hirschau–Schnepfau

witus

Erwin Metzler ist seit der Gründung der Genossenschaft witus Mitglied.
Er arbeitet dort in der Projektgruppe „ehrlich! Bregenzerwald“ → S. 58 mit, in der es um die Stärkung der Nahversorgung und der heimischen Landwirtschaft geht.

Die Husky-Erlebnistour führt von Mellau 1 entlang der Bregenzerache durch eine Waldlandschaft in Richtung 2 Hirschau. Die Hunde sind energievoll und lauffreudig, sodass sich die Teilnehmer ganz auf das Lenken des Schlittens konzentrieren können. Allmählich verringert sich die Geschwindigkeit zu einem Gleiten. Die Schlitten überqueren die Engebrücke – hier öffnet sich eine Winterlandschaft mit der manchmal zugefrorenen Bregenzerache und den schneebedeckten Bäumen. Die Tour führt im Schatten der Kanisfluh nach Schnepfau, 3 wo die Sonne an einigen Stellen auf die Schneedecke strahlt. Das verwandelt das große Feld in eine von Kristallen bedeckte Glitzerwelt. In Schnepfau geht es, nach einer Überquerung der Bregenzerwaldstraße, über das Vorsäß Höppen zurück in Richtung Mellau. Auf der typischen Bregenzerwälder Vorsäßsiedlung Enge 4 liegen zarte Nebelschwaden – die letzten Augenweiden unserer Ausfahrt.

Einkehrmöglichkeit in Mellau ganzjährig
Dauer: Husky-Schnuppernachmittag 3 Stunden, Hunde-Ausfahrt 45 Minuten

Die Ausfahrten werden mit den Hunden Torok, Baro, Kira, Laika, Mora, Ryan, Frisco, Ida und Lucy unternommen. Für ihre Dienste erhalten die Huskies reichlich Streicheleinheiten und Leckerli.

Pferdehalter Raimund Dietrich räumt neben Schlittenfahrten im Winter auch die Wege in die Enge, damit sie für Pferde-, Hundeschlitten und Spaziergänger benutzbar sind.

Ein Wälder „Musher“ und seine Huskies

Erwin Metzler kam 1991 in Norwegen mit einem „Musher“ – das ist ein Hundeschlittenführer – und seinen Huskies in Kontakt.

1994 nahm er den ersten Husky bei sich auf. Bald gesellten sich vier weitere, von ihren Besitzern nicht mehr gewollte Huskies hinzu. Um die Tiere im Winter artgerecht bewegen zu können, schaffte Erwin Metzler einen Hundeschlitten an. Damit unternahm er mehrtägige Touren in Skandinavien. Aus diesem Hobby ist ein Beruf geworden – und Metzler einer der wenigen gewerbsmäßigen Hundeschlittenführer in Vorarlberg.

Verschiedene Touren

führen ins Schönenbachertal oder ins Mellental. Dabei erfahren die Teilnehmer viel über die Besonderheiten dieser Hunderasse. Jeder Teilnehmer an einer Husky-Erlebnistour darf mit einem Zwei-Hunde-Gespann eine kleine Ausfahrt machen.[134]

Pferdegespanne

Schlittenausfahrten mit Pferden bieten Gotthard Simma und Raimund Dietrich in Mellau an.

Tour 10
Güterwegegenossenschaft
Schoppernau-Diedams-Breitenalpe

Schoppernau

Diedamskopf – Rundwanderweg

Von der Mittelstation 2 der Bergbahnen Diedamskopf in Schoppernau wandert man entlang der Oberdiedamsalpe und der Halde zum Diedamskopf 5. Die Aussicht auf die umgebende Bergkulisse reicht von der Roten Wand über den Widderstein bis zum Hohen Ifen 3 mit den Gottesackerwänden. Diesen Ausblick genossen auch zwei Eisenskulpturen, die zur Landschaftsinstallation Horizon Field 4 des britischen Künstlers Antony Gormley gehörten. Gemeinsam mit dem Kunsthaus Bregenz wurde das Projekt von August 2010 bis April 2012 realisiert. Horizon Field bestand aus 100 lebensgroßen Abgüssen eines menschlichen Körpers, verteilt über ein Gebiet von 150 Quadratkilometern, das die Gemeinden Mellau, Schoppernau, Schröcken, Warth, Mittelberg, Lech, Klösterle sowie Dalaas umfasst. Eine von mehreren Routen führt über die 6 Breitenalpe zurück zur Mittelstation.

Einkehrmöglichkeit während der Alpzeit
Dauer: 3 ½ Stunden, ↗ 350 Höhenmeter

Blick zum Widderstein

Blick zum Hohen Ifen und zu den Gottesackerwänden.

Eine der zwei Eisenskulpturen, die im Gebiet am Diedamskopf von 2010–2012 standen. Sie gehörte zur Landschafts-installation Horizon Field des britischen Künstlers Antony Gormley, die gemeinsam mit dem Kunsthaus Bregenz realisiert wurde. www.kunsthaus-bregenz.at

Tour 11
Güterwegegenossenschaft
Lech-Schönenberg-Bürstegg
Argenwald-Alpe Körb

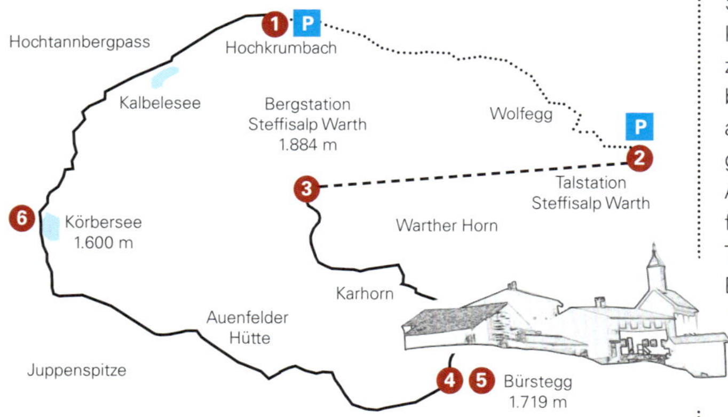

Höhenluft

Von Bürstegg zum Körbersee

Von Hochkrumbach ❶ kann der öffentliche Bus nach Warth genommen werden ❷, von dort führt ein Lift hinauf zur Steffisalp ❸. Auf einem Bergweg gelangt man nach Bürstegg ❹. Diese bis zum Ende des 19. Jahrhunderts ständig bewohnte Siedlung ist mit ihrer Lage auf einer Höhe von 1.719 m die höchstgelegene Walsersiedlung Vorarlbergs. Als Ersatz für Brennholz wurde hier früher Torf gestochen, den man zum Trocknen an einem Holzgerüst am Dachgiebel eines Stalles ❺ aufhängte. Beachtenswert ist das 1695 in bäuerlichem Barock errichtete Kirchlein zu Ehren der Heiligen Martin und Antonius. Ab 1730 unterhielt Bürstegg eine Seelsorge für zwölf Familien und eine eigene Schule. 1898 wurde der Ort aufgrund der schwierigen geografischen Lage abgesiedelt. Heute wird Bürstegg in den Sommermonaten als Alpe genutzt.[135] Der Weg führt weiter zum Körbersee ❻. Die Alpe Körb ist eine Gemeinschaftsalpe. Am Schluss der Tour führt der Weg am Kalbelesee vorbei.

Einkehrmöglichkeit während der Alpzeit
Dauer: 4–5 Stunden

Franziska und Norbert Bitschnau bewirtschaften in den Sommermonaten die Alpe Bürstegg.

„Knöpflesieb" für Vorarlberger Käsknöpfle

5 Torftrockenlaube im alten Stallgebäude

Stube mit Bauernmalerei des Walserhauses in Bürstegg

 Kalbelesee mit Biberkopf

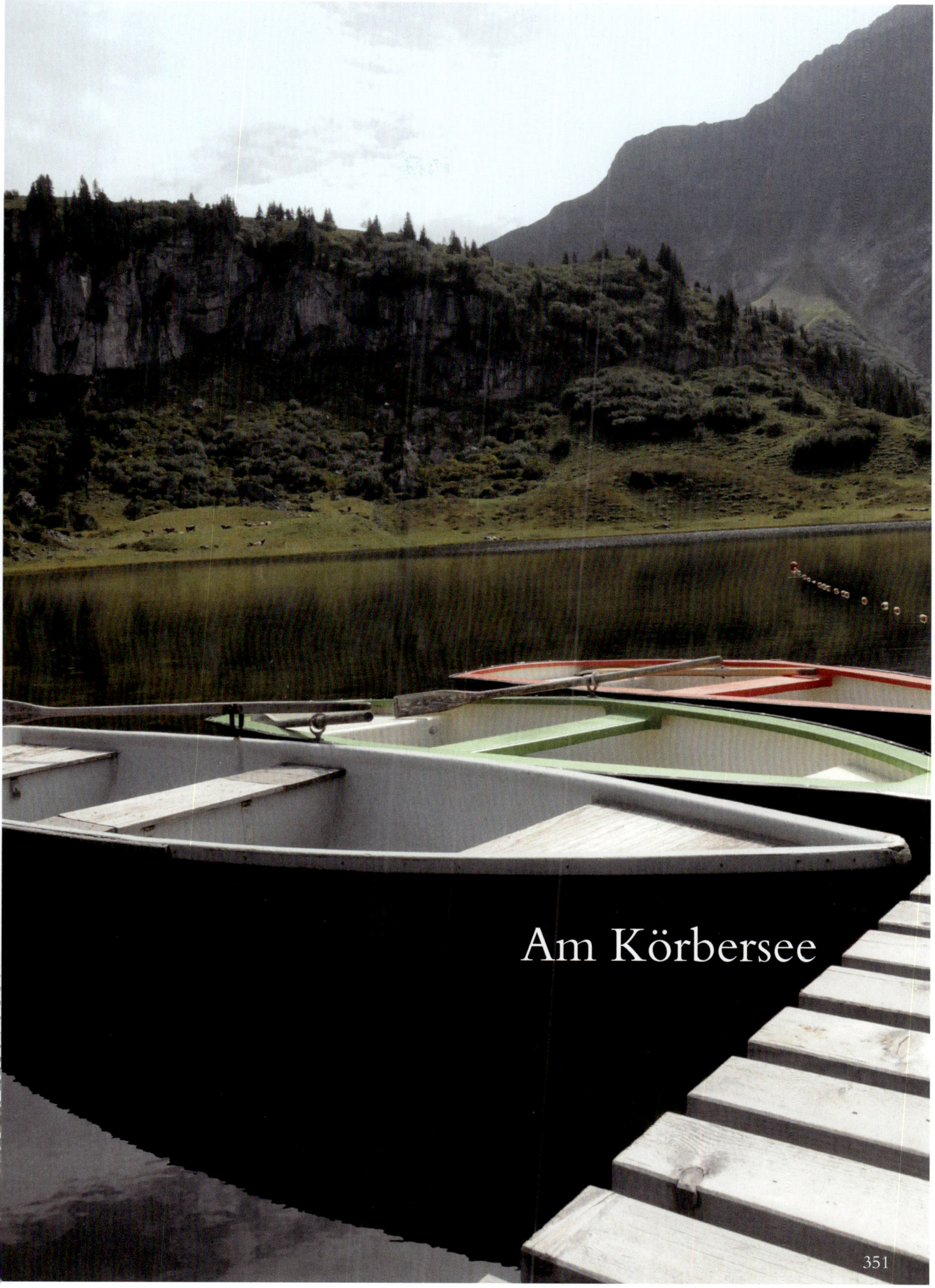

Am Körbersee

 Körbersee mit Widderstein

Am Wegrand

Das Heidekraut

wird auch Erika genannt.

Die Schafgarbe

wird als Gewürz- und Arzneipflanze verwendet.

Der Enzian

wird auf den österreichischen Euro-Centmünzen abgebildet.

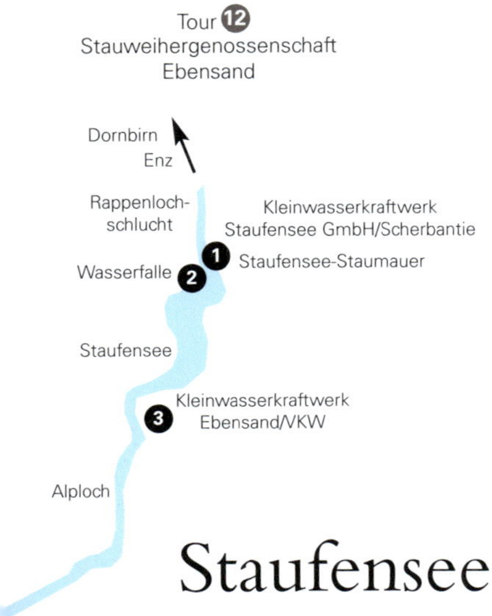

Staufensee

zwischen Rappenloch und Alploch

Die idyllische Lage des Staufensees zwischen Rappenloch und Alploch, den zwei Tourismusmagneten der Stadt Dornbirn, zieht Jahr für Jahr Wanderer an. Sie können sich dabei auch von der Funktionstüchtigkeit der Kraftwerksanlagen Staufensee und Ebensand überzeugen. Das Kleinkraftwerk Ebensand wurde 1899–1901 nach einer Idee von Viktor Hämmerle durch die Stadt Dornbirn errichtet mit dem Ziel, die Stadt zu beleuchten und die künftige elektrische Tram von Dornbirn nach Lustenau zu betreiben. Bereits 1897 war die Stauweihergenossenschaft Ebensand gegründet worden, die sich größtenteils aus Dornbirner Fabrikanten zusammensetzte. Mitglieder waren die damalige Müllerbachkonkurrenz → S. 104 sowie die Spinnerei Josef Andrä Winder (heute „Conrad Sohm" am Eingang zum Gütle) und Franz Martin Hämmerle im Gütle. Der Stausee konnte allen damaligen Nutzern auch in den Sommermonaten tagsüber gleichmäßig Wasser liefern. In den Jahren 2011 und 2012 ereigneten sich in der Rappenlochschlucht schwere Felsstürze, bei denen Stege und Wege zerstört wurden. Inzwischen sind neue Wege in das Rappenloch, zum Staufensee und in die Alplochschlucht für die Besucher freigegeben. Sie werden vor Ort auf einer Hinweistafel beschrieben.[136]

Am 7. Mai 1897

Gründung der Stauweiher-genossenschaft Ebensand
Bauzeit: 1899–1901
Errichtung des Kleinwasserkraftwerks Ebensand, mit einer Pelton-Turbine der Dornbirner Rüschwerke. Seit der Errichtung in Betrieb.

Fußweg über die Staudammkrone der Staufensee-Staumauer, die 1893–1897 gebaut wurde.

1902

Erschließung des Alplochs mit Stegen.

1919/20

Ein Teil der Ebniterstraße wird als Forstweg angelegt.

1933

Die Stadt Dornbirn übernimmt wegen des aufkommenden Tourismus von F. M. Hämmerle die Erhaltung des Weges ins Rappenloch und verspricht Viktor Hämmerle, dort niemals Eintritt zu kassieren.

Nach den Felsstürzen sind neue Wege in das Rappenloch, zum Staufensee und in die Alplochschlucht für die Besucher freigegeben worden. Sie werden vor Ort auf einer Hinweistafel beschrieben.

Die Wasserfalle

wurde installiert, um auch bei extremem Hochwasser vom Staufensee Wasser ablassen zu können. Dieses Wasser rinnt durch einen Stollen, der links nach der Staumauer in die Ache zurückführt.

„Müsele"

wurden früher durch den Stollen hinuntergelassen. Müsele sind etwa 60-100 cm lange Hölzer (ähnlich den „Spälta"), die oben im Ebnit in den Bach geworfen und später unten (Waldfried, heutiger Werkhof) wieder herausgezogen wurden. Davon haben Müselbach (Ortsteil von Alberschwende) und die Alpe Müsel im Firstgebiet ihren Namen bekommen.

Stauweihergenossenschaft
Ebensand

Tour 13
Güterwegegenossenschaft
Hohenems-Gsohl, Hohenems-Hinterberg
Alpgenossenschaft Lustenau
Agrargemeinschaft Ebnit

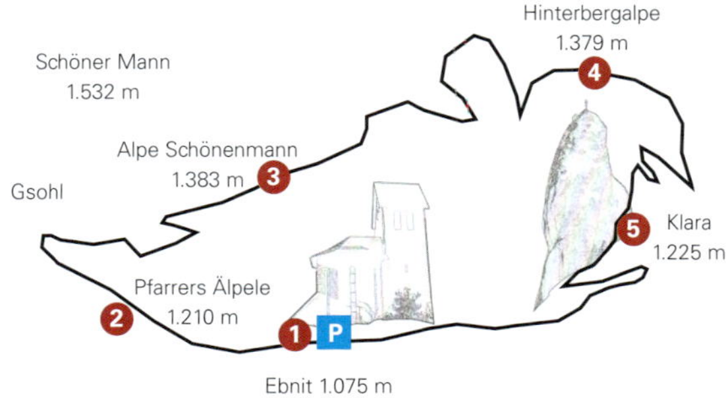

Pfarrers Älpele

„Schöner Mann“ und „Klara“

Durch das wildromantische Tal der Ebniterache führt die 1927 fertiggestellte Straße, zuerst oberhalb der Rappenlochschlucht, nach Ebnit. Da sich die Ebniter im 14. Jahrhundert, anders als die übrigen in Vorarlberg sesshaft gewordenen Walser, so nahe am Rheintal angesiedelt hatten, werden sie manchmal als „fußmarode Walser“ bezeichnet. Dennoch geht es zu Fuß vom Parkplatz ❶ bei der Kirche auf einem Waldweg, vorbei an Pfarrers Älpele, stetig aufwärts. ❷ Die Wanderung kann in Richtung Hohe Kugel fortgesetzt werden, die einen fantastischen Ausblick auf das Rheintal bietet. Ein anderer Weg führt zur Lustenauer Gemeinschaftsalpe Schönenmann ❸. Der seit dem 16. Jahrhundert belegte Name stammt von einer Felswand, die einem versteinerten Mann ähnelt. Nach einer langgezogenen Kurve des Güterwegs in Richtung Schuttannen wird die Ebniter Gemeinschaftsalpe Hinterbergalpe ❹ passiert. Neben den Milchkühen werden hier auch Norikerpferde „gesömmert“. Der Weg vorbei an der Klara ❺, einem Felsturm, der über dem Bergdorf aufragt, führt zurück nach Ebnit.

Einkehrmöglichkeit während der Saison.
Dauer: 3 ½ Stunden, ↗ 350 Höhenmeter

Die Straße nach Ebnit führt durch die Schaufelschlucht und mehrere Felstunnels.

Bei der Hinterbergalpe.

Pfarrers Älpele ist während der Saison bewirtschaftet.

Einer der Ebniter Pfarrer war

Karl Drexel

Anton Boch d. Ä., Franz Josef Drexel, 1859, Öl/Leinwand, 77,5 x 61 cm

Er war 1809 einer der Aufwiegler gegen die bayerische Herrschaft. Er wurde von den Franzosen 1809 gesucht, doch konnte er sich in der später nach ihm benannten Höhle verstecken, die nur schwer zu erblicken und noch schwerer zu erreichen war. Der hereinbrechende Winter zwang ihn zum Umzug auf die Alpe Bocksberg, wo er schließlich verhaftet wurde. 1812 übernahm er die Stelle eines Erziehers und des Katecheten bei Baron Josef Sebastian von Sternbach in Innsbruck.[137]

Tour 14
Seilweggenossenschaft
Schnifis-Schnifisberg → S. 136

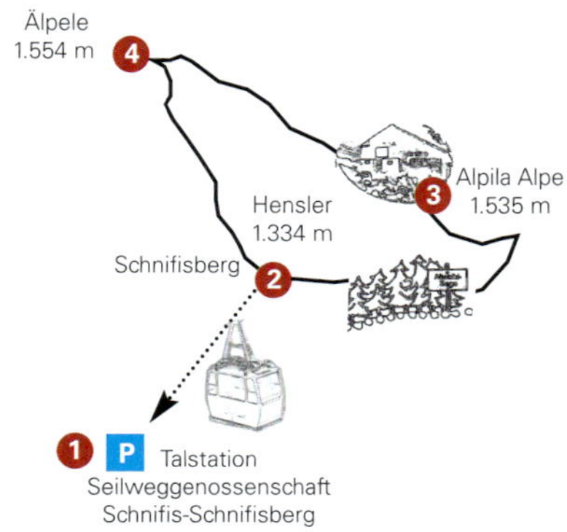

Sagenwanderweg

vom Hensler zur Alpila und zum Älpele

Von der Seilbahn-Talstation ❶ in Schnifis gelangt man mit dem „Bähnle" auf den Hensler ❷. Als sich Einwanderer aus dem schweizerischen Wallis auf den Hängen des Dünserbergs eine Heimat schufen, waren Schnifis und Düns längst besiedelt. Diese Walser werden 1303 erstmals urkundlich erwähnt und gehörten damals zum Gericht Damüls. Sie besaßen alle „Walserfreiheiten", wie niedere Gerichtsbarkeit und Selbstverwaltung. Als die „Berger" 1453 dem Gericht Jagdberg zugeschlagen wurden, bildeten die Bewohner von Dünserberg und Schnifisberg erstmals ein politisch selbstständiges Gemeinwesen – den Dünserberg. Der Sagenwanderweg führt vom Hensler zur Alpila ❸, zum Älpele ❹ und zurück zum Hensler. Von allen drei Stationen hat man einen herrlichen Blick auf den Walgau und den Rätikon. Auf dem Weg sind Tafeln mit alten Sagen aufgestellt. Die Seilbahn gehört der Seilweggenossenschaft Schnifis-Schnifisberg → S. 136 und ist seit 1961 in Betrieb.

Einkehrmöglichkeit: Henslerstüble während der Saison www.henslerstueble.at und auf den Alpen während der Alpzeit.
Dauer: 2 Stunden, ↗220 Höhenmeter

Alpila Alpe 3

Blick vom Älpele 4 **auf den Rätikon.**

Mehrere Hinweistafeln an romantischen Waldwegen erzählen von der sagenumwobenen Vergangenheit dieser Gegend.

Am Wegrand

Türkenbund

ist eine prachtvolle heimische Lilienart

Tour 15
Güterwegegenossenschaft
Fontanella-Untergarlitt
Fontanella-Säge-Seewald
Fontanella-Mühle

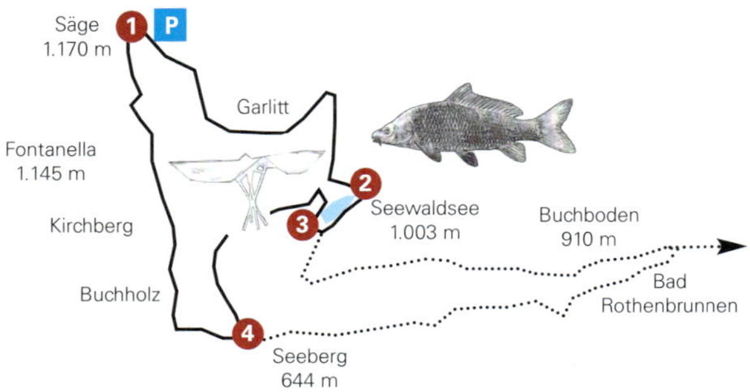

Seewaldsee

Walserweg

Die höchstgelegene Mühle

des Tales war in Fontanella.
1769 wurden hier von 65 der insgesamt
78 Bauern Gerste, Hafer und Roggen angepflanzt.

Ausgangspunkt dieser Tour ist die Säge 1 in Fontanella. Über Garlitt wird der Seewaldsee 2 erreicht. Da der idyllische Bergsee kaum einen Wasserzulauf hat, hat er ähnlich warme Temperaturen wie der Bodensee.[138] Die drei Hauptfische des Sees sind Karpfen, Hecht und Regenbogenforelle. Einen Sonnenschutz am Uferrand bietet das Objekt „Salettl", 3 das die Architekten Memux 2008 für das Festival „Walserherbst" entworfen haben.[139] Die Tour lässt sich von hier über Buchboden nach Bad Rothenbrunnen fortsetzen. Ein anderer Weg führt auf einem schmalen Wiesenpfad nach Seeberg 4 hinunter. Auf dem Walserweg, der Teil einer Weitwanderroute ist, geht es steil bergauf, zurück zum Ausgangspunkt. Kurz davor erinnern Hinweistafeln an die Mühle und das Bad Fontanella, deren Gebäude jedoch nicht mehr vorhanden sind. Die kleine Eisenquelle unweit des ehemaligen Bades gab dem Ort seinen Namen: Der rätoromanische Flurname „Fontanella" bedeutet „Brünnlein".

Einkehrmöglichkeit während der Saison.
Dauer: 3 ½ Stunden, ↗ 700 Höhenmeter

Karten-Informationen für Sportfischer:
www.fischereiverein-marulbach.at

Badevergnügen am 30. Oktober im Seewaldsee

Das Objekt „Salettl“ 3 wurde 2008 von den Architekten Memux für das Festival „Walserherbst“ errichtet.

Die drei

Hauptfische

im Seewaldsee sind

Karpfen

Hecht

und

Regenbogenforelle

Alpe Sera

Bioalpe im Großwalsertal

Wanderungen auf die Alpe Sera sind ab Blons-Kirchdorf ❶ möglich. Der Weg führt über den Blonserberg zu den Alpen Vorder- ❷ und Hinterkamm ❸ und danach zur Alpe Sera. Diese Strecke ist zwar relativ lang, aber wer die Route auf sich nimmt, wird mit der Aussicht auf die Damülser Berge belohnt. Alternativ dazu fährt der Biosphärenpark-Alpbus einmal pro Woche während der Alpzeit bis zur Alpe Sera ❹. Die Alpe Sentum – sie liegt bis zur Alpe Vorderkamm am gleichen Weg – wird ebenfalls wöchentlich angefahren. Bei dieser Route gibt es die Möglichkeit, ab der Alpe Vorderkamm nach Sera und zurück zu wandern. Die Gehzeit von dort bis zur Alpe Sera beträgt etwa eine Stunde, und nach einem kurzen Aufstieg zum Serajöchle kann der Ausblick ins Laternsertal und auf Damüls genossen werden. Hier gibt es eine besonders schöne Alpenflora mit vielen außergewöhnlichen Blumen zu entdecken. Die Alpe ist eine Bio-Alpe, auf der ausschließlich Vieh von Biobauern weidet. Der Rückweg kann in umgekehrter Reihenfolge bis zum Kirchdorf gemacht werden. Eine weitere Route ab dem Furkapass führt über die Oberalpe Böden zur Alpe Sera.

Verpflegung während der Alpzeit
Dauer: 6 Stunden, ↗ 670 Höhenmeter

Die typische Walser Alphüttensiedlung auf der Alpe Sera bildet sich aus der Alphütte (Wohnung für das Alppersonal und Stall), Hirtenhütte, Sennhütte, Oberalphütte sowie Ober- und Unteralpstall.

Bio-Alp-Schweine auf der Alpe Sera.

Magdalena ist mit Stefan Beer, dem Alphirten, in den Sommermonaten auf der Alpe Sera.

Die Bioproduktion auf der Alpe

Die steilen Hänge des Großen Walsertals bilden für die Bergbauern auch in der heutigen Zeit eine schwere Herausforderung. Um sich von der konventionellen Landwirtschaft abzugrenzen, beschlossen die sechs Bauernfamilien, naturangepasst zu wirtschaften, und wurden biologische Betriebe.

Da sie auch die Inhaber der Weide-Nutzungsrechte auf der Alpe Sera sind, beliefern sie die Bio Vorarlberg → S. 178 mit dem Bio-Alp-Schwein.

Die Tiere können auf der Alpe den Sommer über ihren täglichen Auslauf mit hochwertigem biologischem Futter verbringen.

Blick auf das Ladritschtal von der Alpe Sera aus.

Alpe Sera

Sera ist rätoromanisch und bedeutet so viel wie „Querriegel". Die Alpe liegt am Fuße von Grenzspitz, Löffelspitz, Pfrondhorn („Serner Falben") und Damülser Horn. Auf 1.634 Metern Seehöhe liegt die Oberalpe „Uf da Böda". Im tiefer gelegenen Lapfrund wird einige Zeit das Galtvieh gehalten. Die ans Laternsertal und an Damüls grenzende Alpe bietet Naturwanderern und Botanikern eine einzigartige Flora mit Frauenschuh, Aurikel, Arnika, Erika und Alpenrose. Ursprünglich gehörten die Alpen Sera sowie Vorder- und Hinterkamm zusammen und waren Eigentum der Herrschaft Blumenegg, welche die Gründe den Bauern als Lehen überließ. Die Bestoßung mit Kühen, Rindern, Kälbern und Pferden war genauestens geregelt, ebenso die Waldnutzung beziehungsweise die Wegerhaltung. Ein Alpbrief aus dem Jahre 1488 gibt darüber Auskunft. 1648 wurde die Propstei St. Gerold durch Kauf Eigentümerin des Alpgebietes. Später wurden aus den ehemaligen Erblehensträgern Privatbesitzer. Doch die ursprünglich genossenschaftliche Nutzung der Alpe ist heute noch rechtskräftig. Bei allen Entscheidungen der Alpinteressentschaft wird das Einverständnis aller Besitzer angestrebt. Sera ist mit ihren 339 Hektar die größte Alpe im Gemeindegebiet von Blons. Ihre Weiderechte teilen sich 112 Nutzer und sechs Besitzerfamilien. Alpmeister ist der Biobauer Ernst Bickel → S. 178. Die Bewirtschaftung wird, wie im Großen Walsertal üblich, gemeinschaftlich mit Hirten organisiert. Ein Senn verarbeitet in einer Schausennerei die Rohmilch zum beliebten Bergkäse. Die Kühe werden bis Jacobi täglich zweimal zum Melken in den Stall hinein- und danach wieder hinausgetrieben. Diesen Vorgang nennen die Walser „z'Mälcha cheera". Da er jedoch sehr arbeitsintensiv ist (von 5 Uhr bis 22 Uhr), kann diese Art der Bewirtschaftung kaum mehr aufrecht erhalten werden.[140]

Tour 17
Agrargemeinschaft Nenzing → S. 248
www.agrar-nenzing.at

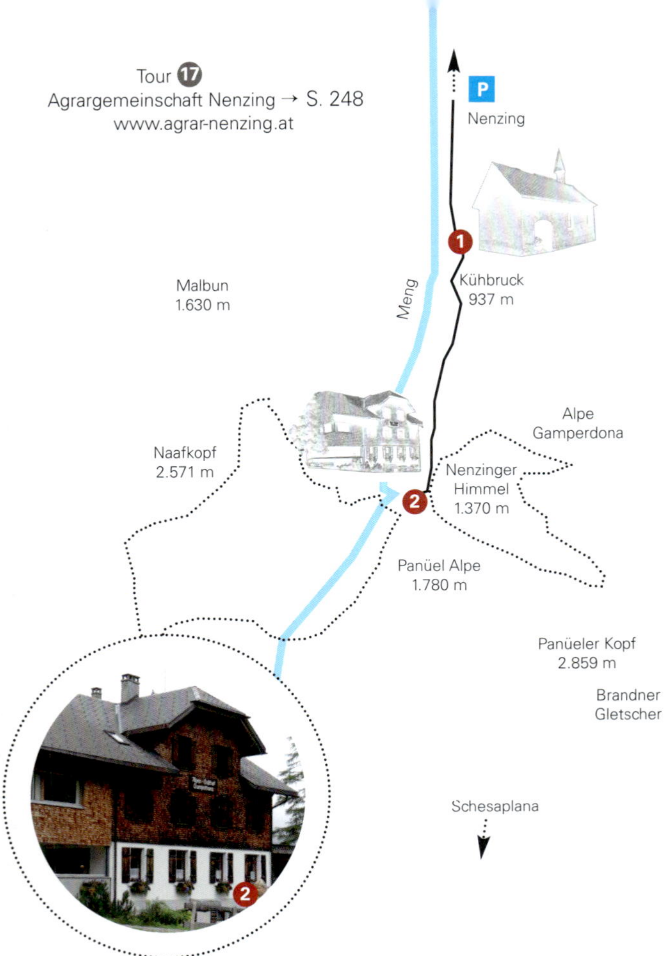

Gamperdond

Nenzinger Himmel

Auf halbem Weg ❶ zwischen Nenzing und Gamperdond zeugt die Inschrift einer Votivtafel von der letzten Bärenjagd im Tal: „den 27. August 1783 ist der Behr geschossen worden". Das erlegte Tier soll drei Zentner gewogen haben und wurde im Triumphzug in das Dorf Nenzing geführt. Dort wurde es in der Tenne des Gasthofes Rössle zur allgemeinen Besichtigung aufgehängt. Die beteiligten elf Jäger aus Frastanz und Nenzing stifteten zum Dank für die geglückte Jagd das Votivbild in der Wallfahrtskirche Kühbruck. Heute können Besucher bequem mit dem Nenzinger-Himmel-Bus nach Gamperdona – oder Gamperdond ❷, wie die Nenzinger sagen – gelangen und im Alpengasthof übernachten. Gamperdond ist Ausgangspunkt für Wanderungen und Bergtouren, beispielsweise auf den Panüler, die Schesaplana, die Hornspitze, den Naafkopf oder den Gorpfion. Auf den Alpen im Gamperdonatal werden etwa 1.000 Stück Vieh gesömmert. Von Brand oder von Malbun (im Fürstentum Liechtenstein) und von der Schweiz führen weitere Wanderwege in den Nenzinger Himmel.

Einkehrmöglichkeit ganzjährig
www.himmelwirt.com

Mengschlucht im Bereich Hoppe.

Um in den Nenzinger Himmel zu gelangen, muss am Eingang zum Tal erst das „Nadelöhr" passiert werden.

Die Alphütten verfügen auch heutzutage weder über fließendes Wasser noch über einen elektrischen Herd oder Telekommunikation.

Der Alpenmannstreu (Eryngium alpinum) kommt in Österreich nur in Vorarlberg und in Kärnten vor.

Der letzte Bär
im Gamperdonatal

„den 27. August 1783 ist der Behr geschossen worden". Das Votivbild zum Gedenken an die letzte Bärenjagd hängt in der Wallfahrtskirche Kühbruck.[141]

Alpe Lün

Alter Alpweg zum Lünersee

Von der Wanderbus-Haltestelle der Voralpe Rells ❶ geht es ansteigend über einen Wiesenpfad, mit der Zimba seitlich im Blickfeld, zur Sennalpe Lün auf 1.776 Metern Seehöhe. Hier werden der Montafoner Sauerkäse (Sura Kees), der Lüner Alpkäse und die Montafoner Alpbutter produziert. Weiter geht es über den Grat der Lünerkrinne ❸ zum Lünersee ❹ . Er liegt am Fuße der Schesaplana. Obwohl ihn die Vorarlberger Illwerke 1959 vergrößerten, hat der türkisfarbene See nichts an Natürlichkeit eingebüßt. Direkt bei der Bergstation der Seilbahn, an der Staumauer, liegt die Douglasshütte, die Verpflegung und und Übernachtungsmöglichkeiten für Wanderer bietet. Eine Seeumrundung dauert etwa zwei Stunden. Unsere Route führt jedoch mit Blick auf die Gipsköpfle ❷ zurück zur Alpe Lün. Im Sommer erfreuen rote Alpenrosenfelder das Auge.

Verpflegung für Wanderer während der Alpzeit auf den Alpen Lün und Rells
Dauer: 4 Stunden, ↗675 Höhenmeter

Talabschluss des Rellstals mit Freschluakopf (links).

Senn Wilfried Berbig wendet den Sura Kees.

Die Alpe Lün im Rellstal

1973 wurden Steinböcke aus der Schweiz auf der Alpe Vilifau im Rellstal ausgesetzt Alle fünf Alpen im Rellstal sind Eigenjagden. Das Waldgebiet des Standes Montafon, das bis an die Alpen heranreicht, gehört zur Vandanser Jagdgenossenschaft → S. 229. Im Rellstal befindet sich auch das Jagdhaus der Vandanser Jagdgenossenschaft.[142]

Von der Alpe Lün eröffnet sich ein herrlicher Blick auf die Zimba.

Das Lünerseegebiet

liegt im Brandnertal, gehört aber zur Gemeinde Vandans im Montafon. Das hat mit der Erschließung und der Alpnutzung des Rellstals zu tun. Von Brand aus war es nämlich unmöglich, das Vieh über die steil abstürzenden Felsen zum See und zu den dortigen Alpweiden zu treiben. Darum kamen die Bürser Alpgenossen im Jahr 1496 auf die Idee, die Alpen mit den Vandanser Alpgenossen zu tauschen. Die Bürser tauschten ihre Rechte an der Alpe zum See, in Lün und im Maisäß Rells mit jenen der Vandanser an der Alpe Salonien (Zalunda).[143]

Die Alpe Lün

ist eine Alpgenossenschaft, deren Statuten sich bis heute großteils auf den Alpbrief von 1496 beziehen.

Der Lünersee

liegt auf einer Höhe von 1.970 Metern am Fuße der Schesaplana. Das Gebiet um den See bildet den Talabschluss des Brandnertals. Der Lünersee ist nur über schmale Steige oder durch die Lünersee-Seilbahn von der Parzelle Schattenlagant aus erreichbar. Direkt bei der Bergstation an der Staumauer liegt die Douglasshütte. Sie war die erste Unterkunft des Vorarlberger Alpenvereins, benannt nach dem Industriellen und Bergpionier John Sholto Douglass, und wurde am 28. August 1871 eröffnet.[144]

Ein ehemaliger Säumerstall mit Steinstiege, um 1970.

Via Valtellina

Historischer Säumerweg nach Gargellen

Diese Tour beginnt in St. Gallenkirch bei der gedeckten Hüslibrogg ❶ aus dem Jahr 1917. Beim Bildstock in der Kreuzgasse ❷ verlassen wir die Straße und folgen dem historischen Saumweg der Via Valtellina, die Teil einer internationalen Weitwanderroute ist. Auf diesem Weg wurde bis ins 19. Jahrhundert das Montafoner Vieh ins Veltlin geführt. Früher war jeder Bauer verpflichtet, die Grenzmauern an seinem Grundstück instandzuhalten, damit das durchziehende Vieh (manchmal bis zu 1.000 Stück pro Viehtrieb) nicht auf die angrenzenden Weiden ausreißen konnte. Dass der historische Weg heute beinahe durchgängig so aussieht wie ihn die Säumer im 19. Jahrhundert gekannt haben, ist den Bemühungen des Standes Montafon und den Montafoner Museen zu verdanken. Sie haben die Mauern und Gebäudereste der Via Valtellina von Schruns bis Gargellen wiederhergestellt oder saniert – und damit gerettet. Vorbei an diesen unzähligen steinernen Zeugen der Vergangenheit wird das Maisäß Rüti ❸ erreicht. An der Route hat es einst immer wieder Raststationen und Unterbringungsmöglichkeiten gegeben, wie ein ehemaliger Säumerstall ❹ im Zuggawald belegt, dessen Steinstiege erhalten blieb.[145] Die Tour führt uns am Lauf des schäumenden Fischbachs hinauf zu dessen Quelltopf ❺ und auf dem alten Messweg zum Biotop um die Fideliskapelle ❻ weiter nach Gargellen ❼. Der attraktive Alpenübergang für Weitwanderer kann in die Schweiz fortgesetzt werden, oder man fährt mit den öffentlichen Verkehrsmitteln retour zum Ausgangspunkt.

Unterkunft und Einkehrmöglichkeiten
Dauer: 6 Stunden, ↗ 550 Höhenmeter

Eine Lawinenschutzmauer sichert den anliegenden Stall.

Die Steinstiege eines ehemaligen Säumerstalls wurde 2010 in Zusammenarbeit mit Maurerlehrlingen restauriert.

Von Säumern und Fuhrleuten

Personen- und Warentransport, 1550–1600, Öl/Leinwand, 27,9 x 38,6 cm

Auf der Via Valtellina wurde bis ins 19. Jahrhundert das Montafoner Vieh über das Schlappiner Joch nach Davos und von dort über den Scalettapass und den Berninapass nach Tirano ins Veltlin geführt. Auf dem Rücktransport wurde der Veltlinerwein nach Vorarlberg gebracht.

Die Via Valtellina führt entlang der Mauereinfriedungen der Grundstücke, mit Blick auf den Scheimersch, früher Geisterspitze genannt

Andreas Amann, Votivtafel, um 1855, in der Kapelle auf der Rüti.

Maisäß Rüti

an der Via Valtellina

Weiderechte

Auszug der Alpordnung aus dem Jahr 1882

Die Maisäßinteressentschaft Reute (Rüti) treibt ihr Vieh frühestens vom 10. Juni an durch vier Wochen zur Frühlingsweide und frühestens am 10. September zur Herbstweide durch drei Wochen jährlich in das Maisäß auf.

Die Zahl des Weideviehs regelt sich genau nach der Anzahl der Weiderechte in der Art, dass auf jedes Weiderecht entweder eine Kuh oder zwei Rinder oder vier Kälber zur Weide aufgetrieben werden können. Anstatt eines Rindes können auch zwei Kälber aufgetrieben werden.

Auf einer sonnigen Terrasse am Eingang des Gargellentals über dem Weiler Galgenul liegt das Maisäß Rüti, dessen Weideböden sich ungeheuer weit erstrecken. Uralte Steineinfriedungen gewähren Einblick über die gemeinsam benutzte Weidefläche – den Ausschlag, wie die Allmeinde im Montafon genannt wird. Die Besitzer wachen auch heute noch über die alten Weiderechte, die die bäuerliche Selbstverwaltung der Dorfgenossenschaft in Servituten regelt. Noch bis in das 19. Jahrhundert war das Maisäß ganzjährig bewohnt. Da Gargellen über die Wintermonate nicht bewohnt war, zogen die Bauern auf Rüti hinunter, oftmals auch weil sie dachten, dass es hier in der lawinenreichen Gegend sicherer sei als weiter oben im Tal. Jedoch zeugen Votivtafeln in der Kapelle Rüti vom weißen Tod im Jahr 1793 und in der Fasnacht 1817, wo durch die Leui (Lawine) Menschen verunglückten. Der Hauptweg nach Gargellen zu den Bündner Pässen ging an der Kapelle Rüti vorbei, bis die Straße 1938 auf die Talsohle im Planetsch verlegt wurde.[146]

Olga Rudigier bewirtschaftet mit ihrem Mann Karl ein Maisäß auf Rüti

Uhr in der Stube des Maisäß der Familie Rudigier.

→ Tour 19 Via Valtellina
Einkehr- und Unterkunftsmöglichkeit
www.madrisahotel.com

Das Madrisa – ein Zeugnis des beginnenden Tourismus im Montafon.

Das Madrisa

Der Schrunser Franz Xaver Schwarzhans erwarb 1875 von Thomas Tschofen das „Rössli" in Gargellen und baute an dessen Stelle 1889 das erste richtige Hotel des Ortes. Er benannte es nach dem mächtigen talbeherrschenden Berg Madrisa. Das Hotel wurde 1904 von einem Konsortium angekauft, restauriert und bedeutend vergrößert. Es verfügte über elektrische Beleuchtung, einen großen Speisesaal und ein Lese- und Billardzimmer. Als um 1900 der Erholungsurlaub in Mode kam, logierten Gäste aus London, Tiflis, Rotterdam, Neapel, Böhmen, Paris und Deutschland im Madrisa. Mit seiner bis heute unveränderten Außenerscheinung spiegelt das Hotel das Flair dieser frühen Epoche des alpinen Tourismus wider. Obwohl der Hotelbetrieb dem heutigen Standard angepasst wurde, fühlt man sich in die Zeit um 1900 zurückversetzt. Seit etwa 80 Jahren befindet sich das mittlerweile denkmalgeschützte Hotel[147] im Besitz der Familie Rhomberg, die in unmittelbarer Nähe zum Madrisa auch ein jahrhundertealtes und beinahe abbruchreifes Maisäß mit viel Traditionsbewusstsein renoviert hat und für Gäste öffnet. Neben dem Hotel wird seit jeher eine Landwirtschaft betrieben, die für die Gäste des Hotels regionale Lebensmittel garantiert. Die Familie Rhomberg hält Weiderechte im Ausschlag Gargellen → S. 374, im Ausschlag Sarottla sowie auf der Alpe Valzifenz und sömmert ihre Mutterkuhherde auf der Privatalpe Platina.

Die Stube des zum Madrisa gehörenden Maisäß.

Der Blick durch die Fenster im Speisesaal des Madrisa ist direkt auf den Ausschlag Gargellen gerichtet.

Vergalda

Die Via Valtellina oder der Veltlinerweg führt von Gargellen in die Kulturlandschaft Vergalda.

In einem Abstecher lässt sich das Maisäßensemble Vergalda umrunden. Der Weg führt an Quellen, alten Hohlgassen mit Trockensteinmauern, Schragazü (Holzzäunen), Lätera (Bewässerungsgräben) und an einem alten Stück Saumweg entlang. Dabei hat man einen traumhaften Ausblick auf die Madrisa sowie auf die ehemaligen Walserhöfe und heutigen Maisäße Täscher, Rüti, Rongg und Röbi.

Gargellen oder Gargella,

wie der Ort im Dialekt genannt wird, war bis ins 19. Jahrhundert ein einfaches Maisäß und nicht ganzjährig bewohnt. Der Tourismus begann um 1890, als anstelle der alten Säumertaverne „Rössli" das Hotel Madrisa → S. 378. errichtet wurde.

Schnapfa

Die Via Valtellina führt unterhalb von Vergalda auf einem Alpweg durch die Schnapfaalma ins Valzifenztal zur Valzifenzalpe. Schnapfa ist ein im Montafon gebräuchlicher Spottname für die Bewohner des Walgaus.

Von der Valzifenzalpe

führt der historische Säumer-Steig hinauf zum Schlappinerjoch. Auf dem Weitwanderweg kommt man in die Schweiz nach Klosters-Dorf und Davos und schließlich nach Tirano, der Hauptstadt des norditalienischen Veltlin.

Krokusblüte im Valzifenztal mit Blick zur Madrisa.

Die Madrisa

Tour 20
Vorarlberger Naturfreunde
Genossenschaft Natur

In der Silvretta

mit dem Wander-Genossen und Naturfreund

Das Wort Genosse

leitet sich vom althochdeutschen „ginoz" ab und bedeutet: jemand, der mit einem anderen etwas genießt oder eine gemeinsame Nutznießung hat.

Der Naturfreund Martin Bentele ist Mitglied der gleichnamigen Organisation und staatlich geprüfter Instruktor Hochalpin.

Die Silvretta besitzt viele Dreitausender. Unsere Tour geht auf das Hohe Rad, das eine der besten Aussichten auf die Berge und Gletscher der Silvretta gewährt. Von der Bielerhöhe ❶ führt ein kürzerer, aber steilerer Pfad Richtung Radsattel. Bald verdichten sich Blockgeröllfelder, ❷ über die es zu steigen gilt. Trittsicherheit ist notwendig bei einer hochalpinen Wanderung durch das Silvretta-Urgestein. Auch dann, wenn man in Begleitung eines Wander-Genossen wie des erfahrenen Bergsteigers Martin Bentele den Gipfel erklimmt. Als Genossen bezeichnete man früher verlässliche Gefährten, mit denen man dieselben gesellschaftlichen oder wirtschaftlichen Ziele teilte. Erfahrung und Verlässlichkeit sind auch im Gebirge hilfreich, will man gemeinsam das Ziel erreichen. Über die Radschulter und die letzten 250 Höhenmeter auf Wegspuren mit kurzen Kletterpassagen gelangt man zum Glanzpunkt, dem Gipfel ❸. Hier wird man mit einer einzigartigen Stimmung und einer unbeschreiblichen Aussicht belohnt. Der Abstieg, insbesondere an den kurzen Kletterstellen, gebietet Vorsicht und Konzentration. Entspannt geht es über den Radsattel ❹ Richtung Wiesbadener Hütte, mit großartigem Ausblick auf den Ochsentaler Gletscher und den Piz Buin. 200 Höhenmeter tiefer zweigen wir nach Norden ab. Der Weg führt an der Westflanke des Hohen Rades vorbei und schließlich entlang des Silvretta-Stausees zurück zur Bielerhöhe.

Einkehrmöglichkeiten und Infos
www.silvretta-bielerhoehe.at
Dauer: 6 ½ Stunden, ↗ 1.050 Höhenmeter

Der Naturfreund Martin Bentele.

Der Weg führt über Blockgeröllfelder 2 und ist gelegentlich mit Steinmännchen markiert. Diese weisen den Weg auch bei dichtem Nebel oder Schnee.

Blick auf das Gipfelkreuz des Hohen Rades. **3**

Im Norden und im Westen des Großen Piz Buins erstreckt sich der Ochsentaler Gletscher.

Die Silvretta Hütte

der Vorarlberger Naturfreunde ist nicht öffentlich zugänglich, kann aber während des Kursbetriebs besucht werden.

Wem gehört die Natur, wem gehört der Wald, der Bach, der See?

Wie bei den „Commons“ im digitalen Zeitalter haben die Naturfreunde mit der aktuellen Definition der Allmende die Lösung früh vorgegeben:

Gemeingüter sind, was uns nicht allein gehört.

Die Naturfreunde

sind eine Freizeit- und Umwelt-bewegung, die die Natur als Gemeingut sieht, das schützenswert ist.

www.vorarlberg.naturfreunde.at

Am 6. Juli 1907

wurde der „Touristenverein Naturfreunde“ in Bregenz gegründet. Zwölf Jahre früher waren die Naturfreunde in Wien vom Volksschullehrer Georg Schmiedel, dem Sensenschmied Alois Rohrauer sowie dem damaligen Studenten und späteren österreichischen Bundeskanzler Karl Renner gegründet worden – mit dem Ziel, die Arbeiter aus dem Elend der Städte heraus in die Natur zu führen, um sie dort zu gebildeten und klassenbewussten Menschen werden zu lassen.

Das Signet der Naturfreunde

ein Handschlag samt drei Alpenrosen,wurde von Karl Renner entworfen.

Der Gruß „Berg Frei“

stand für die Forderung, nicht nur den Wohlhabenden, sondern allen Menschen den Zugang zur Natur zu ermöglichen. Die Idee der Naturfreunde wurde vor allem von wandernden Arbeitern verbreitet, die in vielen Orten neue Gruppen ins Leben riefen.

„Genossenschaft Natur“

Die ursprüngliche Idee einer Freizeitbeschäftigung mit geringem finanziellen Aufwand hat sich bis in die Gegenwart als Grundgedanke nicht verändert. Durch die gemeinschaftliche Organisation und das ehrenamtliche Engagement der Naturfreunde wird es Menschen, Familien und Kindern ermöglicht, eine Genossenschaft mit der Natur zu erleben.[148]

Blick vom Radsattel auf den Piz Buin und den kleinen Buin (rechts). Der Piz Buin liegt an der Grenze zwischen Österreich und der Schweiz und ist mit seinen 3.312 Metern der höchste Berg Vorarlbergs.

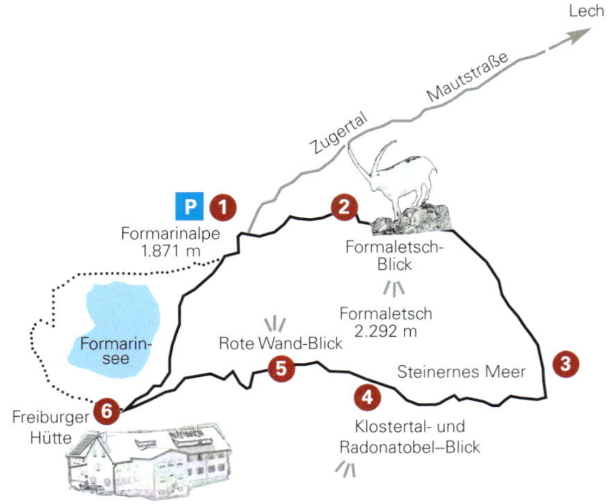

Steinernes Meer

Formarinalpe, Steinernes Meer, Freiburger Hütte, Formarinsee

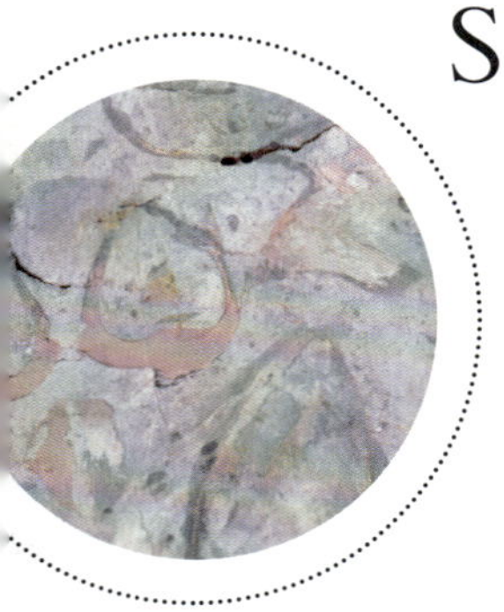

Die Wanderung zum Steinernen Meer beginnt bei der Gemeinschaftsalpe Formarin ❶. Man erreicht sie von Lech aus mit dem Wanderbus. Der Weg führt an einem Steinbockdenkmal ❷ vorbei. Es dokumentiert die Aussetzung von Steinwild in dieser Gegend im Jahr 1958. Seither avancierte die Herde zum größten Steinwildvorkommen Vorarlbergs. Die Wanderung zum Steinernen Meer führt rund um den Formaletsch (2.292 m). Durch saftige grüne Wiesen geht es leicht ansteigend zum Steinernen Meer, ❸ einer faszinierenden Welt aus versteinerten Fossilien. Am Wegrand markieren Erkennungszeichen besonders interessante Fundorte. Das große Karstfeld sollte nur mit gutem Schuhwerk begangen werden, aber es lohnt sich, das Gestein aus der Nähe zu betrachten. Von dort hat man auch einen beeindruckenden Blick ins Klostertal ❹ und auf die Alpe Mähren, ein ehemaliges Bergmahd-Gebiet. Auf dem Weg weiter zur Freiburger Hütte ragt im Hintergrund die Rote Wand ❺ empor. Von der Freiburger Hütte ❻ führt ein Wandersteig (nur für Geübte) den Formarinsee entlang zurück zur Formarin-Alpe.

Verpflegung während der Saison
Dauer: 3 ½ Stunden, ↗250 Höhenmeter

Informationen zu
Exkursionen
mit dem Wanderführer und Geologen Dr. Josef Kaiser unter www.geotour.at

Blick auf den Pöngertlekopf (2.539 m) und Formaletsch (2.292 m) rechts.

Wanderführer und Geologe Josef (Joschi) Kaiser, links, und Georg Gantner, rechts, präsentieren die wichtigsten Fossilien-Fundorte. Dahinter die Rote Wand.

Im Karst des Steinernen Meeres

finden sich häufig Versteinerungen von Ammoniten, Belemniten, Korallenstöcken, Schalen von Muscheln (Megalodonten, Kuhtrittmuscheln) und Turmschnecken.

Freiburger Hütte 6

Formarinsee

Nicolaus Steno

wurde von Wilhelm von Humboldt als „Vater der Geologie“ bezeichnet. Er entdeckte das Gesetz von der Winkelkonstanz bei Quarz: nämlich dass die Oberflächen der Kristalle, unabhängig von ihrer Größe oder Form, immer im selben Winkel zueinander stehen. Auch das Wissen, dass Fossilien Überreste von Lebewesen sind, geht auf Steno zurück. Zuvor wurden diese als natürliche Gesteinsauswüchse betrachtet.[149]

Im Steinernen Meer

können Fossilien entdeckt werden, die im Meer entstanden sind. Zahlreiche Versteinerungen finden sich im Karst des Formaletsch und im Steinernen Meer. Ein besonderer Reiz dieser Landschaft geht auch vom ausgedehnten Karrenplateau mit den tiefen und breiten Kluftkarren aus. Eine Kalkplatte mit dünn auflagernden Bänken von Rotem Liaskalk bildet einen durchlöcherten und zerklüfteten Felskörper. Scharfkantige Formen und durch Gletscherschliff gerundete Buckel kommen hier vor. Direkt in oder unter diesem Karstplateau verläuft mit einer Ausdehnung von etwa einem Quadratkilometer die Rhein-Donau-Wasserscheide; sie ist gleichzeitig die europäische Kontinentalwasserscheide.[150]

Die Formationen des Steinernen Meers wurden vor etwa 200 Millionen Jahren gebildet.

→ Tour 21 Arlbergweg
Museum im Klostertal
Porträt einer Annahmestelle der „VTaler"
Allmenda der Talente Genossenschaft → S. 90
www.museumsverein-klostertal.at

Der Verkehr über und später durch den Arlberg gehört zu den markantesten Faktoren des Klostertals. Das Tal war und ist ein Durchzugstal. Deshalb entstand kein ähnlich ausgeprägtes Talschaftsbewusstsein wie etwa im Bregenzerwald oder im Montafon. Umso wichtiger ist es heute, das Zusammengehörigkeitsgefühl der Bewohner und die Identität des Tales zu stärken – zum Beispiel durch die Erforschung der lokalen Geschichte. Mit dem Thöny-Hof wurde 1994 ein lebendiges Talschaftsmuseum eröffnet, das seither auch als Begegnungsstätte und Kulturzentrum dient. Die Häuser der Bauern waren immer Veränderungen unterworfen, so auch der Thöny-Hof, der erst im 20. Jahrhundert von einem Paarhof zu einem Einhof umgebaut wurde. In seiner Ursprünglichkeit und mit seiner reichhaltigen Ausstattung eignet er sich ganz besonders, Wissen über das Leben der Bauern unter den schwierigen Verhältnissen im Klostertal zu vermitteln. Weil der Bodenertrag im Klostertal kärglich war, kultivierten die Bauern Jahrhunderte hindurch die Bergmähder, um erstklassiges Winterfutter zu gewinnen – zum Beispiel im Hochtal Glong → S. 246 oberhalb der Gemeinde Wald. Das Heu der über 30 Mähder wurde bis in die 1960er Jahre alljährlich im Glongheuzug von allen Männern des Ortes gemeinsam ins Tal gebracht. Die Bewirtschaftung der Mähder war für die Bauernfamilien eine kräftezehrende Notwendigkeit, für die Kulturlandschaft jedoch eine bedeutende Investition. Der Museumsverein Klostertal bietet in seinem Rahmenprogramm neben anderem auch Exkursionen → S. 386 ins alpine Gebirge an. Seinen gemeinschaftsfördernden Absichten entsprechend unterstützt das Klostertal Museum auch die Projekte der Allmenda, der Talentegenossenschaft.[151]

Der Thöny-Hof

Die Rauchküche

des Klostertal Museums ist in ihrem ursprünglichen Zustand erhalten.

Der Herd

diente nicht nur zum Kochen: Von hier aus wurde auch der Kachelofen beheizt, in dem alle 14 Tage Brot gebacken wurde. Im „Kämmischoß" selchte man Hauswürste und Speck.

Die „Schaffraiti"

oder der Kasten enthält Tonschüsseln und Geschirr, Steingut und Porzellan aus dem 19. Jahrhundert.

Im Käskeller

wurde nicht nur Käse, sondern auch Vorräte wie Obst und Gemüse eingelagert.

In der Werkstatt wurden landwirtschaftliche Geräte repariert oder hergestellt.

Im Streuestall war Streue oder Laub eingelagert.

Als trockener Raum diente die Laube zur Aufbewahrung von Vorräten.

In der Stube

spielte sich früher das Leben ab. Das Kanapee im Biedermeierstil stammt aus der Zeit um 1840

1794

wurden Deckengemälde geschaffen, die den Reichtum der Besitzerfamilie dokumentieren.

Der Kachelofen

ist ein Steckofen, in dem Brot gebacken wurde. An seinen „Häslatta" (Kleiderlatten) hängte man die Kleidung zum Trocknen auf, im Spätherbst wurde auf den Latten Obst gedörrt.

Tour 22
Allmein Außerbraz → S. 204

Arlbergweg

durch die Außerbrazer Allmein nach Wald

Die Wanderung kann von Bludenz aus beim Kloster St. Peter beginnen. Wir starten bei den weiten Wiesen der Außerbrazer Allmein → S. 204 ❶. Ein alter Weg führt zum Allma-Kreuz ❷. Auf und ab geht es mit ständigem Ausblick auf den Roggelskopf (2.284 m), der im Lechquellengebirge liegt.
Auf Wirtschaftswegen über die Bergparzellen Lötsch und Gafreu lässt sich ein Abstecher von etwa 40 Minuten zu den Bergmähdern von Laschei und auf dem etwas steileren Waldweg zum Mason-Wasserfall ❸ machen. Wer das Klostertal aber in seiner ganzen Länge durchwandern will, geht den Arlbergweg weiter in Richtung Dalaas. ❹ Das Dorf war immer schon ein bei Reisenden beliebter Ort. Im Mittelalter wohnten hier Bergleute – „Silberer" genannt, die am Kristberg Erz abbauten. Nachdem man das berüchtigte Radonatobel gequert hat, erreicht man Außerwald. ❺ Unmittelbar am uralten Wegverlauf bietet das Klostertal Museum → S. 390 eine willkommene Gelegenheit, das Tal und seine Geschichte näher kennen zu lernen. Von hier aus geht's weiter nach Klösterle bis Stuben oder mit dem Wanderbus zurück nach Bludenz.

Einkehrmöglichkeiten innerorts ganzjährig
Dauer: je nach Variante 4–6 Stunden

Hat der Roggelskopf an Huat,
ist's Wetter morn guat;
hat der Roggelskopf an Buch,
ist's Wetter morn ruch.
Klostertaler Bauernregel

 Blick auf den bedeckten Roggelskopf.

Der Weg durch die Allmein

führt am Allma-Kreuz vorbei.

Der Arlberg wurde schon zur Römerzeit begangen
Im 13. Jahrhundert bekam das Klostertal zusätzliche Bedeutung als Transportweg für Salz.

Gegenwärtig führen Teile des Wanderwegs bei Klösterle über aufgelassene Teile der Trasse der Arlbergbahn.

Der Mason-Wasserfall weist eine Fallhöhe von 80 Metern auf.

D' Aumadwood

Dio schöanst Zit, das ist d' Aumadwood[1],
dio schöanst föor Lüt und Veh[2].
Dau seand dio Buro wit und brood
mit eohror Arbat greh[3].

Und 's Vehle, das heat frio Gang
uf schöanor, ebnor Weos,
und heat a Glöuft und heat a Gsprang[4],
und d'Buro, dio hind Reos[5].

's gaunz Jauhr schint d'Sunno nio sa hel,
ma sioht gär nio sa wit.
Dor Wauld ist brun und rod und gel,
all Farba, wau as git.

Und d'Buobo gaund i d'Hasolnuß
und rihtod Vogolschleg[6]
am Brand[7] und i dor Pfingstatt[7] uß,
am Stuo[7] um, und am Beeg[7].

Um sechse ummar ist as Naht,
dinn meolkt ma dio paar Küoh.
Und nahom Melko eoßt ma grad,
as Bett z'gänn[8] ist as z'früoh.

Dio jungo Böorst[9] benutzod d'Zit:
Doors Döafle us und in
weod gsungo, daß as weodorgit[10]
bi Mau- und Steanoschin.

As geolt ka Weag und geolt ka Steag,
ma gaut halt, wau ma ma.
Allgmuoschaft ist itz weloweag[11],
ka Gattor ist me da[12].

I gloub, a-n-ioda wit und brood
möoß seigo, das si wauhr:
dio schöanst Zit, das si d'Aumadwood,
dio schöanst im gaunzo Jauhr![152]

Das Gedicht „D' Aumadwood" (Herbstweide) des Bizauers Gebhard Wölfle (1848–1904), im Bregenzerwälder Dialekt verfasst, beschreibt den Beginn der Herbstzeit, wie sie von den Bauersleuten im Bregenzerwald erlebt wurde: Nach getaner Sommerarbeit beginnt die etwas weniger anstrengende Zeit für Mensch und Vieh und lässt sie die schöne Herbstzeit genießen.

[1] die gemeinsame Herbstweide auf den Dorfgründen; [2] Vieh; [3] fertig; [4] ein andauerndes Herumlaufen und -springen; [5] Gespräche; [6] richten Schlagfallen zum Vogelfang; [7] Flurnamen (Bizau); [8] um ins Bett zu gehen; [9] die jungen Burschen; [10] widerhallt; [11] gemeinschaftliche Nutzung der Weide herrscht jetzt überhaupt; [12] kein Gatter ist mehr angebracht (freier Lauf und Verkehr)

Anhang

Anmerkungen der Herausgeberin

1 Robert Owen: Das soziale System. Ausgewählte Schriften. Berlin 1988.
2 New Lanark Trust (Hg.): New Lanarks Geschichte. Die Geschichte von New Lanark – einem Weltkulturerbe. New Lanark o. J., S. 3.
3 Ebenda, S. 14, S. 17.
4 Ebenda, S. 12–17.
5 Gespräche mit Harald Grabher und Martin Hagleitner Huber, Feldkirch, 27.2.2012.
6 Gespräch mit Margit Bilgeri, Bezau, 24.11.2011.
7 Gespräch mit Ellen Nenning, Bezau, 24.11.2011.
8 Ebenda.
9 Gespräch mit Kurt Fischer, Bezau, 24.11.2011.
10 Gespräch mit Herlinde Vogt, Bezau, 18.1.2012.
11 Gespräch mit Georg Fröwis, Bezau, 18.1.2012.
12 Gespräch mit Pius Feurstein, Bizau, 8.3.2012.
13 Gespräch mit Albert Hager, Mellau, 15.3.2012.
14 Christoph Volaucnik: Die Wirtschaftsgeschichte Eggs im Überblick. In: Heimatbuch Egg. Egg 2008, S. 330.
Weitere Quelle: Tischler Rohstoff (Hg.): Festschrift 50 Jahre Tischler Rohstoff 1939–1989, o. P.
15 Gespräch mit Markus Scheffknecht, Hohenems, 10.1.2012. Weitere Quelle: Tischler Rohstoff (Hg.): Festschrift 50 Jahre Tischler Rohstoff 1939–1989, o. P.
16 Ebenda.
17 Gespräch mit Dietmar und Armin Salzgeber, Wald am Arlberg, 10.2.2012.
18 Gespräch mit Josef Matt und Jakob Nesensohn, Laterns, 29.11.2011.
19 Gespräch mit Gernot Jochum-Müller, Dornbirn, 5.12.11.
20 Gespräch mit Petra Raid, Langenegg, 2.12.2011.
21 Gespräch mit Ingeborg Eiler, Lustenau, 1.2.2012.
22 Gespräch mit Herta Mangeng, Feldkirch, 10.12.2011.
23 Gespräch mit Hildegard Breiner, Bregenz, 23.1.2012.
24 Gespräche mit Harald Scherbantie, Dornbirn, 22.11.2011 und Hans Mäser, Dornbirn, 7.12.2011. Weitere Quelle: Michael Haugg, Firma Rhomberg's Fabrik GmbH, Dornbirn, 22.11.2011.
25 Informationstafel vor Ort.
26 Gespräch mit Alfons Rädler, Eichenberg, 10.1.2012.
27 Amt der Vorarlberger Landesregierung (Hg.): Agrarbericht der Vorarlberger Landesregierung. Bregenz 2011. S. 19.
28 Gespräch mit Franz Rüf, Alberschwende, 5.12.2011.
29 Gespräch mit Helmut Blank, Sulzberg, 17.1.2012.
30 Gespräch mit Wilfried Hopfner, Bregenz, 5.3.2012.
31 Siegfried Heim: Wendelin Rädler. Schulmann und Sozialreformer. In: Heimat Wolfurt. Zeitschrift des Heimatkundekreises. Heft 12, Mai 1993, S. 41 f.
32 Gespräch mit Richard Erne, Feldkirch, 8.2.2012.
33 http://www.tagdesdenkmals.at/vorarlberg/17963/feldkirch-stoeckelgebaeude [17.8.2012]. Weitere Quelle: Sonderbeilage der Vorarlberger Nachrichten, 30.11.2011, S. 3.
34 Gespräch mit Bertram Müller, Ludesch, 15.3.2012.
35 Gespräch mit Dr. Andreas Gapp, Mittelberg, 4.12.2011.
36 Gespräch mit Sabine Duelli und Gaby Strolz, Schnifis, 12.2.2012. Weitere Quelle:
Verein zur Förderung der Schnifisbergbahn (Hg.): 50 Jahre Seilbahn Schnifisberg. Feldkirch 2011, o. P.
37 Gespräch mit Günter Wohlgenannt und Jürgen Kostelac, Bregenz, 1.3.2012.
38 Christian Feurstein: Wirtschaftsgeschichte Vorarlbergs von 1870 bis zur Jahrtausendwende. Konstanz 2009, S. 331 f.
39 Statuten der Garten-, Obst- und Gemüsebaugenossenschaft Vorarlberg. Weitere Quelle: Gespräch mit Harald Rammel, Bregenz, 26.7.2012.
40 Gespräch mit Gillian Lonergan und Mervyn Wilson, Co-Operative College, Manchester, Rochdale, 18.2.2012.
41 Konsum Vorarlberg (Hg.): 100 Jahre Konsum Vorarlberg 1876–1976. Dornbirn 1976, o. P.
42 Gespräch mit Richard Bitschnau, Nüziders, 1.6.2012.
43 Konsum Vorarlberg (Hg.): 100 Jahre Konsum Vorarlberg 1876–1976. Dornbirn 1976, o. P.
44 Gespräch mit Jürgen Piffer, Bregenz, 12.12.2011.
45 Schriftliche Mitteilung von: Helga Platzgummer, Stadtarchiv Dornbirn, 29.2.2012.
46 Gespräch mit Kurt Michelini, Frastanz, 15.11.2011.
47 Gespräch mit Raimund Wachter, Feldkirch, 12.1.2012.
48 Siegfried Heim: Wendelin Rädler. Schulmann und Sozialreformer. In: Heimat Wolfurt. Zeitschrift des Heimatkundekreises. Heft 12, Mai 1993, S. 41-43.
49 http://www.vmilch.at/de/geschichte [17.8.2012]
50 Bundesdenkmalamt GZ.45.124/03/2010. Weitere Quellen: Gespräche mit Marianne Hinterndorfer, Bregenz, 25.6.2012 und Meinrad Pichler, Bregenz, 26.6.2012.
51 Franz Michael Felder an Kaspar Moosbrugger, 18. Februar 1866, Felder Werke V, 235. In: Walter Methlagl: Der Traum des Bauern Franz Michael Felder. Bregenz 1984, S. 59.
52 Ebenda, S. 21.
53 Informationstafel in der Bergkäserei Schoppernau. Weitere Quelle: Gespräch mit Kaspar Erath, Schoppernau, 4.7.2012.
54 Walter Methlagl: Der Traum des Bauern Franz Michael Felder. Bregenz 1984, S. 64. Weitere Quelle: Informationstafel in der Bergkäserei Schoppernau.
55 Wolfgang Scheffknecht: 100 Jahre Marktgemeinde Lustenau 1902 bis 2002. Eine Chronik. Lustenau 2003, S. 25 f.
56 Gespräch mit Walter Kremmel, Lustenau, 2.7.2012. Weitere Quelle: Viehzuchtgenossenschaft Lustenau (Hg.): Festschrift 100 Jahre Viehzuchtgenossenschaft Lustenau. Lustenau 1994, o. P.
57 Gespräch mit Martin Klabacher, Bregenz, 5.7.2012.
58 Gespräch mit Elmar Gorbach und Wolfgang Ochsenreiter, Hohenems, 6.12.2011. Weitere Quelle: Festschrift 75 Jahre Vorarlberger Metzgerverband 1898–1973. o.O., o.J., o. P.
59 VLA, Urk., Nr. 10040.
60 Ebenda.
61 Satzung über die Nutzung von Alpen, Weiden und Wiesen. Allmeinordnung für Außerbraz, Grubs, Radin, St. Leonhard und Hintergastenz. Kopie im Besitz der Verfasserin.
62 Ebenda.
63 Gespräch mit Martin Kurzemann, Außerbraz, 2.6.2012.
64 Satzung über die Nutzung von Alpen, Weiden und Wiesen. Allmeinordnung für Außerbraz, Grubs, Radin, St. Leonhard und Hintergastenz. Kopie im Besitz der Verfasserin.
65 Alois Niederstätter: Egg im Feudalzeitalter. In: Heimatbuch Egg. Egg 2008, S. 98 f.
66 Amt der Vorarlberger Landesregierung (Hg.):, Statistik der Agrargemeinschaften 2011.
67 VLA, Urk., Nr. 4180.
68 Gemeindeprotokoll, Ludesch, 29.8.1835, K.K. Land- und Kriminal Gericht Sonnenberg, Bludenz, 21.12.1835.
69 Gespräch mit Josef Bischof, Bregenz/Ludesch, 6.6.2012.
70 Gespräch mit Reinhard und Pauline Burtscher, Ludescherberg, 24.2.2012.
71 Gespräch mit Hans-Peter Lorenz, Bregenz/Dornbirn, 8.3.2012.
72 Gespräch mit Ella Fässler, Bregenz/Dornbirn, 8.3.2012. Weitere Quellen: Vorarlberger Volksblatt, 12.4.1935, S.3. Rankweiler Amtsblatt Nr. 28, 15.7.05, S. 3.
73 Gespräch mit Gerold Schneider, Lech, 19.7.2012.
74 Gespräch mit Adolf Burtscher, Bregenz/Außerbraz, 6.6.2012. Weitere Quelle: Franz Burtscher, Radin, 6.6.2012, 21.7.2012.
75 Amt der Vorarlberger Landesregierung (Hg.): Wasserwirtschaftsstrategie des Landes Vorarlberg. Bregenz 2010, S. 20, S. 56.
76 VLA, Urk., Nr. 5004.
77 Siegfried Heim: Der Ippachwald (1). In: Heimat Wolfurt. Zeitschrift des Heimatkundekreises. Heft 18, Februar 1997, S. 16 ff.
78 Gespräch mit Alois Müller, Ippachwald, 3.8.2012.
79 Schriftliche Mitteilung von: DI Thomas Ölz, Forstreferat Landwirtschaftskammer, Bregenz, 20.8.2012.
80 Alois Niederstätter: Die Besiedlung des Bregenzerwaldes und seine wirtschaftliche und politische Entwicklung. In: Meusburger, Martin/Brigantina, Silvia (Hg.): Aus der Wälder Geschichte. Dokumentation der Vortragsreihe „Wälder Geschichtstage". Dornbirn 1998 S. 9 f.
81 Amt der Vorarlberger Landesregierung (Hg.): Agrarbericht der Vorarlberger Landesregierung. Bregenz 2011, S.10. Weitere Quelle: Gespräch mit Burkhard Wachter und Gerhard Stampfer, Vandans, 26.1.2012.
82 Gespräch mit Burkhard Wachter und Gerhard Stampfer, Vandans, 26.1.2012.
83 Gespräch mit Norbert Thum, Vandans, 22.7.2012.
84 Alois Niederstätter: Egg im Feudalzeitalter. In: Heimatbuch Egg. Egg 2008, S. 98 f.
85 Elisabeth Stöckler: mitanand – füranand / mitanaund – füranaund. Zur Geschichte der Wälderversicherung. In: Meusburger, Martin/Brigantina, Silvia (Hg.): Aus der Wälder Geschichte. Dokumentation der Vortragsreihe „Wälder Geschichtstage". Dornbirn 1998, S. 106.
86 Gespräch mit Günther Muxel, Schoppernau, 4.7.2012.
87 Artur Schwarz: Heimatbuch Egg. Bregenz 1974, S. 300 f. Weitere Quelle: Behmann, Richard (Hg.): 's Wöartôrbuo. Sprachschatz Bregenzerwald (Neuauflage der Originalausgabe von Tone Franz und Sylvester Ratz „Üsa Schproh – Üsa Gschpano", 2001). Egg 2011, S. 175, 210.

88 Klostertal Museum (Hg.): Die Bergmähder auf Glong (Schriften des Museumsvereins Klostertal 5). Wald am Arlberg 2004, S.16, S. 33–35.
89 Gespräch mit Thomas Gamon, Gamperdond, 11.07.12. Weitere Quelle: http://www.agrar-nenzing.at [17.8.2012]
90 Ebenda.
91 VLA, Urk., Nr. 4829.
92 VLA, Urk., Nr. 3657.
93 VLA, Urk., Nr. 4125.
94 VLA, Urk., Nr. 5422.
95 VLA, Urk., Nr. 3030.
96 VLA, Urk., Nr. 580.
97 VLA, Urk., Nr. 4922.
98 VLA, Urk., Nr. 6885.
99 VLA, Urk., Nr. 7403.
100 VLA, Urk., Nr. 53.
101 VLA, Urk., Nr. 3096.
102 VLA, Urk., Nr. 8623.
103 VLA, Urk., Nr. 4493.
104 VLA, Urk., Nr. 618.
105 VLA, Urk., Nr. 3428.
106 VLA, Urk., Nr. 5252.
107 VLA, Urk., Nr. 7540.
108 VLA, Urk., Nr. 3143.
109 VLA, Urk., Nr. 674.
110 VLA, Urk., Nr. 7213.
111 VLA, Urk., Nr. 3459.
112 VLA, Urk., Nr. 769.
113 VLA, Urk., Nr. 738.
114 VLA, Urk., Nr. 6833.
115 VLA, Urk., Nr. 7560.
116 Gespräch mit Reinhard und Pauline Burtscher, Ludescherberg, 24.2.2012.
117 Gespräch mit Manfred Tschaikner, Bregenz, 6.9.2012.
118 Waldner, Alois (Holdo Hanso Wise) „Brisele suppo". In: edition bahnhof (Hg.): Alois Waldner. Einsiedler und Rebell. Hohenems 2008, S. 50 f.
119 Gebhard Wölfle: „Dor Gogoschou". In: Walter Lingenhöle/Ernst Wirthensohn (Hg.): Muettersproch. Mundartdichtung des 19. Jahrhunderts aus Vorarlberg. Bregenz 1992, S. 315.
120 http://www.dornbirn.at/Tuerggobraetscha.342.0.html [17.8.2012]
121 Gespräch mit Dietmar Gohm, Düns, 17.9.2011. Weitere Quelle: Anna Elisabeth Ganter: Weinbau in Düns. Düns 1997.
VLA, Urk., Nr. 4105, 4113, 4115.
122 Vorarlberger Volksblatt, 12.8.1899
123 Helmut Tiefenthaler: Wege in die Vergangenheit in Vorarlberg. Wanderungen und Spaziergänge. Innsbruck 2005, S. 27 f.
124 http://www.alpenverein.at/vorarlberg-bezirk-wolfurt/huetten/geschichte.php [17.8.2012]
125 Siegfried Heim: Der Ippachwald (2). In: Heimat Wolfurt. Zeitschrift des Heimatkundekreises. Heft 19, Juni 1997, S. 17, S. 21.
Weitere Quelle: Gespräch mit Alois Müller, Ippachwald, 3.8.2012.
126 Oscar Sandner: Die Kuen. Bregenzer Baumeister des Barock. Konstanz/Stuttgart 1962, S. 50 f.
127 Rückseitige Beschriftung der Bilder im Gasthof Sonne, Hittisau.
128 Gespräch mit Peter Wild, Hittisau 23.11.2011. Weitere Quelle: Schriftliche Mitteilung von: Dr. Anton Stöckler, Hittisau.
129 Artur Schwarz: Heimatbuch Egg. Bregenz 1974, S. 147.
130 Helmut Tiefenthaler: Wege in die Vergangenheit in Vorarlberg. Wanderungen und Spaziergänge. Innsbruck 2005, S. 49.
131 Gespräch mit Pius Feurstein, Schönenbach, 12.7.2012. Weitere Quellen: Informationstafel in Schönenbach, Rudolf Berchtel: Wanderbuch Bregenzerwald. Innsbruck/Wien 2009, S. 80 ff.
132 Gebhard Wölfle: Gsätzle. In: Lingenhöle, Walter/Wirthensohn, Ernst: Muettersproch. Mundartdichtung des 19. Jahrhunderts aus Vorarlberg. Bregenz 1992, S. 321.
133 Gespräch mit Albert Hager, Mellau, 24.11.2011.
134 Gespräch mit Erwin Metzler, Bregenz/Mellau, 14.2.2012.
135 Helmut Tiefenthaler: Wege in die Vergangenheit in Vorarlberg. Wanderungen und Spaziergänge. Innsbruck 2005, S. 115 f.
136 Gespräch mit Harald Scherbantie, Dornbirn, 22.11.2011, Hans Mäser, Dornbirn, 7.12.2011. Weitere Quellen: Informationstafel beim Kraftwerk Ebensand;
Franz Josef Huber (Betriebsleiter F. M.Hämmerle): Der Staufensee. Dornbirn 1981, unpubl. Bericht.
137 Ferdinand Hirn: Vorarlbergs Erhebung im Jahr 1809. Bregenz 1909, S. 364, S. 412.
138 Jörg Heine: Kleiner Führer Vorarlberg. München 1976, S. 147.
139 http://www.walserherbst.at/ [17.8.2012]. Weitere Quelle: Gespräch mit Thomas Mennel, Bregenz/Wien, Juni 2009.
140 Gespräch mit Ernst Bickel, Alpe Sera, 10.7.2012.
141 Votivbild in der Wallfahrtskirche Kühbruck.
142 Gespräch mit Oskar Neher, Alpe Lün, 19.7.2012.
143 VLA, Urk., Nr. 4922.
144 Norman Douglas: Wieder im Walgau (Together). 2. neu bearbeitete Aufl. Bregenz 1982, S. 11, S. 24. Weitere Quelle: Gespräch mit Oskar Neher, Alpe Lün, 19.7.2012.
145 Gespräch mit Friedrich Juen, Gargellen, 22.10.2011.
146 Ludwig Vallaster: Das Maisäß Rüti einst und jetzt. In: Anzeiger für den Bezirk Bludenz und Montafon, 26.3.1955.
147 Gutachten des Bundesdenkmalamtes, Gz. 52.705/02/2009-Mag.Dr. G.Tschallener. Weitere Quelle: Gespräch mit Franz Karl Rhomberg, Gargellen, 8.8.2009.
148 www.vorarlberg.naturfreunde.at [17.08.2012]
149 http://de.wikipedia.org/wiki/Nicolaus_Steno [17.08.2012]
150 http://de.wikipedia.org/wiki/Steinernes_Meer_(Vorarlberg) [17.8.2012]
151 Klostertal Museum (Hg): Heimat und Verkehr. (Schriften des Museumsvereins Klostertal 4). Wald am Arlberg 2004, S. 12 f., S. 60. Weitere Quelle: Gespräch mit Christof Thöny, Wald am Arlberg, 19.7.2012.
152 Gebhard Wölfle: „D' Aumadwood". In: Walter Lingenhöle/Ernst Wirthensohn (Hg.): Muettersproch. Mundartdichtung des 19. Jahrhunderts aus Vorarlberg. Bregenz 1992, S. 309.

* Alois Niederstätter: Egg im Feudalzeitalter. In: Heimatbuch Egg. Egg 2008, S. 100.

Literatur

Amann, Fanny: Meine Küche: Eine Auswahl von 1060 Rezepten für den bürgerlichen Tisch. Schwarzach 1931

Amt der Vorarlberger Landesregierung (Hg.): Agrarbericht der Vorarlberger Landesregierung. Bregenz 2011

Amt der Vorarlberger Landesregierung (Hg.): Wasserwirtschaftsstrategie des Landes Vorarlberg. Bregenz 2010

Amt der Vorarlberger Landesregierung (Hg.): Vorum, Forum für Raumplanung und Regionalentwicklung in Vorarlberg. Bregenz 2012

Behmann, Richard (Hg.): 's Wöartôrbuo. Sprachschatz Bregenzerwald (Neuauflage der Originalausgabe von Tone Franz und Sylvester Ratz „Üsa Schproh – Üsa Gschpano" 2001). Egg 2011

Berchtel, Rudolf: Alpwirtschaft im Bregenzerwald (Innsbrucker Geographische Studien, Band 18). Diss., Innsbruck 1990

Berchtel, Rudolf: Wanderbuch Bregenzerwald. Innsbruck/Wien 2009

Braudel, Fernand: Frankreich, Band 1: Raum und Geschichte. Stuttgart 1989

Braudel, Fernand: Sozialgeschichte des 15.–18. Jahrhunderts, Band 2: Der Handel. München 1986

Brazda, Johann/Schediwy, Robert/Todev, Tode: Selbsthilfe oder politisierte Wirtschaft (Schulze-Delitzsch Schriftenreihe, Bd. 18). Wien 1997

Burmeister, Karl Heinz: Juden als Pioniere des Bankwesens in Vorarlberg. In: Rheticus-Gesellschaft (Hg.): Rheticus (Vierteljahresschrift der Rheticus-Gesellschaft. Jg. 16, Nr. 2). Feldkirch 1994

Concini, Wolftraud de: Museen schmackhaft gemacht. Gastronomische Sammlungen in den Alpen, von Frankreich bis Slowenien. Torino 1998

Douglas, Norman: Wieder im Walgau (Together). 2. neu bearbeitete Aufl. Bregenz 1982

Eybl, Erik: Von der Eule zum Euro. Klagenfurt 2005

Feierl-Giedenbacher, Birgit: Er will nützen und nicht bloß schmeicheln. In: Vorarlberger Nachrichten, 2./3.10.2010

Felder, Franz Michael: Konsum-Verein oder Produktiv-Assoziation? In: Methlagl, Walter (Hg.): Franz Michael Felder: Vermischte Schriften (Franz Michael Felder: Sämtliche Werke; Bd. 8). Bregenz 1979

Felder, Franz Michael: Briefwechsel 1856-1869, Teil 1. In: Methlagl, Walter (Hg.): Franz Michael Felder: Vermischte Schriften (Franz Michael Felder: Sämtliche Werke; Bd. 10). Bregenz 1981

Feurstein, Christian: Wirtschaftsgeschichte Vorarlbergs von 1870 bis zur Jahrtausendwende. Konstanz 2009

Gamerith, Anni: Feuerstättenbedingte Kochtechniken und Speisen. In: Ethnologia Scandinavica, 1971

Gasser, Stephan u. a.: Appetit statt Transit. 70 Rezepte aus den Alpen (Alpen-Initiative). Zürich 1997

Haid, Hans und Barbara: Biogourmet in den Alpen. Ein kulinarisch-kultureller Wegweiser. Bad Sauerbrunn 1998

Hammerer, Lieselotte: Analyse von Franz Michael Felders Autobiographie: Aus meinem Leben. Online auf: http://www.univie.ac.at/igl.geschichte/maennergeschichte/biographien/felder_01.htm [24.04.2012].

Heim, Siegfried: Wendelin Rädler. o.O. 1985

Heim, Siegfried: Wendelin Rädler. Schulmann und Sozialreformer. In: Heimat Wolfurt. Zeitschrift des Heimatkundekreises. Heft 12, Mai 1993

Heim, Siegfried: Der Ippachwald (1). In: Heimat Wolfurt. Zeitschrift des Heimatkundekreises. Heft 18, Februar 1997

Heim, Siegfried: Der Ippachwald (2). In: Heimat Wolfurt. Zeitschrift des Heimatkundekreises. Heft 19, Juni 1997

Heine, Jörg: Kleiner Führer Vorarlberg. München 1976

Helbok, Claudia: Die Küche und die volkstümlichen Speisen in Vorarlberg. Diss., Wien 1931

Helfrich, Silke/Heinrich Böll Stiftung (Hg): Commons. Für eine neue Politik jenseits von Markt und Staat. Bielefeld 2012

Hirn, Ferdinand: Vorarlbergs Erhebung im Jahr 1809. Bregenz 1909

Huber, Franz Josef: Der Staufensee. Dornbirn 1981, unpubl. Bericht

Jungmeier, H.: Horror oder Zukunft? In: OEAV-Mitteilungen 4/93

Kanonier, Eugen: Rechtliche Aspekte der Wegefreiheit im Bergland. (Institut für Föderalismusforschung, Schriftenreihe Verwaltungsrecht, Band 6). Diss., Wien 1997

Karner, Andrea: Schulze Delitzsch in Österreich und den Kronländern. In: Karner, Andrea/Hofinger, Hans/Weiß, Peter (Hg.): Aus Erinnerung wird Zukunft (Schulze-Delitzsch Schriftenreihe, Bd. 31). Wien 2009

Kessler, Engelbert: Dr. Hermann Schulze-Delitzsch. Begründer und Anwalt der deutschen Genossenschaften. Wien 1883

Klostertal Museum (Hg.): Die Bergmähder auf Glong (Schriften des Museumsvereins Klostertal 5). Wald am Arlberg 2004

Konsum Vorarlberg (Hg.): 100 Jahre Konsum Vorarlberg 1876–1976. Dornbirn 1976

Kopf, Alfons J.: 100 Jahre Raiffeisen in Hard. In: Marktgemeinde Hard (Hg.): z'Hard am See. Geschichte, Geschichten, Bilder. Hard 1990

Kühne, Josef: Die Agrargemeinschaften in Vorarlberg. In: Jahrbuch des Vorarlberger Landesmuseumsvereins. Bregenz 1961
Längle, Ulrike: Felder, der „Maurer ohne Schurz". In: Vorarlberger Nachrichten, 8./9.1.2011

Maier-Bruck, Franz: Vom Essen auf dem Lande. Das große Buch der österreichischen Bauernküche und Hausmannskost. Wien 1981 (div. Auflagen, zuletzt 1999)

Marx, Karl: Das Kapital, Band 1: Der Produktionsprozess des Kapitals. Hamburg 1872

Methlagl, Walter: Der Traum des Bauern Franz Michael Felder. Bregenz 1984

Mutter, Bettina (Hg.): Es kocht in den Alpen. Was Transitverkehr und Köchinnen in den Alpen anrichten (Alpen-Initiative). Zürich 1992

New Lanark Trust (Hg.): New Lanarks Geschichte. Die Geschichte von New Lanark – einem Weltkulturerbe. New Lanark o. J.

Niederstätter, Alois: Egg im Feudalzeitalter. In: Heimatbuch Egg. Egg 2008

Niederstätter, Alois: Die Besiedlung des Bregenzerwaldes und seine wirtschaftliche und politische Entwicklung. In: Meusburger, Martin/Brigantina, Silvia (Hg.): Aus der Wälder Geschichte. Dokumentation der Vortragsreihe „Wälder Geschichtstage". Dornbirn 1998

Owen, Robert: Das soziale System. Ausgewählte Schriften. Berlin 1988

Raiffeisen, Friedrich W.: Die Darlehnskassen-Vereine als Mittel zur Abhilfe der Noth der ländlichen Bevölkerung, sowie auch der städtischen Handwerker und Arbeiter: praktische Anleitung zur Bildung solcher Vereine, gestützt auf 16jährige Erfahrung. Neuwied am Rhein 1866

Raiffeisenbank Altach (Hg.): 100 Jahre Raiffeisenbank Altach. Götzis 1993

Raiffeisenbank Hohenems (Hg.): 100 Jahre Raiffeisenbank Hohenems. Hohenems 1994

Raiffeisenbank Lustenau (Hg.): 100 Jahre Raiffeisenbank Lustenau: 1889–1989. o.O. 1989

Raiffeisenbank Wolfurt (Hg.): Raiffeisenbank Wolfurt 1889–1981. Wolfurt 1981

Sandgruber, Roman: Die Anfänge der Konsumgesellschaft. Konsumgüterverbrauch, Lebensstandard und Alltagskultur in Österreich im 18. und 19. Jahrhundert (Sozial- und wirtschaftshistorische Studien 15). Wien 1982

Sandner, Oscar: Die Kuen. Bregenzer Baumeister des Barock. Konstanz/Stuttgart 1962

Scheffknecht, Wolfgang: 100 Jahre Marktgemeinde Lustenau 1902 bis 2002. Eine Chronik. Lustenau 2003

Schulze-Delitzsch, Hermann: Vorschuß-Vereine als Volks-Banken. Leizig 1855

Schwarz, Artur: Heimatbuch Egg. Bregenz 1974

Sieberer, Martin/Engstler, Christa: Von allen Sinnen. Kochkunst in den Alpen. Innsbruck 2001

Stöckler, Elisabeth: mitanand – füranand / mitanaund – füranaund. Zur Geschichte der Wälderversicherung. In: Meusburger, Martin/ Brigantina, Silvia (Hg.): Aus der Wälder Geschichte. Dokumentation der Vortragsreihe „Wälder Geschichtstage". Dornbirn 1998

Tänzer, Aron: Die Geschichte der Juden in Hohenems und im übrigen Vorarlberg. Unveränderter Nachdruck. Bregenz 1971

Tiefenthaler, Helmut: Wege in die Vergangenheit in Vorarlberg. Wanderungen und Spaziergänge. Innsbruck 2005

Tischler Rohstoff (Hg.): Festschrift 50 Jahre Tischler Rohstoff 1939–1989

Vallaster, Christoph: Die Anfänge des Finanzplatzes Vorarlberg. In: Bodensee-Hefte. Heft 4, 1996

Vallaster, Ludwig: Das Maisäß Rüti einst und jetzt. In: Anzeiger für den Bezirk Bludenz und Montafon, 26.3.1955

Verein zur Förderung der Schnifisbergbahn (Hg.): 50 Jahre Seilbahn Schnifisberg. Feldkirch 2011

Viehzuchtgenossenschaft Lustenau (Hg.): Festschrift 100 Jahre Viehzuchtgenossenschaft Lustenau. Lustenau 1994

Volaucnik, Christoph: Die ehemalige Stadtmühle. In: Rheticus-Gesellschaft (Hg.): Aus alten Zeiten (Vierteljahresschrift der Rheticus-Gesellschaft, Bd. 2/3, Jg. 31). Feldkirch 2009

Volaucnik, Christoph: Die Wirtschaftsgeschichte Eggs im Überblick. In: Heimatbuch Egg. Egg 2008

Vorarlberger Metzgerverband (Hg.): Festschrift 75 Jahre Vorarlberger Metzgerverband 1898–1973. o.O., o.J

Waldner, Alois: „Briselesuppo". In: edition bahnhof (Hg.): Alois Waldner. Einsiedler und Rebell. Hohenems 2008

Wölfle, Gebhard: „D' Aumadwood". In: Lingenhöle, Walter/ Wirthensohn, Ernst (Hg.): Muettersproch. Mundartdichtung des 19. Jahrhunderts aus Vorarlberg. Bregenz 1992

Wölfle, Gebhard: „Dor Gogoschou". In: Lingenhöle, Walter/Wirthensohn, Ernst (Hg.): Muettersproch. Mundartdichtung des 19. Jahrhunderts aus Vorarlberg. Bregenz 1992

Wölfle, Gebhard: Gsätzle. In: Lingenhöle, Walter/Wirthensohn, Ernst: Muettersproch. Mundartdichtung des 19. Jahrhunderts aus Vorarlberg. Bregenz 1992

Bildnachweis

Angaben in Klammern bezeichnen den Ansichtskartenverlag, den Fotografen oder die Archiv-Nummer:

Bregenzerwald Archiv: S. 74 f. [BWA, FO 428 Johann Jakob Greuss], 240 f. [BWA, FO 009 Johann Jakob Greuss].
Bregenz, Stadtarchiv: S. 164 f. (911503).
Breiner, Hildegard: S. 100.
Burtscher, Hans: S. 210 o.
Co-Operative College, Manchester, Rochdale: S. 148 f.
Dornbirn, Stadtarchiv: S. 151 (Orig. Grete Dressel/Repro Stadtarchiv Dornbirn), 152 f. (Orig. Wilfried Klocker/Repro Stadtarchiv Dornbirn, Sign. 34826), 212 f. (Orig. Ella Fässler/Repro Stadtarchiv Dornbirn).
Fischer, Kurt: S. 62 o.
Franz-Michael-Felder-Archiv Bregenz: S. 22 (Fotografie: Franz Josef Fetz, Bezau), S. 168 o.
Frastanzer Brauerei reg.Gen.m.b.H.: S. 158.
Getzner, Mutter & Cie, Zentralarchiv, Bludenz: S. 250 f.
Großes Walsertal, Heimatpflegeverein, Informationstafel vor Ort: S. 364.
Hofer, Georg: S. 40–43.
Juen, Friedrich: S. 374 o., 380 f.
Kleinwalsertal Tourismus: S. 132 f. (Fotografie: Hans Wiesenhofer).
Kohler, Hans, Rankweil S. 29.
Kühbruck Wahlfahrtskirche Votivbild: S. 369.
Lustenau, Historisches Archiv: S. 18, 124 f., 172 f.
Maschinenring Service Vorarlberg reg.Gen.m.b.H.: S. 140 f. (Fotografie: Jürgen Kostelac).
Museumsverein Klostertal: S. 246 f. (Sammlung Josef Bauer).
New Lanark Trust, UNESCO-Weltkulturerbe: 12 f., 14.
Pichler, Meinrad: S. 191 (Allmende. Eine alemannische Zeitschrift, Heft 1, 1981)
Rosa's Lädele eGen.: S. 154.
Seilweggenossenschaft Schnifis-Schnifisberg: S. 138 f.
Taibl, Helga: S. 106 f. (Nachlass Giovanni Bertolini).
Thum, Norbert: S. 234 f., S. 373.
Thurnher, Hanno: S. 123.
Tischler Rohstoff e.Gen.: S. 76 u.
Travel Charme Ifen Hotel: S. 134.
Viehzucht Genossenschaft Lustenau: S. 174 o.
Vorarlberger Landesarchiv: S. 200 (10040), S. 209 (4180), S. 222 (5004).
Vorarlberger Metzgerverband reg.Gen.m.b.H.: S. 182, 183 r.o.
Vorarlberg Milch eGen.: S. 162.
vorarlberg museum: S. 88 f. (Gem 0891), 228 (Gem 1767), 252 (Gem 2505), 258 f. (Gem 1768), 359 r. (Gem 0197), S. 375 (Gem 0236/23), S. 376 o. (Gem 0978).
Wikipedia: S. 28 (http://commons.wikimedia.org/wiki/File:Friedrich_Wilhelm_Raiffeisen.jpg?uselang=de) [5.8.2012];
93 (http://de.wikipedia.org/wiki/Wörgl#Das_W.C3.B6rgler_Notgeld) [5.8.2012];
327 r. (http://de.wikipedia.org/wiki/Kümmel) [5.8.2012];
333 r. (http://commons.wikimedia.org/wiki/File:Illustration_Rosa_canina1.jpg?uselang=de) [5.8.2012];
353 (http://upload.wikimedia.org/wikipedia/commons/f/fd/Illustration_Erica_tetralix0.jpg);
(http://upload.wikimedia.org/wikipedia/commons/9/97/Achillea_millefolium_NF.jpg?uselang=de);
(http://upload.wikimedia.org/wikipedia/commons/d/dd/Gentiana_autumnalis%2C_by_Mary_Vaux_Walcott.jpg?uselang=de)[5.8.2012],
363 r. (http://de.wikipedia.org/wiki/Karpfen; http://commons.wikimedia.org/w ki/File:Esox_lucius1.jpg?uselang=de; http://commons.wikimedia.org/wiki/File:Truite_arc-en-ciel.jpg?uselang=de) [5.8.2012],
387 r. (http://de.wikipedia.org/wiki/Ammoniten) [5.8.2012].

Aus Zeitungen/Büchern:
Bregenzerwälder-Blatt: S. 24 (1. 7.1875, S. 53), S. 25 (15. 7.1875, S. 57 f.).
Die Gartenlaube: S. 28 (1859).
Die Kuen, Bregenzer Baumeister des Barock, Bregenz-Konstanz: S. 321 r. (1962, S. 17).
Zeitschrift des Heimatkundekreises Wolfurt: S. 29 (Heft 12. Mai 1993, S. 33), 321 r. (Heft 19. Juni 1997, S. 21).

Alle anderen Abbildungen: © Rita Bertolini, Bregenz

Namensregister

Orte

Berge

Allmeinde Vorarlberg
Von der Kraft des gemeinsamen Tuns

Filmdokumentation

Im Auftrag der Vorarlberger Raiffeisenbanken.

Realisation: Frank Mätzler
Buch: Frank Mätzler, Rita Bertolini, Wolfgang Mörth
Schnitt: Frank Mätzler, Wolfgang Mörth
Kamera: Hansjörg Kapeller, Konstantin Ammann, Yvonne Nägele
Sprecher: Augustin Jagg, Anja Pölzl, Hubert Dragaschnig
Musik: Marque, Yolanda Charles' The Deep MO
Licht: Alex Schwendinger
Technik: Hanno Thurnher, Mike Bertschler
Maske: Lee Julie Rusch
Animatics: Things to Come
Darsteller: Roger Yves Szedalik (Franz Michael Felder),
Ehrenfried Eiler (Gallus Moosbrugger),
Wolfgang Gmeiner, Kurt Heim, Seftone Meusburger, Florian Moser
Archivmaterial: Cinedoku Dornbirn,
The Co-operative College, New Lanark Trust
Dank: an alle Interviewpartner und am Filmprojekt Beteiligten
sowie Resi Bertsch, Lorna Davidson,
Monica und Günter Katzenmayer, Ulrike Längle, Manfred Lau
Graeme Maciver, Alex Nussbaumer, Maria Katharina (Mikle) Steurer
und The Crowne Plaza Manchester

GFM

Rochdale - birthplace of co-operation

HOLYOAKE HOUSE

2.
3.
4.
9.
10.
11.

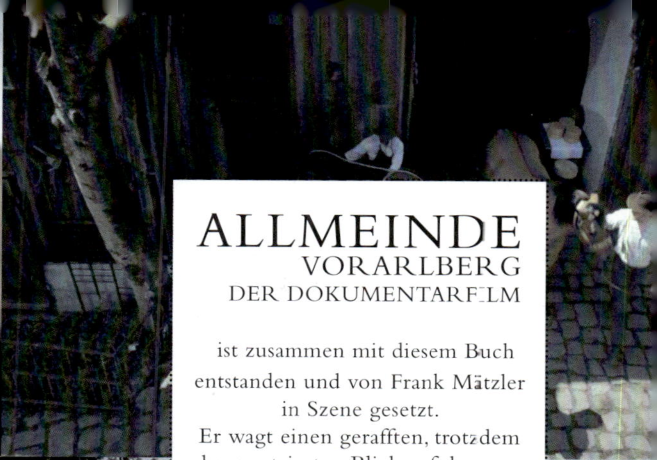

ALLMEINDE
VORARLBERG
DER DOKUMENTARFILM

ist zusammen mit diesem Buch entstanden und von Frank Mätzler in Szene gesetzt.
Er wagt einen gerafften, trotzdem konzentrierten Blick auf das, was man das „gemeinsame Tun" nennen kann: seit jeher die Geschichte von nichts Geringerem, als sich aus lebenswidrigen Abhängigkeiten zu befreien und die Dinge in die eigenen Hände zu nehmen.
Der gespannte Erzählbogen, der im frühindustriellen England der 1820er Jahre beginnt, schießt seinen Pfeil bis in die Gegenwart – eine Zeit, in der die Rückbesinnung auf Commons jeglicher Provenienz mehr und mehr an Terrain gewinnt.
Eingebettet in die Geschichte der genossenschaftlichen Bewegung, ist die 45-minütige Dokumentation trotzdem keine Nachbetrachtung.
Denn es scheint eher so, dass die wirklich spannenden Geschichten sich erst heute entwickeln.
Ein Umstand, von dem die 13 interviewten Zeitzeugen des Jahres 2012 deutlich Kunde tun.

23
Raiffeisenbanken in Vorarlberg

Mitglieder
der Raiffeisen-Banken-Gruppe
in Vorarlberg

— **Alberschwende** —
www.raiba-alberschwende.at

— **Am Bodensee** —
www.bodenseebank.at

— **Au** —
www.raiba-au.at

— **Bludenz** —
www.raibabludenz.at

— **Altach** —
www.raiba-altach.at

— **Am Hofsteig** —
www.hofsteigbank.at

— **Bezau-Mellau-Bizau** —
www.raiba-bmb.at

— **Feldkirch** —
www.raibafeldkirch.at

— Frastanz-Satteins —
www.raibafrastanz.at

— Hohenems —
www.raibahohenems.at

— Langen-Thal —
www.raibalangen-thal.at

— Leiblachtal —
www.raibaleiblachtal.at

— Götzis —
www.raibagoetzis.at

— Walser Raiffeisenbank —
www.walserraiffeisenbank.at

— Lech —
www.lechbank.com

— Mittelbregenzerwald —
www.rb.mbw.at

— **Im Montafon** —

www.raiba-montafon.at

— **Im Rheintal** —

www.raibaimrheintal.at

— **Vorderland** —

www.vorderlandbank.at

— **Weissachtal** —

www.raibaweissachtal.at

— **Rankweil** —

www.raiba-rankweil.at

— **Vorderbregenzerwald** —

www.vorderbregenzerwald.at

— **Walgau-Großwalsertal** —

www.raibawalgau.at

— **Raiffeisenlandesbank Vorarlberg** —

www.raiba.at

Dank
allen Interviewpartnern sowie allen an
Buch und Film Beteiligten.
Sie sind jeweils in den Beiträgen oder in den
Nachweisen genannt.
Außerdem sind zu erwähnen:
Alwin Denz, Thomas Gamon, Kurt Greussing,
Oliver Heinzle, Wilfried Hopfner, Friedrich Juen,
Joschi Kaiser, Thomas Klagian, Stephan Marent, Katrin Netter,
Helga Platzgummer, Jürgen Thaler, Manfred Tschaikner und
das Team der Vorarlberger Verlagsanstalt,
die viel Zeit für wertvolle Ratschläge und
Informationen aufgewendet haben.

Besonderer Dank
Hans und Anna Bertolini, Erika und Tone Lerchenmüller,
Karin und Isidor Bertolini, Gaby und Franz Bertolini,
Ursula Koller, Sonja und Klaus Ladstätter, Margot und Tone Lässer
sowie Rainer Berkmann, Markus Curin, Gerard Hann, Alexander Lau

Archive
Stadtarchiv Bregenz
Bregenzerwaldarchiv
Museumsbahnverein Bregenzerwaldbahn
The Co-operative College, Manchester
Stadtarchiv Dornbirn
Franz-Michael-Felder-Archiv Bregenz
Zentralarchiv Getzner, Mutter & Cie, Bludenz
Kleinwalsertal Tourismus
Museumsverein Klostertal
New Lanark Trust, UNESCO-Weltkulturerbe
Historisches Archiv Lustenau
Vorarlberger Landesarchiv
vorarlberg museum

Subventionsgeber
Land Vorarlberg, Kulturabteilung

Buch und Film entstanden nach einer Idee
der Vorarlberger Raiffeisenbanken
www.raiba.at

Dieser Publikation liegt der Dokumentarfilm
Allmeinde Vorarlberg bei.
Film-Produktion: © Frank Mätzler, Bregenz 2012
im Auftrag der Vorarlberger Raiffeisenbanken.

Medienpartner
Vorarlberger Nachrichten
www.vn.vol.at

Impressum

BERTOLINI VERLAG Bregenz
Eichholzstraße 6, 6900 Bregenz, Austria
T +43 (0) 5574 48702, F (DW) -4
info@bertolini-ldt.com
www.bertoliniverlag.at

Konzept, Gestaltung, Fotos die nicht eigens im
Bildnachweis ausgewiesen sind, sowie alle nicht eigens
gezeichneten Texte, stammen von der Herausgeberin.
Von ihr wurden auch alle Interviews geführt:
Rita Bertolini, Bregenz

Assistenz: Birgit Fitz, Lustenau
Korrektorat: Christine Breuss, Lochau
Herstellung: Vorarlberger Verlagsanstalt GmbH, Dornbirn

Gesamtauflage: 7.000 Exemplare
Printed in Austria
ISBN 978-3-9502706-2-4

www.allmeindevorarlberg.at

ALLMEINDE
VORARLBERG
VON DER KRAFT DES GEMEINSAMEN TUNS

Die Weideflächen wurden im Mittelalter und in der Frühen Neuzeit auch Wunn genannt.
Da die Tiere oft ab Mai auf die Weide getrieben wurden, entstand der Ausdruck „Wunnemonat".
Welche Wonne mit schönen Weiden verbunden war, zeigt auch der Begriff „Augenweide".

ALLMEINDE
VORARLBERG
VON DER KRAFT DES GEMEINSAMEN TUNS

Der Dokumentarfilm Allmeinde Vorarlberg ist zusammen mit diesem Buch entstanden und von Frank Mätzler in Szene gesetzt. Er wagt einen gerafften, trotzdem konzentrierten Blick auf das, was man das „gemeinsame Tun" nennen kann: seit jeher die Geschichte von nichts Geringerem, als sich aus lebenswidrigen Abhängigkeiten zu befreien und die Dinge in die eigenen Hände zu nehmen. Der gespannte Erzählbogen, der im frühindustriellen England der 1820er Jahre beginnt, schießt seinen Pfeil bis in die Gegenwart – eine Zeit, in der die Rückbesinnung auf Commons jeglicher Provenienz mehr und mehr an Terrain gewinnt. Eingebettet in die Geschichte der genossenschaftlichen Bewegung, ist die 45-minütige Dokumentation trotzdem keine Nachbetrachtung. Denn es scheint eher so, dass die wirklich spannenden Geschichten sich erst heute entwickeln. Ein Umstand, von dem die 13 interviewten Zeitzeugen des Jahres 2012 deutlich Kunde tun.